子どもと親と教師が育つ
48話

小林 芳郎

ふくろう出版

第一部　子ども

第9章　勉強嫌いな子の心理

第10章　面白くない勉強、面白い勉強

第11章　夏休みにおける学習習慣の形成

第12章　自己理解を生むための5つのポイント

第二部 親

第三部　教師

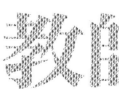

1

第一部　子ども

第1章

子どもの発達の歩みと自立心

子どもは自立を目指して懸命に成長の道を歩んでいます。
大人は、この子どもの姿を大事に見守りたいものです。

1 自立を目指す子ども

人間はもともと、自分の内に成長を目指す力を潜めており、成長はそれをしっかり現実のものとして現していく過程そのものであると言えます。子どもの成長は、内なる力で起こるものであり、子どもの周りにある多くの環境の条件により助けられ、支えられるものであっても、自らの力で起こるのです。自立、つまり、「他の力によらず自分の力で身を立てる」という点に関して、見掛けはいかにも頼りない新生児でも、未来に向け自立への道を踏み出しているのです。

子どもの、この自ら成長しようとする力に全幅の信頼を置くとき、子どもは自立を目指す存在であるという、子どもの成長に関する正しい基本となる認識が生まれるのです。子どもの人格の健全な成長を助けることを重要な役割として担っている大人は、このような認識こそ、子どもの教育における大事な基盤としなければなりません。この子どもの成長への衝動、自己を実現しようとする気持ちを信頼できれば、大人は子どもの自立を目指す営みを、自然に、誤ることなく、大切にすることになるでしょう。

子どもに堅実な自立心を育むためには、子どもは自ら成長しようとする要求と能力を内に持っており、それを発揮しつつ、成長の道をたどっていくものであるという、子どもの成長に対する正しい理解を欠かすことはできません。そのような理解があってこそ、子どもの自立心の発達を適切に援助する上で必要な態度が、子どもの教育に関わる大人に備わるのです。

幼い時ほど子どもは、いかにも未熟で頼りなく思われます。しかしそれは、反面それゆえに、将来自立する可能性をより多く潜めているともみなせるのです。例えば、歩き始めたばかりの子どもの歩く姿には、その覚束ない足どりの中にも、自立しようとする子どもの強い意志が見事に現れているとも言えます。転んでも、転んでも、自分の足で立って歩こうとするのです。時には、親が差し伸べる手を振り払ってでも、芽生えてきた自分の能力を、自ら懸命に使ってみようと努力する様子さえ見受けられることもあります。

他の人の力を借りず、自分から行動しようとする心は、このように非常に早い時期から見られるわけで、子どもが自立を目指していることは明らかです。子どもが、大人に依存しようとするのは、成長の途上で未成熟な時には、自立を目指す行動の基地として、大人が必要であるからだと考えられます。成長したい、ものごとを自分でなし遂げたいという気持ちは、子どもにとって強い心理的な要求です。そして、それが日常の生活の中で適切に満たされていくことは、子どもの自立心の成長に欠かせません。

2 自立心の芽生えと高まり

自立を目指している子どもが、実際に自立への歩みを見せ始めるには、生まれてから後それほど時間を要しません。生後数ヶ月も過ぎれば、子どもは身の周りのものに進んで手を差し出し、自分からそのものをつかもうとする様子を見せてきます。子どもは、ただ待っていて、他の人から手渡されるものを受身で手にするだけでなく、関心を抱くものを自分から目で追い、手で捉え、取り入れるようになります。これは、自立的な行為の一つの芽生えです。

生後一年半ぐらいになると、子どもは、既に自己選択を始めています。例えば、自分が欲しいものを手にするとなかなか放しませんが、いらなくなったものは簡単に手から投げ捨てようとさえします。別の見方によれば、自分の行為を自らコントロールする自律性を示すようになるのです。自ら立つには自ら律することが必要です。その意味で、自律性が発達してくることは、自立心が成長するうえで、非常に重要な事実と言えます。

この頃になれば、子どもは既に自ら立ち歩き、自ら移動して、身の周りを進んで積極的に探索するようになっています。こぼし、汚しても、自ら食事をしたがる姿も見受けられます。自分でものごとをする力が付いてくると、盛んに自らものごとをしたがる傾向が強まってくるのです。

子どもの自我の成長で特筆すべき点として、「ぼく（のもの）、わたし（のもの）」で、自己を前面に出し、「いや」という否定のことばで、大人から加えられる指示に対し従わない行動を取ることにより、他者にさせられることを拒み、自立性を主張するようになる事実を挙げることができます。

第一反抗期と言われるこの時期の大人に対する反発は、自立心の最初の高まりを映し出しているものとみなされます。大人から与えられる助力や、加えられる規制をはねのけ、自分の意志で行動しようとする自立の心が、次第に成長してきている証しでもあり、この時期は、子どもが自立して行く上で、一つの大切な節目となります。

小学校へ入学するまでのほぼ三年間の時期には、子どもは、生きている疑問符と言われますように、身の周りのものに対し旺盛な好奇心を向け、行動する範囲を広げてきます。身体や運動、知的な側面の成長に支えられ、子どもは正に身近な環境に、自ら進んで入って行きます。この自発性の発達も、自立心の成長に欠かせません。自立は自発があってこそ可能となるからです。

子どもが就学することは、自立心の成長に対して非常に大きな意味を持っています。学校の授業では、意識的に学習することが求められ、自己教育力の培われる機会が増します。子どもが互いに関わり合う集団生活では、ものごとを自分で選び、自分で決めることが必要となる場合が多くなります。子どもの自尊感情が正しく成長してくれば、大人に依存することが少なくなるようになります。心身の発達が比較的安定している小学校時代は、「堅実な注意と粘り強い勤勉さ」のある自我が、通常は順調に伸びてくる時期です。

したがって、小学校時代には、この時期の成長にふさわしい経験ができるなら、子どもの自立心が年を追ってしっかりと培われていくことが期待できます。本来の学校教育では、子どもの自立心が尊重され、自発的に学習することが重視されますから、自立心はおのずと育まれていくのです。

自立心の第二の高まりは、一般に第二反抗期と言われる中学校時代の始めの頃に姿を見せます。子どもは、自我に目覚め、特に、大人が加える精神的な規制を拒み、それからの独り立ちを図ろうとします。この時期の頃から、子どもの自立心の仕上げが、徐々に進められていると考えてよいと思います。大人への単なる感情的な反発に終始せず、自立心を大事にするために大人の指示を否定するなら、子どもは、極めて望ましい自立心の成長をなし遂げていくでしょう。

3 自立心の成長を阻む状況

自立心は、子どもが正しい環境の中で生活する限り、波打つような変化を繰り返しながら、次第に成長してくるのです。しかし、この自立心の順調な成長が妨げられやすい状況が、今日存在している現実を見逃すわけにはいきません。例えば、自立心が健やかに成長することが阻まれている典型的な場合と思われるものとして、登校拒否が挙げられます。それは、親からの自立の失敗であり、学校で自立を回避していることになるとも言えるからです。

子どもは、もともと成長の途中にあり、一人前ではありませんから、もちろん大人に保護してもらい、大人に依存することが必要です。問題は、大人のこのような支えに度が過ぎやすいところがあるという、否定しがたい状況です。子どもを必要以上に庇い、不自然に温室的な養育をすれば、子どもの自立心の芽を脆くて弱いものにしてしまいます。子どもが、自らの力でものごとに取り組む必要がない、あるいは、困難にぶつかっても大人に手際よくそれが取り除けられるような、自立を必要としない体験を重ねれば、自立心は育ちようがありません。子どもは、他の人に頼り、自ら何もせず要求が満たされる生活にどっぷり漬かることになります。

子どもがいろいろなことに未成熟であると、大人の目から見れば不完全さが際立ちます。子どもであるからこそ何かについて不完全なのです。しかし、この不完全さから、子どもの内なる成長の力を信頼できない大人は、子ども自身が歩む成長を待ち切れず、子どもにいろいろと手を加え過ぎます。自分の養育方針を一方的に押し出し、敷いているレールに子どもの成長を乗せようとします。それでは、子どもの自律の心や自発の心はしっかり育ちません。このように、自立心を支える自律性や自発性がなおざりにされるならば、自立の芽は出ても、その都度摘み切られてしまいます。自立心を伸ばそうとしても、その努力はいつも押さえられてしまいます。今日よく口にされる、いわゆる過保護、過干渉のような歪みが養育態度にあれば、子どもの健全な自立心の成長は阻まれます。

4 自立心を正しく育む大人の態度

自立心は、子どもの内に潜んでいる成長の力により、芽生え、伸びていきますが、それには、大人が子どもの自立しようとする心を温かく見守る態度が必要です。

自立心を育むために、子どもの自律性を大切にしたいものです。たとえ、行いがあるいはその結果が拙く思われましても、子どもが自ら自分の行動を律しようとする心の働きを大事に育てたく思います。ものごとを上手にできるより、自分ですることそれ自体が、自立心の成長にとり重要な経験となるのです。大人が口出しや手出しをしようと思う前に、そのような手助けが必要であるかどうかについて考え直してみる心の余裕が欲しいものです。子どもが頼りなく思われても、大人が子どものすることに一方的に関わらないことです。子どもが、自分の心を律することができることを知り、そのようにできる自律の力を自ら信頼することは、自立心の育ちに欠かすことができないものです。

子どもは、伸びてきた能力を、失敗にもめげず、自ら進んで積極的に使用しようとします。つまり、自発的に行動しようとします。その意欲はかなり強いものです。大人の不注意から子の自発性を萎縮させるようなことがあってはなりません。子どもに、自分の世界を自分の意志で歩ませましょう。そうすれば、子どもは、自分には自由な意志があることが実感できます。このような自由な意志の育ちがあれば、ものごとを自ら選び、決め、行い、その結果について自ら考え、責任を取ることができるようになります。大人の庇い過ぎやかまい過ぎは、自発性の成長にとり大敵です。子どもが自発的に努力する姿をそっと見守る大人の態度は、子どもの自立心を育む上で極めて大切です。

子どもの行いに不完全さがあっても(それが本来の子どもなのですから)、子ども自身によるものごとの選択を認めることに努めるべきです。子どもが自ら選択をすることを待ち切れず、あるいはその選択を不足に思い、代わりに大人の選択を子どもに強制してはなりません。子どもが自らの選択を積み重ねることにより、子どもの生活が子ども自身のものとなるのです。子どもが自立的な生活をしていくためには、自分の考えでものごとを選ぶこと、いわゆる自己選択は極めて重要です。毎日の生活は自己選択を迫られる経験に終始すると言っても過言でないからです。

子どもが、自ら選択したことを自ら行う時、大人の理解を寄せる温かいまなざしに包まれるならば、子どもは、自分の行動力に言い知れない自信を持つことができます。それは、さらに自ら取り組む行動を誘い起こし、自立的な行動に欠かせないものとなります。この意味でも、子どもが自らなすべき行動を、大人が安易に肩代りしてはならないのです。子どもが自発的にしている行いが、たとえ、大人の期待するところに至らなく不十分で、頼りなく危げに思われても、できる限り子どもにその行いを自ら律する経験を積むように促すことが大事です。

自立心を育むということは、自己をコントロールすることのできる強固な力を子どもに生み出すことに尽きると言えます。大人は、子どもの自立心の成長において、良きそして賢い伴走者でありたいと思います。

（『悠』第6巻　第5号、ぎょうせい、1989・5　pp.22〜25）

第２章

ことばの発達にみる子どもの姿

幼い子どもがことばを学んでいく様子には、
子どもの大切な心の成長が、みずみずしく現れています。

1 ことばとは何か

わたくしたちにとり、ことばとは何なのでしょうか。わたくしたちは、この世に生まれてから現在に至るまで、ことばとの付き合いを欠かしたことはなく、ことばとはとても親しい間柄にあるわけですから、答えは簡単なようですが、果たしてどうでしょう。なかなか難しいようにも思われます。しかし、もし仮に、毎日の生活からことばが失われたらどうなるでしょう。そのような場合を想像すると、ことばとは何かは、何となく分かるような気がします。と同時に、ことばがいかにわたくしたちの生活の隅々までしみ込んでいるかを、改めて気づかされます。

辞書をみますと、「音声または文字を手段とし、人の思想、感情、意志を表現、伝達し、また理解する行為、また、その記号体系」がことばです。ことば（人の音声の意味を持っているもの、またはそれを文字で表したもの）を持っているからこそ、お互いに思っている考えや感じている気持ちを表し、伝え、分かり合うことができるのです。そして、音声や文字を勝手に並べてもことばになるわけでなく、ことばの働きをするには、予め決められている規則に従う一定の組み立てが必要です。

わたくしたちは、日常の生活で何げなくことばを使っていますが、その組み立ては、簡単なものでありません。しかし、生まれて後数年もたてば、子どもは、毎日の生活に事欠かない程度にことばを使うようになります。このように、生まれてから後僅かな間に、子どもがことばを覚え、身に付ける事実は、よく考えますと、実に驚嘆すべきことと言えます。心の発達で、これほど速く進む面は他にありません。それだけに、この時期における子どものことばの経験、とりわけ、子どもに対する周りの大人のことばの働き掛けのいかんが、ことばの発達にとても大きく影響することになるのです。

2 ことばを学ぶことの大切さ

ことばの働きは、「表現、伝達」と「思考、認識」の二つに大きく分けられます。一つは、人と人との間に心の懸け橋を作り、愛情と信頼のきずなを強める働きであり、もう一つは、ものごとを正しく捉え、合理的に行いをする道具となることです。さらに、絵本を見たり、童話を聞いたりして、ことばが創造する世界への想像を自由にはせる幼い心の美しい、楽しい感動の経験…。このような豊かな心の糧を生み出すことばにある「創造、想像」の役割を見逃すこともできません。

家で親やきょうだいと、園では先生や友だちと、また遊び場で近所の遊び仲間と、子どもは毎日いろいろ体験を繰り広げていますが、言うまでもなく、そこには陰に陽にことばが使われています。ことばの働きを考えますと、子どもはこのような日常の生活で、心の成長のために、ことばを介して実にかけがえのない経験をしているわけです。ことばの日常性ゆえに、わたくしたちは余りはっきりと気づいていませんが、ことばを聞いたり話したり、あるいは、絵本を見たりして、子どもがことばを学ぶということは、ことばの働きそのものを身に付けていることを意味します。としますと、ことばを学ぶことが、子どもの精神の発達すべての面で大切な関わりを持つのは、当然の結果と言えましょう。

子どもは、日常生活の多くの機会に、いろいろなことばの体験を通して、成長の可能性を秘めているすべての心の活動を、絶えず生き生きと働かせています。そこには、懸命に自ら成長しようとする幼い子どもの、けなげな心の営みを見ることができます。好奇な目を輝かせて話に聞き入り、飽くことなく問いかけをする子ども、ことば足らずながらも努力して自分の考えを話し、気持ちを訴えようとする子ども、興味深げに絵本に見入り、童話に心から感動する子ども…。これが本当の子どもの生きた姿と言えましょう。

このようなことばの生活の中で、子どもは強い知的な好奇心を満足させ、新しい知識を手にして、ものごとを考える力や態度を身に付けていきます。ものにふれ、ことばにふれ、心に感じ、心を動かす感情を育み、想像の世界を創る力を培います。また、社会の約束で決められていることばという、社会に共通な記号を使って、自分が住んでいる社会の生活習慣を学び、人と人とのつながりを広め深める心を伸ばして行くのです。「三つ子の魂百まで」ということわざは、幼い頃の経験が人格の育ちで極めて大切なことをよく物語っていますが、幼い子どものことばの生活そのものこそ、このような人格の土台を築く時の教育で、重要な役割を担っています。このようなわけで、子どもが人間として成長していくことに責任を持っている親や教師は、ことばの大切さを正しく理解したいものです。

3 「コビト」と「コイビト」

ことばを身に付けることが、子どもの心の生活にとても重要であることは、これまで述べてきた通りですが、ここで、子どものことばが成長していく姿を、ほほえましいエピソードから眺めてみましょう。

ある日、幼稚園から帰って来た五歳の子どもが、自分の部屋から「こびととくつやさん」の絵本を持ち出して来て、盛んに「おかしい、おかしい」とつぶやいているのを見た母親が、そのわけを尋ねたところ、園の友だちから「A子ちゃんはおまえのコイビト（恋人）だ」と言われたけれど、「A子ちゃんはコビト（小人）なんかじゃないね」と例の絵本を手に、まじめな顔をして話すので、母親は吹き出しそうな気持ちになった、と言うのです。何とも言えない、幼い子どもらしい話ではありませんか。

ところで、ここには、子どもがことばを身に付けていく上で、とても重要なところが姿を見せています。この子どもが「コイビト」と「コビト」を取り違えたのは明らかです。では、それはなぜでしょう。子どもはたびたび母親から読み聞かせてもらった機会に、話に現れる「コビト」ということばと、子どもが見聞きした絵本に描かれている「コビト」とを、その楽しい直接の体験の中で結び付けて、まず「コビト」の意味を理解します。また、母親が話す「コビト」という音声をその度ごとに模倣して覚えます。

恐らく、子どもは、このように「コビト」を自分のことばにしていたのでしょう。そして、たまたま友だちから、自分が今まで知らなかった「コイビト」ということばを初めて聞き、既に知っていた「コビト」から「コイビト」を類推したとも考えられます。あるいは、ただ聞き間違えをしたのかもしれませんが、やはり「コビト」を知っていたから起こった間違いと言えましょう。

この子どもは、そこで、自分が既に知っている「コビト」と、類推した「コビト」ならぬ「コイビト」がそれぞれ結び付いている、絵本の小人と、友だちが言う恋人のA子ちゃんとを頭の中で照合してみて、少しばかりおかしいことに自ら気づき、そのような不自然な結び付きを訂正し、新しいことばを正に学ぼうとしていた、と言えるでしょう。子どもがこのような姿を見せた時、母親がその状況に応じた関わりをするのが大切なのは言うまでもありません。

このエピソードは、子どもがことばを身に付けていく一つの場面をいかにもよく示しています。子どもは、日常経験しているいろいろな生活の中で、エピソードに見られる例のように、

理解(わかる)⇓模倣(まねる)⇓類推(おしはかる)⇓照合(たしかめる)⇓訂正(あらためる)

という順を追い、心の働きを通して、早くから絶え間なく、ことばをものにしていくのです。このようにことばを身に付けることで、子どもの大切な手本となり、ことばの環境を整えるものが、まず、子どもの身近な大人であることを考えますと、家庭の親や園の教師が果たす役割の重さをずっしりと感じます。もちろん、子ども同士のことばを交わす経験も大切になってはきますが…。

4 話しことばが実る時期

さて、子どもが学んでいくことばの組み立てには何があるでしょうか。それは、単語であり、文であり、発音です。幼児期には「話しことば」の発達が本格的に進み、四歳頃には一応の完成が見られるようです。もちろん、その後も成長は続きます。子どもが、この身に付けたことばを会話で盛んに使い、自分の考えや感じをいろいろと話したがる、いわゆる「おしゃべり(多弁)の時期」もこの頃です。小学校への入学を間

近に控える五、六歳になりますと、話し相手のことを考えて話ができるようになります。「ことばの生活の下地が出来上がる時期」とも言えましょう。話しことばから幼児のことばの成長を大づかみに眺めますと、次のようになります。

子どもが実際に話す単語は、育児の経験のある人ならよく分かりますように、一歳前後に最初のものが現れます。その後、身の周りの大人との交わりをしながら、急に多くの単語がものにされ、三、四歳頃の増え方には目を見張るものがあります。そして、五、六歳では約三千語に近い単語を覚えているようです。子どもが聞いて知っており、話せる単語は、六歳頃で約二千語以上にもなり、子どもに分かることばの範囲が急に広がる様子が分かります。子どもは、自分から言えなくても、身の周りのことなら、大人が話しかけることばの大半が分かるまでに成長しているのです。

子どもが初めて口にする文は、恐らく一語でいろいろ用を足す「マンマ」でしょうが、四歳までには組み立てがかなり整った文を話すようになり、けっこうおしゃまな話をする子どもに苦笑いをさせられることもあります。五、六歳では文法の上でもほぼ間違いのない文で話せるまでになります。発音については生後七ヵ月頃から大人のまねが始まり、三歳過ぎると急に上手になり、五歳になれば大体正しく発音できるようです。

5 子どもで違うことばの発達

前に述べましたことばの発達する様子は、飽くまでも標準の姿です。保育の仕事に携わっている人ならば、ことばの発達が子どもによって大きく違っていることに、時には驚かされる経験を、一度ならずされていると思います。同じ年頃の子どもでも、二年以上の発達の開きすら見せることもあります。おしゃべりで大人びた子、口が重くて気持ちをなかなかことばに表せない子、口数は少ないけれど表現には鋭いものがある子、話しかけてもよく理解できない子、絵本をあまり見たがらない子、流行語やCMに敏感でまねて得意に話す子、童話をたびたび読んでもらいたがる子、発音がはっきりしない子、吃って話そうとしない子…。幼児でもことばの個人差は千差万別、生まれてから後僅か数年の間に、ことばの上で実にさまざまな姿が現れてくるものです。

このような、子どもによることばの育ちの差は、多くの条件がいろいろ絡み合って生み出されるのですが、中でも、子どもが経験する身の周りの条件が積み重なって大きな働きをし、のちのちまで子どものことばに影響するようです。例えば、乳を飲ませる時に、母親がよくあやしかける程、ことばの育ちが早いと言う人もいます。小中学生について行われたある調査によりますと、子どもの読書嫌いは幼児期の親の「読み聞かせ」や親自身が読書をしていないことが影響していると警告しています。これは、大人たちのことばの環境作りの拙さを反省させるものでしょう。

6 子どものことばと保育

これまでからも分かりますように、親やきょうだい、教師や友だちなどとの間で、子どもが体験する「ことば」は、いろいろな面からさまざまな働きをしているわけで、子どもの心の成長に対するその重みには、計り知れないものがあると言えましょう。園の保育では、子どもに対し、教育的な働きかけが積極的に行われているだけに、ことばの指導が計画されて行われる機会は、当然のことながら家庭よりも多くなります。そこで、保育実践の上で大切と思われることのいくつかを次に挙げてみます。

まず、ことばの指導の本当のねらい(それは、子どもが人間として成長していくために、ことばを使いこなす力をものにしていくところにあります)を明確にし、ことばの指導を保育の営み全体の中にしっかり位置づけます。保育のすべての機会でことばの指導ができますが、子どもの人格が育っていく一環として、ことばの指導があるのです。

そこで、ことばの生活習慣をしつけるようにします。つまり、実際の生活とことばの結び付き(あいさつや返事など)を作っていくよう仕向けます。このしつけでは、よくまねができたら褒めるなど、子どものまねようとする気持ちを引き出し、大事にします。また、大人自身も、ことばの生活習慣を大切にします。子どもの手本になるのですから。

それから、ことばを筋道を立てて指導するようにします。ことばの経験は子どものいろいろな生活の中で行われますが、雑多で、余りまとまりがないのが実際です。そこで、このようなことばの経験を整理し、まとめる(子どもにはこのような力は十分に備わっていません)ことに気を配り指導をします。育ってくることばに方向を与えてやるのです。そうすれば、子どもは、ことばを整理して(例えば〝アカルイ〟と〝クライ〟などの反対語や〝ツクエ〟と〝イス〟などの対語など)ものにすることができるのです。

さらに、ことばがしっかり身に付く、つまり、ことばの定着を図る指導をします。ことばがことばとしての資格を持つには、少なくとも意味が分かっており、それが表していることに結び付けられていなければなりません。それには、直接に経験したことがらを理解し、それにことばが結び付くことが大切です。最初は、子どもの生々しい感動があった経験から、ことばの意味が分かる(例えば、扇風機はとても暑い日にあのスズシカッタものなのです)ことが必要です。実際の生活体験に根を下ろしていない知識を知っていることや、読み書きができることだけでは、本当の意味でことばがものになっているとは言い難いのです。子どもの実際の生活体験を通してこそ、始めてことばは定着するのです。

また、当然のことですが、ことばが学ばれるものである以上、豊かなことばの環境作りに心を配り、良いことばの経験が十分できるようにしたいものです。絵本やテレビなどに接する機会をただ多くすれば良い、というわけでもありません。ことばは、もともと人と人とが互いに取り交わすものです。子どもと大人、子ども同士の間で、互いに働きかけ合う生きたことばの経験を大切にします。そして、楽しい生活経験の中でことばを身に付けるよう促したいものです。子どもの興味や能力あるいは要求をよく理解し、子どもの心にふさわしい形（絵本を見たがる子には絵本を、という具合に）で、ことばの体験をさせるよう心掛けます。同時に、ことばを通して、子どもの心のいろいろな面の成長が進むことを忘れてはなりません。

幼児の頃は、話しことばが本格的に発達し、充実する、かけがえのない時期なのです。この時にこそ、美しい、正しいことばを身に付け、自分のものにしていくことばの体験を、十分子どもに与えてやりたいものです。それは、豊かな温かい心を育み、賢い心を培い、人間としての成長を子どもに約束するからです。

（『阪私幼だより』26号、大阪市私立幼稚園連合会、１９７６・９　pp.１～４）

第3章

遊びから子どもの心を知る

遊びは子どもの生活そのものです。
遊びという窓から、子どもの心の世界を眺めてみます。

1 子どもの生活と遊び

子どもの生活は、遊びそのものであると言われます。特に、幼少期の子どもの様子をよく見てみますと、生活のほとんどが遊びであることがよく分かります。ところで、学齢期に入ってきますと、子どもの生活では、遊びと仕事が次第に分かれてきます。楽しむための、必ず満足がある、活動することそのものを目的として自発的に生ずる自由な活動と、決まった結果を得る目的を目指し、自発的あるいは規定的になされ、目標を遂げることにより満足が得られる活動とに分かれてくるのです。しかし、それでも前者の活動である遊びは、子どもの生活の中で重みを備え続けています。生活から遊びを失った子どもの存在は、本来考えられないのです。

このようなことは、遊びが子どもの生活で欠かすことのできない活動となっていることを示しています。また、遊びが子どもの心の成長に必須な活動であることを意味しています。「遊びは、子どもにとって現実であり、子どもを取り囲んでいる現実より興味ある現実である。その理由は、遊びは、子ども自身が創り出したものであり、いっそう理解しやすいからである」と、子どもにとっての遊びの意義が指摘されてもいます。子どもは、遊びに自ら進んで取り組む自発的な主体であり、子どもの生活は、遊びという活動と一体となっていると言っても過言ではありません。子どもの生活は、文字通り遊びに映し出されているのです。

子どもの遊びの本質は、このように、自発性、自由性、創造性(それに、娯楽性、虚構性)にありますから、遊びから子どもの心を知ることができるのです。そして、子どもの遊びを知ることに努めれば、子どもの心や体の健全な成長を促すために、役に立つ重要な手掛かりが得られるものと思われます。子どもは、発達してきた心身の能力や特性を積極的に自発させ(自ら進んで発揮し)、それができる遊びに夢中になるからです。

2 子どもの感覚や運動と遊び

子どもは、生後三ヶ月頃までに、目の前で回るおもちゃの風車などを見て喜び、親が振って聞かせるガラガラの音などを聞くことに強い興味を示します。視覚や聴覚などの感覚を働かせることが、子どもの心に喜びを生むのです。このような感覚遊びは大体二歳頃まで盛んに行われますが、子どもの視覚や聴覚の発達がよく現れているものと言えます。

一方、子どもは、身体の筋肉のコントロールができるようになると、盛んに手足を動かすことを喜びます。腕や手を自分の意志で動かすことができるようになると、物をつかみ、投げ、さらに歩くことができるようになると、車の付いたおもちゃを押し、引き、また三輪車に乗るなど、手足や身体の運動が楽しみとなる運動遊びを喜びます。始めは大筋肉を使う遊びを、次いで小筋肉を使う遊びを楽しむようになり、大きくなるにつれ運動遊びの中味は変わっていきます。このように、運動遊びには、運動の能力が発達していく様子が見られます。

しかし、学齢の時期になると、遊びの興味が変わります。おもちゃを使って手足を動かす遊びは、次第に少なくなってきます。心が成長してくると共に、幼い子どもの遊びのように仲間の目に映るおもちゃ遊びをやめるからです。

このように、感覚や運動の働きを使う遊びが、早い時期によく遊ばれるようになるのは、子どもの認知の働きの発達が感覚、運動的な段階(物に手をふれ身の周りのことを知ろうとする)にあることと一致しています。幼い子どもは、伸びてきた自分の感覚や運動の働きを大いに使い、身の周りの環境に直接ふれ、探る体験をする生活にウェイトを置いているのです。そして、この感覚や運動のような身体の機能を使うことに快さを求める活動である実践的遊びは、運動の働きや知的な働きのその後の発達と関わりながら、年齢と共に、いろいろと繰り広げられていきます。したがって、早い時期の子どもの生活では、感覚遊びや運動遊びがよくできる機会に恵まれるのが、子どもの心や身体の発達に適った自然の姿なのです。

3 子どもの情緒や要求と遊び

もともと、遊びは、他者から制限を受けることなく、自ら進んでする自由な活動ですから、子どもは、自分の感じ方や考え方を、遊びを通してありのまま表しやすいのです。

心にうっ積したものを、人に認められる仕方で晴らします。遊びには、このカタルシスの働きがあるので、子どもは、遊びにより、ことばでは表しにくい抑えつけられている情緒や要求(例えば、身近な人に対する愛と憎しみのような全く正反対の感情や態度など)も表してきますが、それは、子ども自身は意識していない、そのままの自己の表現なのです。このように、遊びにより自発的に自己を表現できることは、子どもの心の生活でとても重要な働きをしています。子どもは、成長の途中にあり、まだ未熟ですから、自分の要求の満たし方は拙いのです。そこで、要求を満たそうとする際に、外から(主として大人から)いろいろ制限されます。つまり、子どもの生の要求の満足は妨げられることが少なくなく、そのため、情緒的な緊張をしばしば経験することになってしまいます。

子どもの人格が、健全に成長していくためには、このような情緒的な緊張が長く続いてはなりません。その緊張から道理に適い、目的に沿って解放されることが必要です。遊びという活動は、そのような必要性を満たす機会を、時には子どもに与えているのです(特に、入院中の子どもは、病気になっているため、普通のように要求の満足が難しく、健康な時に比べ要求不満の状態になりやすいと思われます。したがって、入院中の子どもにとって遊びを楽しむことは、子どもの心の成長に害になるストレスを解消する上で、大切な役割を担っていると言えましょう)。

子どもは、スポーツやゲームのような遊びや、絵本やテレビなどの登場人物になり切ることなどで、恐れ、不安、怒り、不快のような情緒を表し、要求が満足できないために生じているこれらの情緒を浄化しています。また、子どもは遊びで喜びを感ずる中で、他のやり方では満たしにくい要求や願いごとを代償的に満たしており、それによって日常生活の要求不満は弱められるのです。

遊びは、子どもが自己を自ら進んで表現する自然な方法です。子どもは、自分のことを大人がことばで話すと同じように、遊びで語るのです。しかも、遊びは、本来自己責任を取らなくてもよい、楽しい、虚構(つくりごと)の世界での活動ともなります(ごっこ遊びはその代表的な例です)。したがって、遊びにより、自分の矛盾のある混乱している感情を、ごく自然に表せるのです。例えば、家族人形の扱い方の中に、子どもの家族に対する葛藤や態度なども、そっくり表されてくるのです。

遊びのこのような本質を考えますと、遊びは子どもの心を知る宝庫であると言えます。子どもの遊びに注意して目を向ければ、そこには、子どもの生活で重要な意味を備えている、情緒、要求、願望、考えなどが、生き生きと姿を見せています。子どもは、遊びの中に自分自身の生き方を表しているのです。

4 子どもの知的な働きと遊び

遊びには、子どもが捉えている周りの状況やそれに対する関わり方が反映されますから、遊びを通して、子どもの知的な働きがどのように発揮されているかを知ることもできます。例えば、ごっこ遊びのような象徴的遊び(ものを何かに見立て遊ぶ)は、その例です。この遊びは、二歳頃から七歳頃にかけて見られますが、表象(見聞きして頭の中に生まれるイメージ)を自分のものとして、身近なものに対して行う行動と同じ行動を、別の身近なものに対して行う遊びです(おいしく食べたことのあるキャンディを思い浮べ、小さい石ころをキャンディとして食べるまねをするなどがその例です)。子どもは、自分からいろいろ活動を繰り返し、現実のことに当てはめて喜ぶのです。ごっこ遊びでは、この「ものを何かに見立てる心の働き」である象徴機能を、子どもは積極的に使って遊びを繰り広げます。ことばや行動で、ものや場面を別のものに見立てて扱い、いわば錯覚のゲームを楽しむのです。日常の生活経験をまね、ドラマのようにして表す活動で、実際の現実の枠を超え、経験を想像的に、あるいは創造的に広げ、自分の願望や要求を満たしていくのです。

子どもは、このように象徴する働きを自分から発揮し、自由に生かして遊びに熱中しますが、そこには、日常の生活ではできないことを表す自己表現的な働きが見られます。したがって、現実の生活で要求を満足させることを妨げるものを除き、それに打ち克つ機会が得られます（しかし、ごっこ遊びにあまり熱中することは、子どもの要求不満の強さを示す兆候ともなります）。

いろいろとものを使い、創り出すことを楽しむ活動を構成遊びと言いますが、二歳を過ぎる頃から盛んに遊ばれます。積木、砂、粘土などを使う遊びですが、遊び始めの頃は計画して遊んでいるわけではありません。しかし、やがて、前もって組み立て創るものを考え、計画してものを構成していくようになります。子どもの心が成長し、空想と現実の区別ができるようになってくると、ごっこ遊びは構成遊びにとって代わられます。この遊びは、五、六歳頃から一層よく遊ばれ、学齢期にも盛んですが、子どもの知的な働きの発達が大きく影響しているのです。

構成遊びでは、その程度が高まるにつれ、ものを創る前の計画がより必要となってきます。子どもは、あらかじめ考えた計画に沿い、筋道を立て、時には計画を直したり変えたりし、自分の構想を具体的に表していきます。したがって、構成遊びには、子どもの考える（思考の）働きが（そして、思考を調整することばの働きも）よく映し出されてくるのです。

思考の働きには、いくつかのことがらを一つのものにまとめようとする集中性のものと、いろいろなものを生み出していく拡散性のものがありますが、学齢期には、後者の拡散的な思考、つまり、創造的な思考が大いに伸びます。ですから子どもは、素となる材料を使い、いろいろなものを創り出す活動に熱中します。もちろん、その前にその芽生えは認められます。幼児が喜ぶ積木や粘土、砂などを使う構成遊びがそのよい例です。したがって、身近なものを材料に用い、工夫してものを創り出していく遊びに誘う機会を気を付けて子どもに与えたいものです。

5 子どもの社会性や道徳性と遊び

子どもは、一人で遊ぶと共に、本来他の子どもと一緒に遊ぼうとします。遊びの中で、将来の社会生活のための準備をしているのだとも言えましょう。そこで、子どもの遊びに社会性という観点を当ててみますと、例えば、幼児の遊びは、何もしていない行動、一人遊び、他の子どもの遊びを傍で見ている傍観的な行動、他の子どもの傍で遊んでも一緒になって遊ぶことのない平行的な遊び、他の子どもと一緒に遊ぶがそれぞれの子どもは同じような活動をしている連合的な遊び、他の子どもといろいろ力を合わせまとまった遊びをする協同的、組織的な遊びに分けられます。

これらのものは、後に挙げたものほど他の子どもとの関わり方の程度が高くなっています。また、そこには、年齢と共に次第に遊び方が移り変っていく様子が見られます。子どもは年齢を加えるにつれ、他の子どもと関わる遊びにより興味を持つようになり、子ども同士の互いの関わり合いを深めていくのです。

このような例からも分かりますように、遊びの社会的な側面には、子どもの、他の子どもとの関わりの実際の様子や願望が現れています。他の子どもに認められ、受け容れられたい気持ちや、遊び仲間の集団に入りたい気持ちは、かなり強いものであり、したがって、自己中心的な見方でなく、他者の立場に立つ見方を取るように子どもを導くのです。また、遊びを楽しく繰り拡げていくのに必要なルールを、遊びの中から見つけることを促す働きをするのです。他の子どもと一緒に遊ぶことに熱中する子どもの心には、このような社会的な要求が強く働いています。

三歳頃から五歳頃にかけて盛んになる役割遊びでは、大人の活動や大人の関係が表されます。そして、大人の実際の活動の対象を代理するように、いろいろな遊びの対象が利用されます(例えば、ままごとで積木をケーキに見立てて遊ぶ)。したがって、役割遊びは、前に挙げた象徴の働きが必要な模倣、創造遊びとも言えますが(例えば、電車ごっこもそうです)、その特徴は、子どもが遊びで喜んでする役割には、社会生活をしていく上で大事な行動の仕方、言い換えますと行動の規範が内に含まれている点です。子どもが、役割遊びを楽しむことは、遊びの中で社会的な行動規範が自然と身に付いていくことを意味しています。同時に、そのことは、社会的な行動規範に対する、子どもの関心の強さを示しています。

学齢期に入ると、子どもは、他の子どもと一緒にルールのある遊びをすることを一層喜ぶようになります。いわゆる規則的遊びです。このルールは、人との関わり合いがスムーズに行われるためには欠かせないものです。このようなルールのある遊びが子どもの間から自発してくるのは、子どもが、対人関係を強く求め、深めていこうとするからです。

好ましい人間関係を持ちながら遊びを楽しむためには、子ども同士の活動が、他の子どものことを考えない身勝手なものであってはなりません。子どもたちが互いに関わり合って楽しく遊ぶために必要なルールを、時には自ら作り、守る活動をして遊ぶことを喜ぶのは、この時期の子どもの社会性の成長振りを表している、と言えましょう。

これまでに述べたような、社会的な遊びで役割を演じたり、ルールを守って競争するなどの活動を通して、子どもの社会性や道徳性はもちろんのこと、運動や情緒や知的な働きの実際の様子を知ることができるのです。子どもの遊びは、子どもの心の世界をそのまま物語ってくれます。

本号の特集テーマが「入院中の子どもと遊び」ですので、入院している子どもと関連して遊びについて少しふれるべきでしたが、誌面の都合で、この点について述べることは省略しました。しかし、入院中の子どもは、健康な時にできる遊びができませんから、強いストレスの中にあります。したがって、許される限り、入院生活に遊びを取り入れ、子どものストレスを解消するようにし、子どもの遊びを通して、ストレスの実態につき理解することが大切です。

（『小児看護』第16巻　第9号、へるす出版、1993・3　pp.1095~1099）

第４章

ひとりっ子、ふたりっ子

きょうだいは、子どもの育ちに大きな影響を与えています。
きょうだいの大切さを今一度考えてみます。

1 ひとりっ子、ふたりっ子ときょうだいの働き

最近の家族構成には、核家族化と共に、小家族化へ進む様子が見受けられます。このような状況は、家庭における子どもの人格の育ちに対し、きょうだいがどのような働きをしているかという、極めて日常的な問題に関し、改めて考える機会となっています。子どもにとっての家庭は、最初の欠くことのできないとても大切な生活環境です。複雑な心理的働きを持っている家族関係が、子どもの初期の人格形成に大きく影響することは言うまでもありません。そのような家族関係の中でも、きょうだい関係の働きは重要です。「きょうだい」と「親子」は、それぞれの関係が繰り拡げられていく際に、お互いに仲立ちする役割を果たしている場合が少なくないからです。

きょうだいは通常、同じ親で結ばれ、成人し、親から独り立ちして生活するようになるまで、文字通り寝食を共にする親しい間柄です。人格のかなり内の層で互

いに濃密なふれ合いを重ねていく人間関係であることがその特徴です。人生の早い時期から、長年にわたり絶えず人格のふれ合いを通して、その働きかけを繰り返していく人間関係であるだけに、子どもの人格の育ちを語る時には、なおざりにできません。

ところで、このようなきょうだいの働きは、それだけで作用するわけではありません。子どもの出生順で、親の子に対する関わり方に違いが生ずるように、きょうだいには、親子という縦の人間関係の中で、親の養育態度を介して、その働きを発揮してくる面があります。きょうだいには、親の養育態度を決めていく働きがあるのです。

一方、きょうだいの間で、競争や衝突が起こることは避けられないと言ってよいでしょう。それが、時には家庭の調和に危機をもたらすこともあります。しかし、差があまり開いていない年齢や、場合によっては性を異にする子ども同士の縦(支配と服従)と横(自由と対等)の関係を織り交ぜた、いわば斜めの人間関係で、いろいろな心の葛藤が経験されることには、家庭の外の社会生活に対する準備という大切な意味があります。社会の外圧(プレッシャー)が直接に加わってこない家庭で、将来の社会生活に備えた体験ができる点において、きょうだいは重要な働きを持っているのです。

友だちに人気がある、人気がないというような社会的な地位に見られる姿は、その子どものきょうだいの行動と無関係ではありません。友だちの間で力があれば、そのきょうだいを友だちに威張るように、きょうだいは、友だちに対する態度や関わり方に影響しており、子どもが家庭の外で人との関係をどのように作っていくかにも作用する働きを持っています。

ひとりっ子は、文字通りきょうだいが無いわけですから、ひとりっ子の家庭生活では、人格の育ちの上で、大きな意味を担っている、このようなきょうだいの働きが作用する機会が全くありません。したがって、ひとりっ子の家庭生活におけるいろいろな経験は、きょうだいのある子どものそれに比べ、特異なものに傾く可能性が大きくなります。

他方、ふたりっ子は、その名の通り、きょうだいがあっても、人数は最小の一人に過ぎません。きょうだいの間の年齢の開きによっては、ひとりっ子と近い状態に置かれるかもしれませんが、一般には、きょうだいの作用が、他のきょうだいに分かれ散っていくこともなく、濃厚に影響し合う傾向があると言えます。ひとりっ子の場合と異なっても、このようなきょうだいの経験には、家庭における子どもの人格形成で、十分に配慮することが必要となる問題が生じやすいのです。

2 ひとりっ子の特性と家庭の人間関係

「ひとりっ子自体が一つの疾病である。ひとりっ子には非常に不利な条件がある。きょうだいがある家庭に育った子どもと比べ、その子どもたちと同じ程度の適応能力(自分の要求を他の人に迷惑をかけずうまく満たしていく力)を持って生活していくことを、ひとりっ子に期待することはできない」という考え方は誤りであるとされ、ひとりっ子であること自体は問題でない、と言われることが多いようです。しかし、右の考え方は、ひとりっ子が、人格の育ちで好ましくない特徴を帯びた家庭環境に晒されやすいことを示している点では正しいのです。

ひとりっ子が家庭で経験する人間関係は、大人とのそれだけで、核家族では、それは育児の経験がない親との関係に限られてしまいます。そこに、ひとりっ子家庭に特有な家族の心理的な力動、つまり、相互の作用が生じてきます。

親の子に対する関わりには、子どもの要求を満たし庇っていく保護的な面と、子どもの要求をそのまま満たさせず抑制していく（我慢させる）支配あるいは干渉的な面があります。子どもは本来未熟な存在ですから、親の関わりは、もちろんのこと必要です。しかし、ひとりっ子の場合、それがただ一人の子に集中し、時には過ぎることにもなります。

子どもの頼りない、依存的な様子は、ひとりっ子を持つ親のこのような傾向に拍車を掛けることにもなります。きょうだいが無いため、親の保護的、あるいは抑制的な養育の働きの調節がうまくできず、適切さを欠く結果に陥りやすいのです。

かけがえのない、ただ一人の大事な子であってみれば、親の目は必要以上に届きやすい一方、親の大きな期待が子どもの心にのしかかり、子どもに心理的な負担を生み出します。子どものこと以外の関心は最小限にとどめ、絶えず子どもを気に掛け、いつまでも庇い、世話をし過ぎる、いわゆる過保護的な養育態度が取られがちです。自我が弱く、依存的で、忍耐力が乏しく、情緒のコントロールに欠け、神経質で、動作の面でも未熟な様子が、ひとりっ子に見られるとすれば、この温室的な子育ての結果であるとも言えます。

親が、子どもの将来に一方的な望みを懸けるほど、親は子に対して一層支配し、干渉する関わりに出ます。親の考えに従って行動するよう強いる一方、より早く大きくなるよう急がせます。この場合、子育てから早く開放されたいという気持ちが親に強く働いていることもあります。ひとりっ子は、このような親との関わりを長く体験する状況に置かれやすいのです。ひとりっ子に、口達者の物知りで、年齢のわりに大人びている反面、気が弱く素直で、感受性(ものに感じやすい)や同調性(人に従いやすい)を見せるところがあるのは、そのためです。

きょうだい関係がなく育つひとりっ子は、きょうだいのある子に比べ、年齢の近い子ども同士の接触が不足がち(特に幼少期に)です。他の子とうまく折合っていくために必要な協調をする気持ちや自己を抑制する力の育ちが弱く、自己中心的である場合が多い一面、引っ込み思案で臆病な特徴を、ひとりっ子が持ちやすいのは、親の子に対する保護や支配、干渉が過度になりやすい家庭環境にあって、社会的な適応に必要な特性の成長を促す上で大切な、きょうだいの働きを受けることができないからだとも言えます。

3 ふたりっ子の特性ときょうだいの葛藤

ふたりっ子家族は、ひとりっ子家族に比べ、子どもの数が一人増えただけであり、核家族の場合は、家族の人数が三人から四人に変わったに過ぎません。しかし、家庭における人間関係は急に増し、家族の互いの働き掛け合いは複雑になります(家族の人数をnとしますと、家族相互の人間関係の数は2のn乗マイナスnマイナス1となり、親子三人のひとりっ子家族では、この人間関係の数は4ですが、そこに一人子どもが新しく生まれふたりっ子家族になると、家族の間の人間関係の数は11にもなります)。

ふたりっ子家族では、家族の人数が少ないだけに、この独自の情緒的な特性のある人間関係内の心理的な距離が近く、家族の間の軋轢や葛藤の生まれやすさは急に高まります。それは、例えば、次のように、きょうだい間の心理的な力動(働き合い)にも反映し、子どもの人格の育ちに強く作用すると言われています。

「子どもは………自分を家庭という太陽系の太陽の地位に置き、家族をその周囲を回る遊星とみなす自己中心的な段階を通過する………長子は年下のきょうだいの、より輝く太陽の出現により退位を余儀なくされ、自分の中心的な地位を維持するために、あらゆる努力を試みる………末っ子は退位することはないが競争を経験し、その経験は親により保護され援護される………」

ふたりっ子の場合、家族内におけるきょうだいの心理的な力が働く関係で、上の子は長子、下の子は末子の立場にあります。これまで問題を持ちやすいと言われている長子や末子に見られる特徴が、ふたりっ子に生まれてきても、おかしくはありません。

ふたりっ子は、働きかけ合うきょうだいはただ一人に限られ、二人だけの密度の大きい人間関係を持つところが、ひとりっ子やきょうだいが一人よりも多い子と違います。日常、このような濃密な相互のふれ合いが行われるきょうだい関係では、年齢が低いほど、年齢の差が小さいほど、自己主張の衝突がしばしば起こります。

親の愛情をより多く得ようとして、熾烈な抗争が繰り拡げられ、嫉妬に心を燃やす機会も少なくありません。人格の深い層でふれ合いができる親密な間柄であるだけに、感情的な反発には激しいものが見られます。ふたりっ子は、このような強い対立をする葛藤を体験しなければならない状況に置かれやすいのです。ひとりっ子が、一人でけんかができない状態にあるのと大きな違いです。

ふたりっ子家庭では、子どもの数が少ないため、親の養育態度が度の過ぎた保護や支配、干渉に偏りがちであるなど、ひとりっ子家庭と似た状態がありますが、愛情の不平等感を子どもに味あわせる偏愛が、見られる場合も少なくありません。子どもの年齢や性により異なることがあっても当然ですが、そのため、実際の親の行動から、同じように愛されているという確信を、子どもが持つことができない状況が生まれるのです。

そして、ふたりっ子の場合は、与えられる親の愛情に関する比較が、他のきょうだいがいないだけに、二人の間で、より主観的に、直感的に行われます。親が、たとえ子どもの年齢にふさわしい愛情の表現をしていても、それは偏ったものとして受け取られやすいのです(親が自ら偏愛する態度を取っている時は言うまでもありません)。

ふたりっ子きょうだいの上の子は、ある時期までは、ひとりっ子的な特徴が身に付き得る状態にありますが、やがて、それまで独り占めしてきた、家族内で愛情が注がれる中心的な座を、下の子に渡さなければならない危機を迎えることになります。ひとりっ子として独占できていた親の愛情を下の子に奪われまいとして、結果は敗けに終わろうとも、これまで独占していた座を守ろうと一生懸命に努力します。

それだけに、強い愛情の要求不満を体験しやすく、親の偏愛に抗議して嫉妬心を燃やし、競争的になります。自分が除け者にされるかもしれないという不安から、他の人を絶えず警戒する疑い深い態度や、他の人の注目を引こうとする行動を見せることもあります。下の子の世話などをさせられるために、攻撃的になったり、威張る態度に出る場合もあります。

ふたりっ子きょうだいの下の子は、ひとりっ子の状態に置かれる経験をしません(きょうだいの年齢の差が大きければ、ひとりっ子的な状況が生まれます)。上の子が独占してきた愛情の座を手に入れるために争っても、ふつう大きな抵抗を体験せずに自分のものにできます。手にした座を上の子に奪われる恐れにたとえ脅かされても、大抵の場合、親がその危機を救ってくれます。

ふたりっ子の下の子は、大事にされ過ぎ、甘やかされ、求めればいつも助けてもらえるので、依存的で自立心に乏しく、いつも助けを期待し、何事も自分の思い通りに運ぶものと思う、幼い自己中心的な考えからなかなか抜け出せません。家庭内で最も年が下という立場は変わりませんから、年下であるがために、家族に支配され、時には無視もされます。他の者より優れたいと思い、不満を鳴らし、攻撃的になりやすい面があるのはそのためです。

4　ひとりっ子とふたりっ子の育て方

これまで述べてきましたところでは、ひとりっ子、ふたりっ子いずれも、社会で生活をしていく上で不利となりやすい特徴を、身に付けてくる可能性が大きいように思われます。しかし、これは、ひとりっ子やふたりっ子の宿命ではありません。子どもが人格を作っていく上で、理想的なきょうだいの数や出生の順位を、はっきり定めることができるわけでもありません。ひとりっ子やふたりっ子の家庭は、子どもの健全な人格形成に陰りを落とす問題を持つ、心理的な環境を作りやすい状況にあるのに過ぎません。つまり、家庭環境がそのように偏りがちな現実を、親がしっかり認識して、適切な養育態度を取ることに心掛ければ、問題はないと言えるのです。家庭のあり方、言い換えれば、親の子に対する関わり方が極めて重要なのです。

そこで、ひとりっ子やふたりっ子に健全な人格を育むには、親が子に対し養育上どのように関わっていけば適切であるかということに関し、基本となると思われる点について述べておきます。それは、要するに、ひとりっ子やふたりっ子の家庭環境にある、子どもを養育する上で問題となりやすい面をしっかり捉え、その作用が現れないように努力することだと言えます。

ひとりっ子家庭には、親の子に対する関わりが、過剰な保護や支配、干渉に陥りやすい傾向や、家庭内における子ども同士の人間関係(将来の社会生活に対する準備となる)が欠ける状況がありました。そこで、まず、子どもの立場から子どもを理解しようとする態度を大事にします。ひとりっ子家庭では、どうしても大人からの見方が濃くなりやすいからです。親が自分の希望を一方的に押し付けず、子どもの考えをよく受け止め、他の子どもと遊ぶように促します。子どもゆえの未熟さを理解した上で、家庭で子どもにふさわしい役割を与えるなどして、合理的に子どもの自由を許してやります。このように、許容、受容的な態度を取ることにより、保護や支配、干渉が過剰になることに歯止めをかければ、いわゆるひとりっ子の問題が生まれることを防げます。

ふたりっ子家庭の大きな特徴は、親から与えられる愛情を巡って、きょうだいの間に、激しい競争、軋轢、葛藤が生まれ、心理的な関わり合いが繰り広げられる傾向があるという点です。したがって、ふたりっ子の場合には、このような親密でありながら反発し合う人間関係の渦中に身を置きがちな子どもが、ぶつかると思われる問題を解決していくのに役立つ養育態度を取ることが、基本的に大切だと言えます。

ふたりっ子家庭では、子どもは、強い相互意識を抱きやすく、きょうだいを念頭に置き、自分が親にどう見られているかを気にしがちです。家庭におけるきょうだいの利点に敏感になります。したがって、きょうだいを偏りなく認める、ものごとに努力させる手段としてきょうだいを比較しない、上の子に許さない特権は下の子にも許さないように心掛けます。また、上の子に一方的に下の子に対する責任を取らせない、下の子に対する自負心を必要以上に上の子に持たせない、下の子をいつまでも幼く扱わず自分の力でする体験を大切にさせるなどにも気を付けます。このように養育上配慮すれば、ふたりっ子に特有な心理的な葛藤が好ましくない方向に生ずることは防がれ、心の調和のある家庭関係の中でふたりっ子の人格の育ちを促すことができます。

日常の家庭生活の中で進んでいる、子どもの人格形成の過程や作用を考えるとき、小家族化する状況にある家庭における家族間の心理的な関わり合いを正しく捉え、「ひとりっ子、ふたりっ子の心」を知ることは、これらの子どもに健全な人格を育むために大事なことでしょう。

(『児童心理』第38巻　第7号、金子書房、1984・7　pp.46〜52)

第5章

ひとりっ子の性格

ひとりっ子らしい性格とよく言われます。
そこには、ひとりっ子の親子関係のあり方が現れているように思われます。

1 ひとりっ子家族化の問題

家族が親子のみからなる傾向、いわゆる核家族化は、近年の家庭に見られるいわば一般的なすう勢でした。しかし、最近の核家族では、子どもの数が二、三人である小家族、さらには、子どもが一人であるひとりっ子家族が少なくなっています。以前は、きょうだいのないひとりっ子はむしろ特別の場合でしたが、昨今ではそうとも言えなくなってきているのです。

ところで、ひとりっ子の問題性については、ひとりっ子であることそのものが一つの疾病であり…きょうだいのある子どもたちと同じように生活していくことはできない、という指摘もされており、ひとりっ子が劣っている点が強調されていました。

このような考え方をそのまま受け入れるとしますと、ひとりっ子の家族が増してきている現在の状況では、多くの家庭が、子どもの性格形成の上で、非常に気になる問題を抱えるようになっているということになります。しかし、このように考えることは必ずしも当を得ていません。それは、ひとりっ子家族の家庭が、子どもの性格を育んでいく過程で問題を生む条件をはらみやすい危険性を示しているものの、ひとりっ子であることそのものが問題であるわけではないからです。

しかし、家庭における子どもの人数、もっと一般的に言えば家族の人数が、家族相互の間の作用系(働きかけ合い状況)の量や質に影響することは事実です。

「相互的な作用系には独自な情緒的な特質があり、この特質は家族成員すべての性格と行動に影響を与えている」と言われ、ひとりっ子には、非ひとりっ子家族で育っている子どもとは異なる性格特性が作られていくことは、その問題性の有る無しを問わず、予想される結果であると言えましょう。

既にふれましたように、ひとりっ子の性格形成においては、ひとりっ子であること自体が問題性を持っているのではありません。きょうだいがいるかいないかが、子どもの性格が育まれていく上で影響するかもしれませんが、それは、本来決定的な意味を持っていないのです。むしろ、ひとりっ子家族に生じやすい家庭の在り方、つまり、家庭環境の特徴が問題を帯びやすいのです。

そのような家庭環境の条件として重要なのは、親子関係に直接反映してくる親の養育態度だと思われます。家庭において、子どもの成長を支える主たる担い手が親であることを考えれば、当然です。しかし、さらに考えなければならないものとして、ひとりっ子が生育してくる状況上の差異があります。それは、親の子に対する養育態度に背後から知らぬ間に働きかける条件となるからです。

ひとりっ子が生まれ育ってきている状況には、いろいろな場合があるでしょうが、それらは、子どもに対する養育上の関わりに微妙な違いを生み出します。したがって、ひとりっ子の性格特性について述べるにしても、生育の状況を考えて、子どもの性格形成につき迫っていくことが必要だと思います。

そこで、ここでは、ひとりっ子家庭として通常考えられる、子どもの生育に影響を与えてきていると思われる家庭状況に重点を置き、話を進めることにします。つまり、出生後、両親のもとでひとりっ子として成長してきている子どもの場合に焦点を合わせながら、子どもの性格の育ちや性格の特性に関して考えてみることにします。

2 ひとりっ子の環境の特徴と性格形成

ひとりっ子であるがゆえに、後に述べるような、ひとりっ子に特有と言われる性格特性が作られていくとは限りません。しかし、ひとりっ子家庭では、ひとりっ子的と言われる性格特性を生み出しやすい状況が生じやすいことも、これまた確かです。

まず、親の子どもに対する養育上の関わり方に、ひとりっ子の性格形成に独自であると言われるような偏りが現れる可能性が大きいのです。きょうだいがあれば、恐らく抑えられる養育態度が取られ、日常のしつけなど家庭教育の実際に働くようになります。つまり、きょうだいがいれば、その子どもたちに必然的に分かれていく親の子に対する関わりが、ひとりっ子に集中してしまうのです。

このような、いわば養育の集中化は、子どもが親にとって文字通りかけがえのないただ一人の子として大事にされるほど、いっそう拍車がかかるでしょう。それは、わが子への過ぎた関心、さらには過ぎた養育へと親を駆り立てるものを潜ませており、実際そのような状況が現実となる場合も決して少なくありません。

この過関心あるいは過教育の具体的な姿はさまざまですが、若干のタイプとして捉えることもできます。第一に「過保護」です。ただ一人の大事な子どもですから、親はそう思う程、わが子の成長を必要以上に心配し、不安を抱き、このような気持ちを解消するために、子どもを過度に保護してしまいやすいのです。その心配や不安が強ければ、常識では考えられない程の極端な過保護になってしまうことさえあります。子どもの無事な成長を願う余りに、こまごまと世話をやき、子どもへの指図が度を越す干渉に陥ったり、異常かと思われる程の援助をしたり、保護することもあります。つまり、かまい過ぎるのです。

「服従」もひとりっ子を持つ親が偏りやすい養育態度です。子どもを大事にし過ぎるために、わが子が要求することは無条件に受け入れ、子どもの言いなりになります。子どもに対し専ら服従的に奉仕することが、子どもに対する愛情の証し、とみなしているようにも思われるのです。子どものためなら、どんな犠牲でも払い、子どもの言うことはすべてちゅうちょなく聞き入れようとする盲愛に溺れたり、子どもをかわいがる余りに、ひたすらに甘やかす溺愛に走る場合もあります。

子どもが一人であると、親は「支配」の態度を取りやすくなります。ひとりっ子は、親にとってみれば将来を託すただ一人の子ですから、親のわが子に寄せる期待は大きく膨らみます。親は、自分の宝であり、大事な所有物？である子どもに、思いのままの磨きをかけようとします。時には、親の期待するところを子どもに厳しく強制しようとすることもあるでしょう。

親が考えている鋳型にはめ込もうと焦る余りに、未熟なところが本来の子どもの姿であることを忘れ、命令や禁止や批判を一方的に子どもに浴びせることになりかねません。子どもの特性（その子の持ち前）を軽く見て、親の要求する方向へなびかせようとするなど、子どもにかける期待も過度となり、養育の妥当さが薄れやすくなります。しかし、親はそれに気づきません。

ひとりっ子に対する親の期待の程度がエスカレートし、厳しさが増しますと、「完全欲」の養育態度が取られるようになります。かけがえのない大事なひとりっ子の成長に過ぎた高いレベルの期待がかけられます。そのため、子どもの欠点が多々目につき、それを叱責し、非難し、親自身が設けている目標に達するよう鞭を当てます。それは、子どもに対し常に完全かつ満点であることを要求するものです。神経質と言われるほど子どもの行動に完全さを求めることにもなります。ひとりっ子の親は過教育へ傾きやすいから、完全欲の態度で子どもにのぞむ場合も少なくないのです。

日常生活における、ひとりっ子に対する親の具体的な関わりでは、これらの養育態度がさまざまな程度で混在し、生活環境の特質を生み出しているものと思われます。

しかし、さらに、ひとりっ子はきょうだいを欠くという現実も、性格特性の形成に作用する特有な環境的条件となり得ます。ひとりっ子家庭では、子ども同士の生活がありません。したがって、子ども同士が相互に働きかけ合う家庭で育まれる面が大きい、社会生活に必要な性格特性を身に付ける機会に恵まれないことになります。

もちろん、家庭外で他の子どもと相互的に関わり合う社会生活の場は持てますが、家庭におけるきょうだいという子ども同士の生活は、情緒的な結び付きが濃密な人間関係で、心のより深い層での交わりが極めて日常的に繰り返される点で、性格特性の形成上より重要な働きを備えています。ですから、ひとりっ子は、社会生活に適応していくのに必要な能力や特性をものにしていく上で、不利な環境条件下に置かれやすいものと考えられます。

また、ひとりっ子は、家庭にあっては、大人ばかりに囲まれた生活を続けることを余儀なくされます。家庭における人間関係はすべて、大人である親などとの相互的な関わり合いの展開に終始します。話し手が大人であれば、行いの見本も大人のそれです。生活のモデルはすべて大人ですから、きょうだいのある子に比べ、ひとりっ子の行動は、年齢のわりに成熟しているように見えるものとなりやすいのです。ひとりっ子の家庭は、子どもの行動のある面を早熟させやすいと思われる環境的な特質を持っています。

3 ひとりっ子の性格特性と特徴

一般に、個人の性格特性の多くは、日常的な生活環境の影響の中で培われます。家庭環境は子どもにとり、心理的、社会的に密度の濃い日常的な生活環境ですから、子どもの性格特性の形成に大きく影響します。その意味で、ひとりっ子が体験しやすい家庭の生活環境的な特質は、ひとりっ子の性格特性の形成に関わる重要な条件となるのです。そこで前に述べました、ひとりっ子の環境的な特質との関連で、ひとりっ子が身に付けやすい性格特性の特徴に関して考えてみることにします。

まず、依存性が過剰になりやすいものと思われます。例えば、親が子どもに対して過保護な関わり方に傾くようであると、子どもは、庇われ過ぎ、構われ過ぎることとなります。子どもは、自分からものごとに取り組む機会を往々にして奪われ、また、その必要性すらあまり感じなくなります。何ごとも親に頼ればしてもらえる体験を重ねるわけですから、他者に依存しようとする気持ちが強まっても不思議ではありません。他者からの助力を期待するのが習わしとなれば、精神的な独立も遅れ、健全な自立性が育ちません。

依存性は、人との温かい関係を持つために大切な性格特性ですが、全面的に他者に頼りきるという水準の低い依存性にとどまる恐れがありますから問題となります。また、依存性の度が過ぎると、他者に左右されやすくなりますから、その結果、何ごとも人のせいとなり、自己責任性が培われにくいことになります。

ひとりっ子的な性格特性の特徴として、抑制力や忍耐力の弱さはよく指摘されるところです。親が子どもの要求するがままに動くような服従的な態度が多ければ、子どもが要求を即時に満たそうとする傾向は強まります。また、そのようなことがいつもできる経験が繰り返されるわけですから、自己の要求を制御する自律性が育まれにくくなります。さらに、要求の充足を妨げる状況に耐える力も培われません。要求が満たされない時には、情緒的な緊張や混乱が生じますが、それを自分で処理することを学ぶ機会も乏しい状態になります。したがって、情緒的にも未成熟な状態にとどまる可能性もあります。

自己の要求の満足が妨げられる対人的な体験を通して、自分の意のままにならない他者の世界があり、それを考えに入れて生活していくことの必要性が分かります。ひとりっ子的な生活環境では、ともすればこのような体験が不足しがちです。そのため、ひとりっ子は利己的で自己中心的な性格特性を身に付け、わがままに行動しがちにもなりやすいのです。

自発性と自主性の成長は、子どもの性格形成の重要な側面ですが、親が余り支配的な姿勢で養育に当たりますと、これらの性格特性の発達が順調に進まなくなります。ひとりっ子を持つ親には、この支配的な養育に陥りやすい傾向があることは、既に述べた通りです。

親からこのような養育態度で関わられれば、子どもには、未熟ながらも、ものごとを自分で選んで、決め、行う場がほとんどなくなります。また、子どもは、自分から積極的に進んでものごとに取り組む経験はあっても、それは僅かだろうと思います。その結果は言うまでもありません。ものごとを、他者からの指示を必要とせずに行おうとする意志や、他者に干渉されずに自分で決めて行う能力は、育ち難くなります。意欲に欠ける、消極的な、つまり、主体性の育ちがひ弱な子どもが生まれることになります。ひとりっ子に、自発性や自主性で気にかかるところが見られやすいと言われるのはそのためです。

親なら誰しも、わが子の理想像を描き、子どもがそれに向かって成長に励むことを望み、よしとするものです。いわゆる完全欲の養育態度はその典型ですが、ひとりっ子の親は、この完全欲の養育に熱心になる場合も少なくありません。親は、ただ一人のわが子により、自分の願いを実現させることを期待し、極めて高い要求水準を設け、それに達するよう子どもに圧力をかけます。

それは完全を目指すものですから、子どもの日常生活全般にわたり、こまごました批判や注意や激励が行われることになります。そのため、子どもは、些細なことにも神経を尖らし、ものごとにこだわる神経質な傾向を帯びてきます。親の子に対する完全欲的な関わりが度を過ぎますと、子ども自身が完全にこだわり、それを脅迫的に求めるようになります。完全な目標を目指しても失敗を重ねることから、子どもは、自信を失い、時には目標を遂げることを避け、自閉的な様子を見せることもあります。

ひとりっ子であることは、家庭におけるきょうだい関係から生ずる、子ども同士の生活が欠けることを意味していますから、そのような社会的な経験がないことから、社会性の発達も遅れやすいものと思われます。きょうだいが心おきなく関わり合う中では、子どもは、自己を主張したり、相手を思いやったり、あるいは互いに力を合わせるなどの、いろいろな社会的な経験を、日常的にかず限りなく繰り返すことができます。

ひとりっ子は、ただ一人の子であるところから、非ひとりっ子と比べ、このような社会生活に必要な経験が不足がちとなり、社会的外向性、向社会性、協調性などの性格特性の育ちがスムーズに進み難いものと思われます。ひとりっ子がともすれば集団生活に適応しにくい状況に陥るのはそのためです。さらに、家庭における人間関係が大人との関わりに終始することは、ひとりっ子がある面で早熟であることに繋がり、それは、子どもの年齢にふさわしくない行動特徴と見られることにもなります。

4 ひとりっ子の性格特性と教育

これまでに述べてきましたひとりっ子的な性格特性の特徴の多くは、子どもが人生を生活していく上で、いささか気になるものでした。そのため、ひとりっ子に特徴的な性格特性は、何らかの問題性を含んでいるのが通常のように思われます。しかし、そのように考えてしまえば、「ひとりっ子であること自体が一つの疾病である」といった誤った見方を取ることとなり、ひとりっ子の性格特性をマイナスとみなすことにとどまってしまいます。

しかし例えば、ひとりっ子は、きょうだいのある子と比べ、家庭にあっては大人の行動をよりしばしば見本としますから、きょうだいのある子よりも成長した行動特性を一層に早く、多く身に付けていく可能性があります。そして、これらの行動特性により、集団の中でリーダー的な役割を担うことができるなど、集団生活における適応が良く行われることになる場合もあるのです。

また、ひとりっ子は、きょうだい同士の間に生ずる、時には深刻化する抗争や嫉妬に悩まされるような、性格形成の上での問題を持つことはありません。きょうだい間の葛藤の苦しみが大きかった子どもと比べ、家庭における適応が良くなるものとも考えられます。

ひとりっ子であるがために、気になる性格特性を必ず身に付けるわけではないのです。問題性を備えたひとりっ子的な性格特性があるとは言えません。ひとりっ子でなくても、前に挙げたような性格特性が作り上げられてくる場合はいくらでもあります。ひとりっ子は、ただ、そのような特徴的な性格特性を身に付ける機会に見舞われやすいのです。

したがって、ひとりっ子の性格形成では、親は自分の養育態度をよく省み、考えて、いわゆるひとりっ子的な気になる性格特性を生み出すような生活環境を作り出さないよう、十分に配慮すべきである、と言えます。ひとりっ子の養育が「過教育」へ傾くことがないよう心掛けられるなら、ひとりっ子であるがために、かえって教育的な働き掛けが、適切に過不足なく与えられる結果となります。そして、ひとりっ子は、きょうだいのある子に比べ、性格形成の上でより妥当な養育状況に恵まれることになるのです。ここに、ひとりっ子を持つ親に賢明な養育態度が求められるわけがあります。

ひとりっ子家族では、親は、きょうだい間に生まれる相互作用のような、子ども同士の生き生きした関わり合いを、直接目の当たりにできません。したがって、子どもの世界が見えて来にくいのです。そのため親は子どもの世界を軽く見る過ちを犯しながら、教育上の働き掛けを子どもに対し行うことにもなります。これは慎まなければなりません。

そこで、ひとりっ子の性格教育では、子どもの年齢に応じ、要求を満足させ、しつけを行うよう、保護と抑制という養育的な関わりにおける二つの側面のバランスを特に考慮することが大切です。他の子どもとの集団生活へ積極的に参加することを促すのも必要です。

ひとりっ子を持つ親が、子どもが内に潜めている自ら成長しようとする力を信頼するなら、自分が陥りやすい過教育への偏向もコントロールできるでしょう。子どものそのような成長を目指し、自己を発揮していこうとする本性を全幅に信頼できるならば、目の前のわが子が未熟で不完全であっても、成長を見守るだけの余裕が生まれてくるからです。

（『児童心理』第45巻　第1号、金子書房、1991・1　pp.36～43）

第６章

叱られたい子どもの心理

叱ることが、子どもの人格形成にとり必要なことを知り、
自ら叱る子どもを育てることに心掛けたいものです。

1 「叱る」と「叱られる」

親や教師が正当に子どもを叱る行為は、社会の一員として、健全な人格を備えた人間に成長していくよう、子どもの能力や特性を助長したいという願いに根ざしています。したがって、子どもが自分の要求を衝動的に(気の向くままに)満たそうとする自己中心的な言動を示せば、子どもの教育の責任を担っている大人は、この望ましくない行動が繰り返されないよう抑制するため、子どもを咎め、戒めます。つまり、社会の求めるところを構わず自制を欠く言動を取ったため、子どもは叱られ、罰を受けることになります。社会に役立つ構成員に仲間入りしていく上で、未熟な子どもは、大なり小なり叱られる体験をしなければならないのです。

ところで、毎日の生活は要求の満足を求める過程と言えます。要求は一種の内的な緊張状態であり、要求が強まることは、この心の緊張が高まることに他なりません。そこで、この心の不均衡(アンバランス)から

の回復を求め、緊張が解消されるよう行動が起こるのです。子どもが成長していく過程で獲得していく、いわゆる基本的な要求、例えば、社会的要求には、安定(愛情を与え与えられたい、集団に所属したい、避罰を求める)、充全(成就したい、独立したい、社会的承認を得たい)、拡張(新経験をしたい、成長したい、他に優越したい)などの要求があると言われますが、一般に叱られる経験は、これらの要求が満足されることを妨げても、解消を促すとは考えにくいものです。避罰の要求はそのよい一例です。叱る者は不快の源となり、叱られる者は、一時的にせよ情緒的な緊張に陥り、消極的な感情を抱きます。

日常の生活が、この心理的な緊張の解消を求める過程であるなら、叱られたい、つまり動機づいている(やる気になっている)自分の行為を、他者に罰で禁止されたいと(少なくとも意識的に)、子どもは積極的に望むでしょうか。意識の面では、叱られ、心理的に不均衡な状態になることを、自分から望む子どもは恐らくいないでしょう。しかし、実際には、いくら叱っても、その叱られる言動をしょうこりもなくと思われるほど、繰り返す子どももいるものです。

このような子どもに接すると、なぜそれほどまでに叱られたいのかとさえ思えてきます。叱られている子どもから、叱られたいという答えが得られないとすると、叱られたい子どもとは、ある意味でよく叱られる子どももみなされます。ここでは「叱られたい子ども」を、このように外顕的な言動面から捉え、そのような言動を示す子どもの「心理」について考えてみることにします。

2 叱られてしまう

子どもが叱られる言動をよく犯す事実を、道徳性の発達からみると、衝動的な行為に出ることを自ら抑制する心の働きの成長の程度を考えに入れる必要があります。子どもを育てた人ならば経験があるでしょうが、例えば、二、三歳の子どもは、大人が言い聞かせ、禁止しても、その粗野で望ましくない行為をなかなかやめないものです。そこで、大人は、つい重ねて叱る結果となり、禁止しようとする行為が相変わらず続くことに困惑してしまいます。

このような子どもの実態については、自ら行っている行為を途中で制止する心の機構(つくり)がよく発達していないからだと言われています。自ら行為を制御できる大人の目には、子どもが、叱られた行為をなかなかやめないため、表面上叱られたいように見えます。しかし、実際は叱られたいのではなく、やむ得ず叱られてしまうのです。子どもには、外部から禁止されても、その禁止に応じ自ら行為を制御できない時期があり、正にやめられないのです。

子どもが大人の指示に応じられないのは、叱られたいためでも強情なためでもなく、心が未熟であることがその主な原因である場合もあるのです。例えば、「弟は赤ちゃんだから叩いてはダメよ!」と強く叱っても、叩くのをやめられません。親が望ましくない行為を思いとどまらせようとしても、行動を自ら抑制する心の調整機構が十分発達していないため、またしても叱られるのです。

このような場合、望ましくない行動を制止するより、他の叱る対象とならない行動に仕向ける指示を与える方が有効です。行動が未熟な年少の子どもはもちろん、心の抑制機構を年齢にふさわしく作り上げていない子どもは、発達的にも社会的にも否定されるのが望ましい粗野な行動を多く示すものです。心の成長の状態ゆえに、社会化(社会生活に適応できるようにすること)の圧力が加えられる言動を繰り返してしまい、しばしば叱責の対象となるのです。

3 叱られる行動で自己を主張する

子どもが成長を遂げていく過程では、一般に、いわゆる反抗現象が見られます。大人の指示や禁止をいやがり、不従順、強情などにより、あからさまに反抗を表します。ことにつけ指示に反発しますから、親や教師が子どもの言動を叱る機会が増します。大人が叱り、罰した行為をわざと繰り返す態度を取るのが、反抗の時期にある子どもの特徴です。自己の要求を一方的に満たそうとしている子どもの衝動的な言動に対し、いわば社会の要請を仲介し抑制的な働きかけをしている大人は、このしつけに熱心である程、子どもがなぜ叱られることばかり執拗にするのか戸惑ってしまいます。

叱られたいとさえ思われる、このような子どもの叱られる言動は、普通は正常な成長の現象とみなされます。もちろん、その言動の現れ方や過程によっては、一過的な現象と見過ごせない場合もあります。自我が成長してきますと、子どもはその証しを求めるように盛んに自己を主張します。他者から規制されることに対し反発する傾向が強まります。年少の子どもがこの自己主張を行動として表しますと、心が未熟であるために、社会の規範、つまり、大人の要請に往々にして対立、衝突し、子どもは重ねて叱責を受ける結果になります。

一方、大人が叱る年長の子どもの言動は、心理的な離乳を求める気持ちの高まりを強調するもので、大人が課する規制を否定する行動によって、自我の成長を自ら確認しようとしているとも取れます。大人が抑制し禁止する行動に出て、その結果叱られることにより、自分の心理的な独り立ちを主張しようとするのです。大人の叱責を引き出したことには、自分を権威的な存在である大人に認めさせた意味があるからです。

大人が否定することをさらに否定するように行動し、大人に対するそれまでの服従的な関係から脱し、対等的な存在になれるよう心理的に成長しようと試みるのです。大人が叱る行為であるからそれを行い、大人から加えられる外圧をはねのける経験を通し、大人になる一里塚を歩んでいくわけです。つまり、叱られる言動を示し叱られる結果、成長してきた自分の主張を認めさせたという自我感情を体験し、意識するのです。この意味で、子どもは叱られたいのだ、と言えます。

4 愛情を試すために叱られる

叱られる行動を重ねる子どもの心理には、外見だけでは思いもよらない無意識的な心の葛藤が潜んでいます。ある寺院の施設にいた孤児(中2)の実例があります。

他人の迷惑となる行為をしばしばしでかし、施設では手に負いかねる子どもでしたが、施設の先生である寺の住職は、やがては自分の行為の非を自覚し改めるものと期待し、その子どもの言動を許してきていました。しかし、住職の思いやりに応える気配はなく、問題の行動は一方的に深刻なものとなっていきました。住職は辛抱強く許し続け、子どもが自分から進んで反省する時期を待ちましたが、行動は一向に改善の兆しを見せず、ついには、寺院の本尊の前でわざと大便をしてしまいました。

住職はそれをも叱らず許し、子どもが良心に目覚めるのに願いをかけました。その結末はどうなったでしょうか。仏像に大便をかけた翌日、その子どもは施設の近くの川で溺死してしまったのです。これは、無意識的な自殺とも言えます。

この事例は、病的にまで叱られたい子どもの心理を如実に示しています。孤児になった過去の不幸な生育歴のため、他人に対する強い不信感から逃れたい状況に悩んでいたこの子どもは、人一倍愛情に飢えていました。すべてを許してくれる住職の愛情の大きさに惑い、疑い、それが本当の愛情か確かめたい気持ちに駆られ、愛情を試す(何をしても本当に許されるのか、いけないことをすれば愛の鞭が与えられるのか)ために、叱られるべき行為を強迫的に繰り返したものと思われます。最後に、必ず叱られるはずの行為を犯したにもかかわらず、なおも許されたため、そのような大きな愛情を示した住職に対する自分の行為で、背負いきれない罪悪感を抱き、自分の命を否定し、死をもって犯した罪の償いをしたのでしょう。

見掛け上、叱られたいとしか思えない行為の背後には、強烈な愛情を求める気持ちが潜んでいたのです。この子どもは、その意味で叱って欲しい気持ちを懸命に訴えていたのかもしれません。これは特別な事例でしょうが、叱られたい子どもの心理には、このような心の屈折が無意識的に存在する場合もあることを、十分に分かってやらなければなりません。

5 「叱られたい」は「認められたい」

授業中に騒ぎ、他の子どもの学習に迷惑をかけ、授業の円滑な運営を妨げる子どもに手を焼く場合があります。教師がやめさせたく思う子どもの言動を叱り禁じても、子どもはその他人迷惑な人目につく行動を繰り返すことがあります。あたかも、自分の存在を際立たせ、教師に叱られることを独り占めするかのように。このような子どもの心理をよく探ってみますと、悲痛にも、叱られたい衝動的な気持ちに抗し切れなくなっていることが推察されます。

既に述べましたように、例えば、避罰の要求は子どもにとって基本的な要求です。

したがって、叱られ、罰せられる言動をすることは、いわゆる適応についての考え方と矛盾しています。しかし、問題とされる行動の症状には、「入場券（心の問題があることを証明するもの）、危険信号（その問題の危険度を示すもの）、安全弁（その問題を一応解決する手段となるもの）」などの意味があるとされているところから考えてみますと、授業中に騒ぐ他人迷惑な言動の繰り返し自体は不適応的ですが、自分が適切に処理できず困っている心理的な緊張があることを訴える、安全弁の働きをこの言動が果たしているものとも思われるのです。

例えば、親子の関係では、「愛情、受容、認容」に根ざす経験が必要だと言われますが、自我感情に直接結び付くこれらの経験が十分満たされていないと思っている子どもは、絶えず不安を伴う情緒的な緊張に悩まされているに違いありません。そこで、親に替えて教室で教師に心のふれ合う安定した情緒的な関係を求めることが予想されます。

ところが、教師は特定の子どものみの教師ではありません。それでは、教師の関心を自分に惹き付け、自分の問題を訴え、存在を認めてもらうにはどうしたらよいでしょうか。授業中に騒ぎ叱られる言動を取るのも、一つの解決策になります。教師に叱られている間は、教師の関心はこの子どもだけに集中します。子どもが示す言動がより迷惑になるにつれ、通常、叱責は強まり、教師が子どもに注ぐ意識はそれだけ大きくなります。その間、子どもは教師を独占できるわけです。

子どもは、叱られるという代償を払い、認められるという利益を手にするのです。一見叱られたいと思われる言動には、非合理的ですが、認めて欲しい、褒めて欲しい願いが、無意識的に潜んでいることがあるのです。教師の叱責は、場合によっては、叱られる言動を制止するよりも、その言動を繰り返すことを強めてしまっています。叱ることが、一面では子どもの要求を満たしているからです。当然、このような要求満足の習慣を子どもの身に付けさせてはなりません。他者が是認する行動をし、自分の存在を承認されたい気持ちを満たすよう、要求の合理的な満たし方を助言すべきです。

6 叱られて罪悪感から逃れる

癇癪を起こし、罵言を吐いたり、人を蹴る、なぐる、物を投げる、壊すなどの衝動的な行為に訴えた場合、親がこれを罰すれば、子どもは愛情の喪失を味わいます。親に叱られ、いけない子だと思われると、自分の評価を下げる自我感情が生じ、一時的であるにせよ、愛してもらえないのは、自分が良くない子であるからだと考え、罪悪感を抱きます。

してはいけないことをしたのは悪いことだとするこの感情は、子どもが衝動的な行動に出ることを、その子どもの人格の内からブレーキをかける心の機構、つまり良心を生み出します。ところで、叱られる場合もあり得る行動を、それが生じた状況から切り離して取り出し、不適切な方法で叱ると、子どもは、必要以上の罪悪感に攻め立てられたり、時には罪悪感を残さない結果となります。つまり、健全な良心は育ちません。

外からの圧力としての禁止が、子どもの衝動的な行為をいつも規制する状態にあると、子どもはこの外的な罰を恐れて望ましくない行動をやめますが、もしその罰(の恐れ)がなければ、叱られる行為を犯すことになるでしょう。行動を規制する圧力が子どもの心の外部にあるからです。

ところが、叱られることにより、良くない行動に罪悪感を抱かずにすむ状況も生じます。叱られることで、望ましくない行為をした罪は帳消しになり、叱られる都度、自分の過失は償われたと考え、機会が変われば、罪悪感は無くなってしまうのです。自分は良くない子だが、叱られたからその償いは終わっている、というのは無意識での考え方で、それで罪悪感の解消ができるのです。としますと、望ましくない行為をする際、罪悪感がよみがえるすべがありませんし、心にさほど抵抗を感ずることなく叱られる行為を繰り返すことができますから、叱られたい子どもとさえみなされる結果になります。

一方、乱発気味の、あるいは不当に強圧的と感じられる叱責を受けてきたため、不合理な罪悪感に絶えず見張られている子どもは、この内なる罪悪感の責めから逃れるために、外なる叱責を求めようとします。例えば、親が叱るように挑発的な言動を取り、悪い自分を他から非難させ、内なる罪悪感の厳しい監視の役割を外からの規制に任せ、罪悪感の過剰な圧力を弱めようとする気持ちが働いているのです。一見奇妙ですが、強力な罪悪感に耐え切れず、文字通り叱られたいのです。

このように、叱られたい子どもの心理の深層には、罪悪感の解消を無意識的に求める心の働きが生じている場合もあります。しかし、適切さを欠く叱責が度重なりますと、そのような不条理な扱いに対する敵意が子どもに生まれます。その敵意が叱る大人にぶつけられ、大人に叱られる行為を繰り返すことで、叱らなければならない事態に大人を追い込み、困惑させ、復讐するのです。叱る程その叱られる行為をやめません。叱られたいのは、不当と感ずる叱責を攻撃するためなのです。

7 失敗を避けるために叱られる

成長の途中にある子どもは未熟ですから、日常の生活で遭遇する事態に対処する場合、社会的に容認される行動を取れないことが多いものです。社会の規範にそぐわない行動に対しては、大人は叱る行為でこたえます。この場合、叱る罰が、叱られる対象となる行動を抑えるより、固定してしまうことがあります。

大人が求めるところに応ずるよう、子どもが自分の行動を調整するのに困難であると、大人は叱責を重ね、強めることになります。しかし、子どもは未熟なため、大人の禁止や指示になお応じかね、行動を自分で統制するのに失敗します。この失敗に対し、さらに罰が加えられ、叱責―試み―失敗の悪循環に陥ると、子どもは自信を失い、新しい失敗とそれに伴うと思われる罰の大きさを恐れるようになります。

叱責に応じ、成功の見込みを持てないままに新しい行為を試みることは、不安に心の揺れる子どもには苦痛であり、失敗はより大きい罰となることを予想させます。このような事態を切り抜ける一つの方策は、現在叱られている行動を重ねることです。大人が禁止をするこれまでの行いを繰り返すことで、それに加えられる慣れた罰に甘んじ、それと引き換えに、新しい行動に出ることでこれまで以上の失敗に直面し、より厳しくなると恐れる叱責を避けるのです。子どもは、失敗を克服していこうとする積極的な意欲を放棄し、大きい失敗を逃れるために、小さい失敗を続け、叱られよう(叱られてしまう)とするのです。前向きの望ましい行為を「道づけられる」叱責が重要なのは言うまでもありません。その意味で、失敗を避けるために叱られるのは問題です。

8 叱られて行動が許される範囲を知る

頻繁に叱られることを行う子どもに、叱られたい(?)理由をはっきりさせるように求めても、それに答えられる子どもはまずいません。しかし、子どもの行動をよく見ていますと、自分の行動が許される範囲を知りたいため、大人の叱責を引き出す行為に出ていると思われる場合があります。子どもは、どのような行動が自分に許されるか知りたいのです。社会的な経験が浅い子どもには、自分の行動がどの程度まで許されるか見当がつきません。このような場合、大人が叱るべき時は叱るというように適切に叱り、社会が子どもに許す行動範囲を教えてやれば、自分の行動に関する年齢相応の社会的な限界が分かり、子どもの不安は恐らく無くなるでしょう。

子どもが仮に考えている許される範囲を超えたと思う行動をした場合、それに対する大人の態度がはっきりしていないと、ものごとの是非を判断する基準がしっかり出来上がっていない子どもの心には不安がよぎります。そこで、外にある権威からいけないという判断が下される、つまり叱られれば、不安と心の緊張から開放され、自分の行動につき社会的な基準に沿う判断ができるものが得られます。このような意味で、子どもが叱られる行動に出ることもあるでしょう。叱られたいのは、叱られることで、してはいけないことと、してよいことの区別が、はっきり分かり、行動の方向づけを手にすることができるからなのです。

子どもの自我が健全に成長するには、乗り超え難い厳しい他我の存在がモデルとして重要であると言われます。子どもは、成長していく過程でそれを求め、それを取り入れて自我の中核の一部を形成していきます。そこで、叱らない、優しい大人の像は否定され、克服したい魅力を持つ対象となり得る、厳しいけれども理解のある大人の像が求められることとなります。子どもは、自分の行動を正すために、時には、正当に叱る厳しい他我を求め、正常な自我を育てていくのです。

9 己れを叱る子どもに

叱るという行為は、特定の要求満足を求めている子どもの行動を抑制する営みです。したがって、子どもには、大なり小なりの心理的な緊張が生まれ、精神的な均衡が一時的に壊れる結果になります。しかし、未熟な子どもが社会の一員に成長するには、自分の生のままの衝動的な要求を、社会が容認する形で満たす方法を学ばなければなりません。

正当な叱責が生む心理的な緊張は、子どもの成長にとり極めて重要な経験になります。子どもは、初めはこのような抑制的な社会的学習を一人ではできません。当然、親や教師などが、例えば、叱る行為をもって、子どもが気ままで野放図に要求を満足しようとすることを、子どもの発達の水準に応じ規制しなければなりません。その過程で、子どもは、自分の行為を統制する心を人格の中に培っていきます。これが良心の形成なのです。したがって、叱ることは、適時に、適切な仕方で行われるならば、子どもの健全な自我を育む上で大切な力となります。子どもはある意味で叱られて成長するのです。

子どもの叱られたい心理を積極的に捉えれば、それは、外にある権威に自分の行動を統制することを求める子どもの姿勢を意味しています。しかし、子どもにとり重要な発達課題(子どもが成長していく上で達成していかなければならない課題)は、自分の行動を社会的な規範に沿うよう、自ら合理的に統制する力を獲得することにあります。「叱られたい子ども」のままでは、無論好ましくありません。「自ら己れを叱る子ども」に成長していかなければなりません。親や教師にとり大切なのは、叱られるべき行動の真の原因を適確に捉え、それに応じ正当に叱ることです。叱られるべき行動をただ禁止するのみでは、余りに知恵がなさ過ぎます。それでは、決して実り多い結果は得られません。叱ることの本当の大切な意味を、ここで改めて認識したいものです。

(『児童心理』第37巻　第11号、金子書房、1979・7　pp.152～157)

第７章

「節目」に弱い子、強い子の性格

節目は、個人が生まれてから後の生活経験の中で出来上がってくるもので、
人格の大切な部分が育つのに欠かせないものです。

1 「節目」の心理学的な意味

子どもの毎日の生活は、相互の間に何らかの隔てを置いて経過しているものとみなせます。生活の主体である子どもの立場から言いますと、子どもは、それぞれ一定の生活経験を続けた後、ある段落でそれらの生活時間を区切り、他の生活経験へと移っているわけです。つまり、その明確さや多少には、年齢の差や個人の差が見られますが、日常の生活には「節目」がありますす。そのような節目には、睡眠、食事などに関するものの のように、どちらかと言えば生まれつきの規定力の強い、身体、生理的な要因が作用している側面の濃いものもありますが、多くは、個人の生まれてから後の生活経験の中で、次第に出来上がるものと言ってよいでしょう。例えば、遊び、仕事の節目がそれです。

このいわば心理、社会的な要因によって生活に分化してくる節目は、子どもの性格が発達していく上で重要な意味を持っています。日常の行動は、いわゆる基本的な要求の満足を求めて生じているわけであり、子

どもにとり、節目ができ、それが守られるということは、節度のある要求の満足ができるようになることを示しているからです。満足をなおも求め続ける要求を抑制し、その満足に一応の区切りを付け、他の要求を満たすよう行動を切り換えていくことだからです。そこには、自己力(個人の要求と社会の要求を調和させて満たすことができる自己の力)の成長が望まれますが、それは、健全な性格の形成の中核となるのです。

2 「節目」に弱い子の性格

毎日の生活のアクセントが弱く、区切りが不明確で、ただいたずらに流され、何となく張りのない生活を送っている子どもは、案外少なくありません。生活に節目をしっかり作り上げてきていない子、たとえ他から節目を与えられてもそれにうまく乗ることが難しい子、つまり「節目」に弱い子どもたちです。節目を生かすことの心理的な規制(働き)を分析すると、節目弱症候群と言ってもよい一群の性格特性が見い出されますが、その主なものとして次の諸特性が挙げられましょう。

一、情緒的に未熟である

要求の赴くままに行動しようとし、それが妨げられますと、怒り、感情が乱れ、自分の気持ちが制御できなく、情緒的に未熟で衝動的な傾向がある子は、節目に弱いと言えます。生活の基本的な習慣や態度が形成されておらず、変動が大きい衝動に突き動かされ、自分の要求を適切に制御する自律性が不足していますから、思いのままの行動を許さない生活の節目を守り難いのです。ファミコンに耽り、TV漬けに陥る子の例などはその典型です。

生活の節目では、その場に応じて行動の切り換えをしなければなりませんが、いわば生の衝動的な要求の満足ができる快の経験が強く続く限り、そのような状態を思い切り、他の行動に移ることは、自己を抑制する力の弱い、衝動的な子には容易でありません。

二、神経質である

些細なことが気にかかり、用心し過ぎてなかなか決心がつかず、ものごとをてきぱきと片づけられない神経質な傾向がありますと、生活の節目に乗ることが困難になります。神経質という性格特性の際立つ特徴は、こだわることであり、それも、一つのこと、済んだことが気になり始めると、先に進めない点にあります。

例えば、テストに失敗するなど、思い通りにいかない気になることを経験しますと、それをいつまでも気に病み、そこからなかなか抜け出せません。このように、ものごとに対するこだわりが強いと、生活の節目を迎えても、既に終わったことに拘泥するために、次の生活の流れに入っていくことができません。神経質な子には、生活の新しい展開に目を転ずることが難しいのです。それでは、ものごとにけじめを付け、節目を捉え、積極的に前向きに生活に取り組んではいけません。

三、融通性に欠ける

融通性に乏しく、ものごとに頑固で、時にはつむじ曲がりであるなどの特徴が性格にある場合も、生活の節目をうまく生かすことができません。このような性格特性には、ある意味でけじめを気にする行動傾向が見られますが、かたくなで柔軟性に欠けるところに問題があります。例えば、やり始めたことに思い通り区切りが付けられなければ、次の行動に移っていくことができません。

状況によっては、ものごとが当初の予想通りに捗らないこともしばしばあります。それにも関わらず、計画が完全に消化されない限り、新しい行動を始める気持ちになれないという、固執性が余りに強いと、生活の大切な節目を逸してしまいます。宿題が予期しなかった事情でし終えていないから提出を延ばすなど、状況に応じ柔軟な予定の変更ができないようでは、節目を越えていけません。

四、内向的に考える

活動するよりは考えることが好きで、自分の気持ちについて考えを巡らし、ものごとが理屈に合わないと気がすまなかったり、考えていることは多いけれども実行になかなか移せない性格特性のある子どもは、節目に弱くなりがちです。このように思考的に内向しやすい傾向がありますと、行動を起こすのに慎重過ぎる結果となり、生活の節目に強くなれないからです。

節目が迫っても、それを一応受け止めても、さまざま思案するのにとどまり、それよりも一歩先へ足を踏み出す気持ちになれないので、節目を生かすことができません。いろいろ考えて勉強の日課表を作っても、計画倒れになる子などはその例です。行動の区切りとしての節目を自分の生活の中に取り入れていくことができません。考え、考えあぐねているうちに、やる気を失ってしまうことにもなります。

五、劣等感が強い

自分には能力がない、自分はだめだとみなす劣等感や、実力と要求水準の開きによる不全感は、自己の過小評価から生まれるものです。この劣等感が強まると、それ自体で要求不満に陥っていることになり、情緒的な緊張が高まります。気が散り、考えがまとまりません。無能感に襲われ、覇気を失い、ものごとに積極的に取り組む気力を削がれ、すべて意欲的に前進できず、尻込みし、逃避することにもなります。

したがって、劣等感に悩む子は、生活の節目を生かせません。節目を越え、新たにものごとに取り組むには、一般に、ある程度の成功の見込みが必要です。また、失敗を恐れない気力も欠かせません。劣等感が強いと、そのような見込みを明確に持つことができません。失敗が予想され、それを恐れるため、新しい行動への展開を避け、節目に乗れないことになります。

六、自己中心的である

すべて自分本意で他者の気持ちを取り入れることなく、自分の要求を満たすために、他者が迷惑になることも気にしない性格特性は、自己中心的だと言われます。このように自己中心的な子は、わがままで、他者が思い通りに動くことを期待しますから、依頼心も強く、自主性が希薄です。思うままにならない状態になるとすぐ挫折し、意志も弱いと言えます。

ところで、生活の流れの切り換えをしなければならない節目では、他者への配慮が必要となる場合が少なくありません。食事の時刻になってもＴＶ視聴を続けたり、授業が始まっても雑談をやめないけじめのない行為は、傍迷惑というものでしょう。自己中心的な子は、一方的に他者からの理解を身勝手に求め、自分の要求を他者を考えて制御できないので、生活の節目を無視しやすくなります。

3 「節目」に強い子の性格

日々、張りのある意欲にみなぎった生活をしている子どもの行動には、その経過の中にはっきりした区切りが見られます。しまりがなく、だらだらとした生活に流されず、時と場に応じて行動を切り換え、自分が身を置くのにふさわしい生活を送るよう努めています。生活経験の過程で、いわば専心と移行を円滑に行い、節目を大切にしています。

このような「節目」に強い子どもたちには、その強さを生み出す、いくつかの性格特性が備わっています。そのうち主なものを取り上げてみると次の通りになります。

一、自制力がある

要求に支配された行動に終始することなく状況を考え、行動を自ら制御する力は、日常の生活の中で次第に獲得されてくるものです。このような自己を制御する力が健全に育まれて来ている子は、文字通り、したくてもしてはいけないことはせず、したくなくてもしなければならないことはします。自制力があれば、我慢強く意志堅固に行動できます。

毎日の生活の節目相互の間では、一定の行動を継続させ、節目に直面したら、その行動を他の行動へ移し変えていかなければなりません。自発的に自ら律する気持ちがある子は、例えば漫画を読み耽っていても、時間になれば机に向かいます。自制力のある子は、生活の節目に応じ、自分で行動を巧みに制御しています。

二、神経質でない

小さいことを気に病まない、細かいことにこだわらない、失敗しても深刻に悩まず気分転換ができる、ものごとに強く執着しない、などの性格特性のある子は、生活の節目に強いものです。

このように神経質でなければ、ものごとに度を過ぎてこだわることもなく、心の切り換えが時宜を得て行われます。強迫的に固執することなく行動が進みますから、節目でそれまで継続してきている行動がいったん阻まれることになっても、それに対してあまり抵抗が生じません。例えば、勉強で多少気にかかることがあっても、就寝の時刻ともなれば床に就くことができます。

節目がこのように守られるなら、生活のリズムも安定し、気力が一層に充実し、意欲的な生活を送ることにもなります。生活の節目節目を着実に乗りこなしていくには、神経質でないことが大切だと思われます。

三、柔軟性がある

心の働きが柔らかでしなやかであると、身の周りの状況に対処しやすいものです。状況に対し効率よく取り組むには、現実の事態を的確に見極めるだけの心の余裕が必要です。刻々と変化する事態を、年齢相応に適切に読み取り、それに自主的に対応していくことができる子は、いわゆる柔軟性を備えています。

柔軟性があれば、ものごとの推移に臨機応変に取り組めます。つまり、生活の節々をうまく乗り切ることができます。したがって、自信も湧き、やる気も強まります。心の余裕もより大きくなり、いっそう柔軟にものごとを処理できるようになります。

障壁に直面しても、その見方を変えてそれを克服しますから、新しい経験を逡巡しません。状況の変化に対し自分の行動を調整していくことができますから、生活の節目を、積極的に上手に乗りこなしていくものと思われます。

四、行動的である

行動的な子は、動作がきびきびしていて、自発的にてきぱきとものごとを片づけて行きます。必要以上の用心はせず、実行する前にしばしば考え直すこともしません。実際的に考え、考えがまとまれば、すぐ実行に移します。日常の生活では考えることより行うことに積極的です。このように、いわば思考的に外向化しやすい子は、節目をうまく乗り越え生活しています。

生活の節目では、考えることは大切ですが、深く考え込むことはあまり好ましくありません。考えを巡らすのみでは、先に進めないからです。「行う」子は、軽薄な行動に走らない限り、その場に応じた行動の切り換えを求められる生活の節目を、適切に乗り切っていくことができます。例えば、生活のプランを立てれば直ちに実行に移していくように、行うことにより節目を積極的に生かせるのです。

五、自信がある

自分の能力やものの考え方に健全な確信を持つことができる子は、心が安定しています。仮に失敗しても、簡単に意気消沈などしません。再び粘り強く挑戦を試みます。ものごとに進んで取り組む意欲を失いません。このように自信のある子は、生活の節目に強いと言えます。

生活の大きな節目(進路を決めるなど)では、その向こうに未知の世界が待っています。したがって、その節目を乗り越えていくには、それ相応の自信も必要です。自信がなければ、決心はおぼつきません。その結果、機会を失うことにもなります。健全な有能感(できるという実感)があれば、たとえ障壁にぶつかっても、くじけず、うろたえることなく、迷わず心を決めて、それに積極的に立ち向かおうとします。自信を持つことができれば、意欲も湧き、生活の節目が一種の障壁であっても、乗り越えていきます。

六、協調性に富む

他者のことを考え、互いに譲り合って行動する性格は、社会生活を営んでいく上で欠かせないものです。このような協調性が発揮されるためには、責任感がある、決まりを守る、けじめを付けるなどの行動特性を必要とします。したがって、協調性に富む子は、これらの諸特性を身に付けているとみてよいでしょう。

言うまでもなく、日常の生活には他者との関わりが大なり小なりあります。協調性のある子は、この他者との関わりを考えて自分の行動を進めていきます。協調できるということは、ものごとのけじめを大事にすることでもあり、したがって、協調性のある子は、必然的に生活の節目を大切にしているわけです。自分と他者との調和(円滑な関わり合い)を考え、自己の行動を制御する心の働きは、生活の多くの節目で欠かせないものです。

4 「節目」に強い子を育てる

もちろん、これまでで「節目」に弱い子、強い子の性格特性について、そのすべてを論じ尽くしたわけではありません。しかし、これらの主な性格特性について改めて検討してみますと、「節目」に強い子を育てていく上で欠かすことのできない基本的な条件が取り出せるように思われます。節目に強いということは、結局、自己力、つまり自分の要求を他者の要求と調和させるように制御し、正しい時間的な見通しを持って設けた明確な目標を目指し、要求の充足が阻まれても耐え、障壁を意欲的に克服していく力が、少なくとも必要とされることが分かります。そのような力を培う教育的な営みが、節目に対する強さを育む上で大切なのです。

最初にも指摘をしておきましたように、毎日の生活は要求の満足を求め行動が次々と生ずる過程です。子どもの年齢にふさわしい状況で、子どもが要求を適切に満足する経験が積み重ねられていくならば、子どもの心には健全な自己力が順調に成長してくることでしょう。そして、子どもは節目ある生活を送ることができるようになります。

この健全な自己力を育むには、子どもの要求を満足させる関わりと、子どもの要求の抑制を促す働きかけとのバランスを、子どもの年齢に応じ適切に変えていくよう心掛けることが重要です。子ども自身に、要求の適度な満足と抑制を行う力が育ってくれれば、ものごとを自分から進んで決める力、つまり、自発的な自己決定力も培われ、節目に強い性格が作られていくものと思われます。

（『児童心理』第42巻　第3号、金子書房、1988・3　pp.24～30）

第８章

友だちになれる子、なれない子

友だちになれるということは、子どもの成長にとってとても大切です。
社会生活をしていく上で必要なことが多く学べるからです。

１ 人格的なふれ合いと要求の相互的な満足

手短に友だちになれる、なれないと言っても、それはどういうことなのでしょう。辞書をひもといてみますと、友は「常に親しく交わる仲間、志を同じくする人」であり、「仲間うち、同じ集団に属するもの」ともされ、「同行の者、道づれ」でもあるのです。友の語源は共と同じで、したがって、友だちとは、同じく心の向かうところがあり、親しい交わりを持ち、共にことをする者を指しています。それゆえ、程度の差こそあれ、友だち関係を作るこれらの条件が、子ども同士で相互に満たされる時、友だちになれると言えましょう。また、一緒にことをし、感情や意志の交流のできる人、つまり、仲間をなすものができなければ、友だちになれないのです。

友だちになれるとは、子どもの心身の発達の状態に応じ、その条件や理由の重みが変わるとはいえ、同じところを目指すべく心を合わせ、親しく交わるため、相互に選ばれる感情や行動の特徴を備え、ものごとを一緒にするよう心のふれ合う機会を持つことを意味します。そして、このような条件をもととする自由で対等な人間関係ができていくことは、社会の中で生活している子どもが、円満な人格を成長させていく上で、欠かすことのできない心理的、社会的な体験になります。

ある心理学者によりますと、人間の心には、仕切りのある周辺、中間、中心の三つの層があり、友だちには心を許し、周辺の層の深いところから中間の層の外側で互いの心にふれ合っている、ということになります。つまり、友だちである子ども同士では、人格の層の一部が共有され、気心が一致しているのです。この人格の層がどの程度分化しているか、共有されているかには、年齢により質的な差があるでしょうが、友だちになれば、大なり小なりの人格のふれ合いが生じており、そのふれ合いを通して、いわゆる基本的な要求を相互に満たし合っているのです。

このような人間関係が現れるのはそれほど遅くありません。幼児期の後半にもなれば、子どもがふれ合う範囲が次第に明瞭となり、特定の子どもとの交わりにも親密さが見られるようになります。しかし、友だちになれる子ども同士の交わりは、児童期に入って本格的になってきます（本稿では、この時期を中心に話を述べます）。

友だちになれなければどうでしょう。先に述べたことの一部または全部が否定されます。程度に差が見られこそすれ、他の子どもと心の親しいふれ合いや要求を相互に満たすことができなくなります。このようなことが、子どもの人格形成に対し、一般に決してプラスの作用をしないことは言うまでもありません。

2「友だちになれる」は重要な社会化因

日常の生活で経験される人間関係は、本来社会的な存在でありながら、依存的で自己中心性の強い子どもが、独り立ちして社会性を身に付けていく上で、非常に大切な役割を担っています。日々の生活の種々な機会に生まれ得る人間関係を通し、未熟な自分本意の要求を抑制し、社会的感情を尊重する(他者の気持ちを大事にする)要求の満たし方を学ばせる働きを持っているからです。そのような人間関係は、大人と子どもの縦の関係と、子どもと子どもの横の関係とに大きく分けられますが、前者の関係は支配、服従を、後者の関係は自由、対等を元来その特徴としています。そして、子どもが成長していくという点から見れば、子どもの人格の育ちに関わる影響の重みは、大人と子どもの関係から、次第に子どもと子どもの関係に移っていくと言えましょう。

小学校に入ると、以前に増して、同じ年頃の子どもと共に過ごす時間が多くなり、それまでの家庭中心の生活に比べ、家庭の外の社会的な経験、主に子ども同士の遊びを中心とするふれ合いがより大切にされるようになります。一方、このように生活が変わる中で、心身の成長に伴う、遊び仲間に入りたい(所属)、大人に頼らず自分でことがしたい(独立)、新しいことをいろいろしてみたい(新経験)などの、いわゆる心理的な要求の高まりが、このような傾向に拍車を掛けます。

ある調査(子ども調査研究所による、1974年度の「子ども調査資料集成」)によれば、「お金、時間、友だちでは何が一番欲しいですか」の問いに対して、三割強の小学生が、お金（五割弱）に次いで友だちを挙げている、と報告されています。最近の社会的な風潮の一端がよく現れているものの、小学生の生活で、友だちの存在が大きな意味を帯びていることが分かります。

児童期になると、友だち関係は次第に安定するようになり、それだけに、人格形成に大きな影響を直接与え始めます。親や教師との人間関係以外に、もともとどの子どもも経験することができる、同じ年頃の子どもとの横の対人的な相互作用が、家庭に始まる人格の成長過程に対し、極めて強力で重要な社会化因（子どもが社会性を身に付けるよう促すもの）として働くようになってくるのです。

自分が共に遊び、学び合える子、言い換えれば、互いに関心を示し、理解し合い、困れば助け慰め、成功すれば共に喜べる、つまり、体験を共有できる友だちがいるかいないかが、その子どもの社会性の成長、ひいては人格の育ちを左右するほどの、非常に大切な問題であることは、言うまでもないことと思います。

3 友だちになれる要因、なれない要因

小学校への入学後、遊びや勉強の場面で、お互いの接触の機会が重ねられるにつれ、子どもの間に、受容（受け容れる）と拒否（拒む）の傾向が現れてきます。好き（結合）、嫌い（分離）から、友だちとして選ばれる子、無視される子、退けられる子などが見受

けられるようになります。友だちを持ちたい気持ちの全くない子どもはいませんが、実際には、友だちになれる子と友だちになれない子が生まれてきます。

ところで、子ども同士の関係を決める要因について明らかにされていることは、友だちになれる、なれないの問題を考える上で役に立つものです。しかし、子どもの年齢や性別によって、これらの要因が働く向きや強さが異なるので、この問題について簡単にはっきり述べることは難しいように思います。ただ、これまでに報告されているところを大体まとめてみれば、客観的な要因(外部から分かるもの)については、小学生全般で、生活年齢、知能年齢、社会的な成熟度、運動能力や家庭の社会経済的な背景などが似ている場合に、相互的な結合(互いに好き)が生まれ、友だち関係ができやすいことが分かっています。

一方、小学生が友だちを選ぶ主観的な理由(本人独自のもの)を調べますと、明るい、快活であるなどの感情に関する要因は年齢で余り変わらずに挙げられ、家や座席が近い、通学路が同じなど、相互の接触機会の多さを示す外面的な要因が年齢が上になるにつれ減り、親切である、責任感が強いなどの人柄を示す要因を述べるものが年齢と共に増していています。友だちとしては退ける場合の主観的な理由についても、意地が悪い、悪口を言うなどの感情的な要因が年齢を通して見られ、利己的である、出しゃばるなどの人柄を表す要因が年齢が上になるにつれ多く挙げられる傾向があります。しかし、腕力を振るう、けんかを仕掛けるなどの他人迷惑な要因は年齢と共に少なくなります。

以上のような要因が、子どもの日々の生活場面で、友だち関係の成立に主な条件として働き、友だちになれる子やなれない子が現れてくる、と考えてよいものと思われます。しかし、友だちになれる要因のみを持っている子ども、友だちになれない要因ばかり背負っている子どもはまずいません。多くの子どもは、バランスの程度は違っても、これらの両方の要因を持ち合わせているのです。そして、子ども相互の人間関係で、友だちになれる要因がよく働く状況にあれば、嫌われる特性が補われ、友だちになれない要因が前に出やすい事態になると、好かれる特性が隠され、その影が薄れてしまうのです。要因の間に生まれるこのような影響は、教育的な視点から見逃されてはならないと思います。

4 友だちになれる子どもたち

対等に、相手を認め合い、許し合って、親しく交わっている子ども同士こそ真の友だちです。先に述べた通り、このような関係にある子どもたちは、程度は種々であっても、要求を互いに満たし合う体験を重ねつつ、人格的なふれ合いをしています。そして、内面的な要因が、友だち関係ができるのに重みを持ってくることを考えると、友だちになれる子、なれない子について具体的に述べるに際し、次のように、人格的、行動的な条件を取り挙げるのが、教育的にもかなっています。

友だちになれるには、友だちになって欲しい相手の子どもに受け容れられなければなりません。一緒に活動する仲間として選ばれるだけの、人格的、行動的な条件を備えている必要があります。そのような条件のうち、主なものとして、まず、明朗、活発、楽天的、ユーモアがある、開放的、親しみなどの陽性の感情性が挙げられます。楽しい、友好的な雰囲気を生み出す特性ですから、当然友だちになることにプラスになるように働きます。

相手の子どもと興味や関心、価値観や態度などで似ていれば、その共通性ゆえに何でも平気に「同じ言葉で話し合う」ことができ、気心もよく一致し、一緒にいると気楽な気分に浸れます。人格的なふれ合いで共通点が多ければ、互いに相手の要求を満足させやすいものです。それは、相手に対する友情の表れとして受け取られ、好意的な感情を生み出しますから、子ども同士の心理的、社会的な距離を縮め、親しい相互的な結合ができます。

子どもの間に見られる慣習的な行動の仕方は、社会が子どもにそうすることを求めている行動の方法を反映していると言えますが、これと合致するように自分の行動を調整する同調性が柔軟であることは、ある程度まで、子ども同士が友好な状態を保つことと関係しています。また、子ども相互に見られる同調行動には、友だち関係の壊れるのを防ぎ、所属(仲間の中にいたい)や承認(友だちに認められたい)の要求を満たそうとする力が強く働いているとも言えます。一方的に自己中心的な主張をすることに終始せず、他の子どもの興味や関心に、自己のそれを近づけることのできる心の余裕や、相手の子どもが抱く期待に同調する気持ちがあれば、友だちになりやすいのです。

自分の負担を進んで引き受ける責任感は、他人に迷惑をかけまいとする意志に発しており、利害が対立した時、譲り合い、衝突を公正に解決する協調性は、相手を容認する他者本位的な姿勢であり、集団の規則を守る順法性は、人間関係を保つ根本的な特性です。このような、対人関係に親和的な円滑さをもたらす行動規範性も、友だち作りに必要です。

社会的な洞察性を身に付け、他者の立場から社会的な場面(他の子と遊ぶなど)を正しく判断して捉えることは、子どもにとってはなかなか難しいものです。しかし、社会的な洞察性を学べば、他の子どもの気持ちを思いやり、その自己主張を受け容れ、過失を許すこともできます。基本的に、まず相手のことを考える、他我中心的な傾向が濃い特性です。他の子どもの要求を無視して、自分だけの要求の満足を求めませんから、相手の子どもは、自我を適度に発揮でき、また自己の要求を満たすことができるので、友だちとしての結合度は強まります。子どもに好まれる有力な人格特性にスポーツマンシップがありますが、それは、この特性には、他を思いやり協力すると共に、自他の体験を分かち合う姿勢があるからです。

友だちになれるには、他の子どもと交わろうとする意欲を持ち、それを自分たち共通の目標達成に役立つよう、適度に行動として表す積極性も必要です。遊びに代表される自分たちの社会的活動に自ら進んで加わり、その役割を果たす度の過ぎない積極性があれば、他の子どもと心がふれ合う経験が増し、友だちになれる機会も続きます。しかし、相手に共感する姿勢、誠実な行い、相手を信頼する気持ちを大切にし、どちらかと言えば自ら積極的な行動に出ない、いわゆるおとなしい子どもでも、上のような友だちとして受け容れられる特性を備えていれば、他の子どもからの友好的な求めを拒む子でもありませんから、友だちになれるでしょう。

5 友だちになれない子どもたち

友だちは相互的な人間関係ですから、友だちになろうと切望しても、その働きかけを相手の子どもに無視や拒否をされては、友だちになれません。友だちになることを拒むなら、無論、言うまでもありません。ところで、陰気、無口、神経質、ユーモアに乏しい、閉鎖的、親しみがないなどの陰性の感情性は、明るさに欠け、活発さを印象づけません。相互的な心のふれ合いが積極的にされ難い雰囲気を漂わせています。したがって、友だちになれるきっかけが生まれにくいのです。

心身の発達の程度や家庭の社会経済的な背景などが余り似ていないことが、子ども同士の相互的な結合を生みにくい条件として挙げられますのは、これらの要因も、子どもの経験や、それが生み出す子どもの興味や価値観などに強い影響を与えるからです。日常ふれ合う範囲内にいる他の子どもとの間で、このようなものの感じ方、考え方において違いが大きいほど、共通の体験ができる可能性が小さくなります。相互的な要求の満足にも多くを求めることができず、相対的に見ますと、反発が生じやすく、得るところが少ないと言えましょう。

友だちを持つ子どもは、行動の仕方で、自分の家庭のそれと友だちのそれとの間でうまく合わないことがあると、大抵は友だちの仕方を優先させ、友だちとしての証しにします。それほど友だちに対する同調(友だちに合わせること)は重視されるのです。相手の子どもの期待に沿うことをかたくなに拒み、自分の思うままに行動しようとすれば、友だちになれないという高い代価を支払う覚悟が必要です。個性を余りに強調し、日常の生活場面で接する他の子どもとの間にたびたび不一致性を作り出してしまいますと、一緒に行動する基盤が出来上がりません。それのみか、お互いの言動上に衝突が起こることから、感情を傷つけ合い、拒否的な感情が生まれてきます。

自己の要求の処理が適切でなく、共通の目標に向け協調して努力できない非協力性、取り決めた約束や決まりなどを無造作に破る他人迷惑な、規則に対する非忠実性、自ら引き受けるべきことを簡単に避けてしまう無責任性などは、人との和を保ち、社会生活を続けていくのに必要である、最も一般的な行動規範を破ってしまう特性です。児童期に入ってくると、このような基本的な社会のルールを理解し、それに従って行動することを、子どもに期待できる水準も高まってきますから、規範不全性とも言うべき特性がありますと、子ども同士に摩擦を引き起こし、友だち作りが妨げられます。

他の子どもの要求や感情に対する感受性が鈍く、それらを満足させる能力や技術に欠けるところがありますと、相手の子どもの気持ちが十分に分からず、お互いに要求の対立が生じた時、相手が自己主張することが許しがたくなります。子どもなりに、他の子どもと、その言動に対し共感的な理解を示し、交わることが難しくもなります。一方、子ども同士の中で、自分がどのように思われているかを現実的に正しく捉えられないと、他の子どもに受容されない行動を取りやすいものです。このような社会的な洞察と共感の未熟さが失敗を示すいわば認知不全性は、友だち関係を作ることを妨げる大きな要因となります。

自分から積極的に接触を試みるのですが、それが結果的に拙くなり、相手の子どもから徹底的に嫌われてしまう社会的な無能さを暴露してしまう攻撃性は、社会的な折衝や友だちとの直接関係ができないことを示しています。例えば、思う通りにならないと、腹立ちまぎれに他の子どもを攻撃してしまうけんか早さ、相手を怒らせることを目的とするからかい、自分を確信づけるため他の子どもの邪魔などして不愉快な感情を抱かせるいやがらせなどは、人を不当に困らせる一方的な行いで、他の子どもから拒まれます。

もちろん、引っ込み思案で集団の活動に加わろうとする意欲を示さない社会的な尻込み、他の子どもに興味を示さず、受容されることに関心を持たない、自分中心的な傾向が濃い社会的な無関心は、人とのふれ合いを生まず、他の子どもに無視される結果をもたらします。しかし、友だちになれないという社会的な孤立を買い占めさせるような人格的な特徴しか備えていない子どもはいません。そこで、よい社会的な受容をもたらすような人格的な特徴を見い出し、それらが人との関わりでいっそうよく発揮されるよう認めてやることによって、友だちになれるよう助言する指導が大切です。人に対する反応は、その人に強く認められる特性が包み込んでいる人格全体に対して生ずるからです。

6 友だち作りを妨げる大人や社会

他の子どもに退けられ、友だちがいない状態に陥っても、友だちが欲しい、だれかと友だちになりたいという気持ちを全く失ってしまう子どもはまずいません。前に紹介した調査によると、小学生の七割弱が友だちと一緒にいるのが一番楽しいと言い、八割強が友だちと遊ぶことが多いと答えています。子どもは、もともと友だち関係を求めており、友だちになれるのです。この友だちを求める気持ちは、子どもが成長する過程で、対人的な経験を通して学ばれる一般的な基本的要求です。友だちになれない子どもがいるとしたら、子どもの教育に関わっている大人の立場からは、友だちになれる可能性が現実にそうなるのを抑えていると思われる環境の条件について考えてみる必要があります。

例えば、母原病という言葉まで生み出した、家庭における養育態度が過保護に傾く傾向は、当然の結果として、情緒的に未成熟な、自己中心的で親に依存し過ぎる、いわば家庭指向型の子どもを育ててしまいます。このような子どもは、子ども同士の対等な活動に適応がしにくく、社会的な学習を妨げられ、友だちになれず、結局、家庭という温床を安住の地としてしまいます。親の養育態度は、子どもの早期の対人的な経験を仲立ちします。また、それが、最初の人間関係であるという一次性のために、子どもの後の行動の仕方に大きく影響し、友だち作りがうまくいくかいかないかということに強く作用するのです。

社会生活をしていく中で競争が行われるのは、集団で働き合う心の動きを考えると自然の成り行きであるとしても、他の子どもを蹴落とし、自分のみ抜き出ればよしとする不当な競争にあおられれば、友だちを作る機会は失われます。度が過ぎた競争意識は、人に対し冷淡で利己的な態度を生みます。過当競争の結果、勝者―敗者の縦の関係が作られ、優越―劣等に示される上下の感情関係が現れ、互いに相手の人格を尊重し、共通の目標を目指すことのできる、自由対等の真の友だちはできません。競走に走らせる勉強を強い、子どもから遊ぶ時間や空間を奪えば、遊べない、友だちになれない子どもを作り出しても仕方がありません。遊び仲間はできません。現在の社会的な風潮が、子どもの友だち作りを妨げていないか、そのような風潮が生ずるのに大人が加担していないか、反省してみる必要があるように思います。

7 共に成長しあう友だちになれる

人格の成長は、適切な社会的要求とその正しい充足の仕方を学ぶことにあります。友だち関係は、そのような学びに極めて重要な体験の場を提供します。友だちという、人格の親しいふれ合いと要求の相互的な充足ができる横の人間関係で、個人的な満足と社会的な承認が得られる行動が学ばれるなら、そのような社会化は、子どもに幸せな結果をもたらします。

人格の育ちで重要なのは、子どもが、単に友だちになれることや、友だちとして求める子どもの数ではなく、子どもが社会性を身に付けていく上でよい友だちを得ることです。気の弱い子どもが、その弱さを認めてくれる子どもと友だちになる場合のように、改善するのが望ましい自分の人格的、行動的な特性をそのまま受け止めてくれる子どもを友だちにすれば、子ども相互の人格の成長はまず望めません。友だちになりたい一心で、相手に対し一方的に同調すれば、正しい自己主張もできない、主体性を欠く迎合的な子どもになってしまいます。

友だち関係にある子ども同士で、お互いに人格的な成長が進む生産性が大切なのです。支配欲を満たし、依存欲をかなえるような、一方通行的な縦の関係ではなく、対等の位置に立ち、共通の目標を目指して要求の相互充足ができる横の関係で、人格を切磋琢磨する友だちになれることです。そのような友だちになれれば、積極的に自己主張を試み合いながらも、思いやる気持ちや協調する心が育ちます。そして、このような社会的に受容される行動の仕方は、安定した、自信にあふれた、社会生活をしていくのに好ましい自己概念が育つのに役立ちます。

友だちになれるか否かということと精神的な安定とは、相互に働きかけ合いながら生み出されていく関係にあります。精神的な安定が強まれば、心の余裕が増し、ものを見る視野も広がり、相手を許すことのできる寛容さも深まります。精神的な安定が弱まれば、心が狭くなり、相手を許すのに必要な寛容さが失われます。この意味で、友だちになれる子は友だちを許せる子であり、友だちになれない子は、友だちを許せない子です。友だちになれることが、子どもに健全な個人的、社会的成長をもたらす時に、初めて友だちを作ることの積極的な意義が認められます。親や教師がこのことにどう関わるかは、教育的にも非常に重要な課題になるものと思います。

(『児童心理』第34巻　第6号、金子書房、1980・6　pp.68〜74)

第9章

勉強嫌いな子の心理

勉強嫌いは作り出されるものです。
子どもの成長に重要な勉強を好きになるにはどうしたらよいか考えてみます。

1 勉強嫌いとその問題性

もし、子どもたちに、毎日の生活で一番好きなことは何か、または勉強は好きか嫌いかと、単刀直入に尋ねましたら、その結果のおよそのところは予想できようというものです。勉強を毎日の生活で一番好きなこととして挙げる子どもはほとんどいないでしょうし、勉強を好きと答える子どもが多数を占めるとは思われません。子どもたちの本音は、勉強は、大切だと感じられても、まず敬遠したいものの一つだろうと思います。

一方、遊びについては言うまでもありません。恐らく、遊びは子どもの日常の生活で最も好まれる活動であり、遊びを心から嫌う子どもはいません。勉強嫌いな子がかなりいても、遊び嫌いな子がいるとはあまり考えられません。

ところで、勉強と遊びは、子どもの生活においては、その大半を占めている両極的な活動であると言えましょう。子どもの年齢に伴って、勉強と遊びのウエイトは、量的にも質的にもいろいろ変わっていきますが、これらの活動は、言うまでもなく、子どもの成長に極めて大きな意味を持っています。子どもは、勉強と遊びの両者で積極的に活動する経験から、滋養豊富な栄養分を吸収して成長を遂げていきます。したがって、両者の活動が年齢にふさわしいバランスを保って行われないと、子どもに本来期待できる心や体の発達が阻まれる結果になります。

昨今は、子どもに過ぎた勉強を強いる偏った教育的風潮があるために、遊びの勧めが熱心に提唱されます。しかし、子どもの時代は、遊ぶことが第一で、勉強嫌いなどそれほど気にかけることではない、と言うのは、これまた偏った考え方だと思います。心や身体の成長が盛んに進む時期に、どの子どもも、かなり長期間にわたり、学校を主として、系統的に計画された学習活動、つまり、勉強を継続していくことになります。このような教育体制の中に用意されている指定席に一定期間座らなければなりません。指摘するまでもないことですが、勉強は、子どもの生活から除いて考えられない経験活動なのです。

したがって、勉強しなければならないのに勉強嫌いであるため、勉強しようとしないまたは、勉強できない状態に陥っていくとしますと、そこには、子どもの知的な発達のみならず、性格の育ちにマイナスになる適応上の力動(作用と言ってもよいでしょう)が生じ、成長の途上にある子どもに避けることができない無用有害な情緒的緊張が生まれ、加重していきます。勉強嫌いは、子どもの性格形成に好ましくない、一種の生活不適応なのです。

2 勉強と勉強嫌いを生む素地

遊び嫌いな子どもはまずいませんが、勉強嫌いな子はいます。遊びは子どもの生活それ自体であると言われるように、子どもはもともと遊び好きであり、子どもの人格的な成長にとり、遊びは欠かすことのできない重要な活動です。一方、子どもの生活は勉強そのものであるとは言いません。また、勉強は元来子どもに敬遠されるものであるというのは誤りであるにしても、少なくとも子どもはもともと勉強好きだとは言い難いように思います。

しかし、その意図され、計画されている経験の内容(実は勉強にあるこの特性が、勉強嫌いな子を作り出す一因ともなっているのですが)が、子どもの成長に非常に大きな影響を与えるところは、遊びと同様です。したがって、勉強嫌いな状態が長く続きますと、当然のことながら、子どもの性格の育ちを歪ませることにもなるのです。

一般に、勉強は、子どもから嫌われることになりやすい特徴を備えている活動です。遊びは、子どものさまざまな基本的要求を満たし得る、全面的にプラスの誘意性(惹きつける力)を漂わせた活動であり、したがって、遊びでは、子どもの興味が主導性を発揮し、その経験は自発性に基づいて行われます。また、活動した結果は取り立てて良しあしの評価の対象となりません。

しかし、勉強は、子どもの自発性に発しない側面を時には持っており(自発性が大切にされるとしても)、活動の自己選択がいつも許されるわけではありません。到達する目標を目指した義務意識（しなければならないと言う気持ち）を伴うものであり、遊びのような興味の主導性の発揮がいつでも認められるわけでもありません。勉強の出来栄えには、いずれにしろ評価の物差しが当てがわれます。勉強の誘意性は、プラスの価と同時にマイナスの価を帯びる可能性があるのです。

このように、学校における教科の学習に代表される勉強には、子どもにとってみれば、与えられ、させられる面もあり、子どもは、したくても我慢してしない、したくなくても頑張ってするという、自己統制力（自分をコントロールする力）を培う大切な経験をする機会に必然的に遭遇します。そのため、自ら遊び、行うことを本質的な特徴としている遊びの場合と異なり、勉強では、その活動の特徴と子どものいろいろな特性との間に生ずる作用によって、勉強の活動の与え方次第で勉強嫌いな子も生まれてくるのです。

3 勉強嫌いと子どもの性格

学業が振わないと勉強の意欲が湧きません。勉強の意欲を失えば、学業が振わなくなります。このように悪循環を重ねていきます。勉強嫌いと子どもの性格との間にも、同じような関係ができます。その原因と契機はいろいろ考えられるでしょうが、子どもが勉強嫌いに悩むようになりますと、それまで順調に育まれてきた性格のまとまりが失われる陰りが現れてきます。そして、勉強嫌いの症状は次第に進み、学業の不振も徐々に重症への道を辿り始めます。望ましい性格の成長が阻まれることは確かです。

勉強嫌いにすると、子どもをいたずらに遊びへ追いやる可能性が増します。このような遊びは、本来なら積極的に立ち向かい克服すべき障壁から目を背け、やり遂げることを目指したはずの課題を途中で放棄し、耐えなければならない情緒的な緊張を短絡的に解消するよう、子どもを仕向けてしまう側面を持っています。

いくら遊びの勧めが必要だといっても、素直にそのまま喜べる遊びではありません。簡単に試練を避け、安易に流される、耐性が弱ってしまった、あるいは自我の強さが萎縮していく性格像が、子どもに垣間見られるからです。性格の育ちから考えても、正しい勉強の勧めは大切なのです。勉強嫌いを気安く放置するわけにはいきません。

小学校五年生を対象としたある調査によりますと、多くの子どもが嫌いな教科として算数を挙げています。教育相談の事例では、過保護に育てられた子どもに、算数の学業不振が意外に多いと言われています。このような結果は、図らずも符合する事実を示しているように思われます。算数では、他の教科と比べ、体系立った層をなし、精密に構成された内容がその特色となっています。そのため、算数の学習では、一歩一歩着実に習得して、学んだことを系統的に積み上げていくことが必要です。前の学習活動を完全にものにして次に進まなければなりません。

したがって、勉強の途中でつまずいても、自分から立ち上がって懸命に前へ進もうとする気力が欠けていては、算数の勉強に成功し難いのです。次々に新しい経験をするように迫る（教科）学習では、当然ながらつまずきはつきものです。転んでも傷にめげず、傷を癒やしつつ前に進もうとする頑張りが大切なのです。耐性の強さが直接に影響しやすい算数の勉強を嫌う子どもが比較的多い現実と、過保護の養育態度のために脆弱な耐性しか育っていない子どもに算数嫌いが多い事実は、子どもの性格が勉強で重要な役割を担っていることを、よく物語っています。

勉強は、確かに知的な活動ですが、それを否定する態度であり、その失敗の結果でもある勉強嫌いを、知的な面からのみ問題にするだけでは不十分です。子どもの勉強への取り組みは、全人格的なものであり、ここに、勉強嫌いな子について性格心理学的に接近し、それを教育指導に生かす必要があるのです。

4 勉強の心理的な過程と勉強嫌い

これまでにもある程度述べてきたところによりますと、勉強嫌いを勉強の心理的な過程から捉え、勉強嫌いと性格との関係について考えていくのがよいように思われます。

学校という社会集団の中で行われる教科学習を主とする勉強は、学習の典型的な過程である問題解決の過程が連続しているものとみなされます。子どもは、「目標に達するための方法が明らかでない問題場面に置かれ、そこで惹き起こされる心理的な緊張を解消するために、適切でない反応を除き、その場面に適切な解決を見つけ、その解決になる反応を確実なものに仕上げていく」のです。しかも、このような問題解決の過程は、複雑な集団の力が作用している学級という場面で通常は進むのです。

つまり、勉強には、「問題を解決するように動機づけられた子どもが、困難に出会うといろいろな試みを挑み、そのうちに、いくつかの試みのうちのあるものが、その困難を除き、目標に達することを見いだす」という心理的な過程があり、これは、日常の生活における適応そのものを示しています。子どもは、勉強のいろいろな過程で、種々の基本的な要求の充足を図り、それがうまくいけば満足を体験し、あるいは、うまくいかないと不満足を味わい、知的な成長を遂げつつ、人格的な変容をしていくのです。

このような心理的な過程を備えている勉強では、「まず、動機づけ(やる気を生み出す)、そして、正しい反応の発見(問題の解決法を見つける)、その定着(正しい解決の仕方をしっかりものにする)、その持続(ものにした仕方を保つ)、さらにはその転移(ものにした仕方を他に活かして使う)へと」、一連の学習心理的な問題が生じますが、見方を変えれば、これらの問題には、勉強をする子どもの性格が大きく関わる側面があるのです。ある種の性格は、これらの問題が順次解決されていくことを妨げ、そのため、子どもは勉強に失敗し、それがまた、このような性格を強める影響を与えることにもなるのです。

勉強の意欲が強くない子どもの場合、学習は起こりにくくなります。勉強に進んで取り組もうとしませんから、勉強で取り残されます。そうすると、勉強に対する意欲はますます崩れ、雪だるま式に勉強嫌いに拍車がかかります。つまり、ある種の性格である（厳密に言いますと、ある種の性格特性を備えている）がために、勉強嫌いとなる反面、勉強嫌いであるがゆえに、ある種の性格が作られ、あるいは強まって行くのです。性格と勉強嫌いの両者がお互いに作用し合い、その傾向を強め合っているのが実際だろうと思います。ここでは勉強嫌いを（〝が〟ではなく〝を〟です）生む性格について少し述べることにします。

5　子どもを勉強嫌いにする性格

子どもを、勉強に対し消極的にし、さらには積極的に否定する態度を取るようにさせる要因は多種多様です。また、それらの要因の間で作用し合う関係も生まれ、その事態は複雑を極めるものになります。そのため、性格的な要因のみ取り出し、勉強嫌いに関して話を進めるには、問題も多少残りますが、ここでは、この立場から述べてみます。

一、情緒不安定性、依存性などと目標の設定勉強は、課題意識を持って一定の目標に達しようとする活動です。したがって、勉強では、明確で適切な目標を設けることが大切です。目標がはっきり立てられなければ、勉強の向かう行き先がありません。目標を目指した勉強をスタートさせる根拠を欠くことになります。また、仮に目標を立てても、子ども自身に適切なものでなければ、子どもにふさわしい目標を達することができません。勉強は行わなかったり、行われても不完全のままで終わることとなります。

もちろん教科学習では、このような目標は実質的には教師によって与えられることが多いものです。その場合でも、子どもに明確に捉えられ、適切と思われる目標でなければなりません。子どもが自分から妥当な目標を設けることができれば、それだけ目標に自分が関わる気持ちは強まるはずですから、目標達成の可否は、勉強の意欲により大きく作用されます。

情緒的に不安定ですと、注意が散り、ものごとの視点を絞る目を持てません。明確に目標が捉えられず、勉強のスタートする過程が生ずることが始めから妨げられてしまいます。また、感情が安定していませんと、自分の能力をしっかり捉えることができず認知不全が起こり、能力にふさわしい目標を設けることができません。そのため、目標を目指して勉強が始められても、子どもができた喜びの体験をする結果に終わりません。

依存する気持ちが強ければ、自分から進んで自分の力で、つまり、自立的に目標を立てることができません。勉強では、他者に左右される状況に甘んじています。これでは、明確な目標を自分から意識して勉強に打ち込む前提が欠けてしまいます。

このように、情緒不安定性や依存性などのような、情緒的な未熟さのある子どもは、明確な目標を持ち、それを目指すことが困難な事態に陥りやすいため、勉強に入りにくく、勉強嫌いになる状況に、絶えず漬かっているとも言えましょう。

二、忍耐性欠如、逡巡性などと障壁への対処

勉強が問題解決の過程である以上、勉強には、目標到達を妨げる障壁が大なり小なり必ずあるものです。遊びと異なり、はっきり意識される困難が伴います。この困難を克服して、始めて目標を遂げることができ、勉強に成功します。もし、障壁を乗り超えられなければ、それは勉強の失敗を意味します。この障壁の高さは、子どもの能力や要求の水準の程度などによりいろいろと決まるものです。

障壁があまり高過ぎれば、それを乗り超えることはできなくなり、子どもは後退します。勉強を敬遠することになります。障壁があまり低ければ、苦労なく簡単に乗り超えられますが、目標に行きついた成功の喜びはそれほど大きくなりません。障壁は、子どもに抵抗感を与えても、それを除くことができると予想させるものでなければなりません。子どもにふさわしい、適当な困難さを備えていることが望ましいのです。子どもは、失敗を経験する中でアタックを挑発され、再三再四くじけず頑張り障壁に挑むことにより、目標を達成します。

したがって、困難なことにも意志を集中して取り組もうとする姿勢、つまり、忍耐

性が欠けていますと、子どもは、勉強の場面から簡単に退却してしまいます。自分のしなければならないことはしようとする責任感が弱ければなおさらです。挑戦を自分から失敗に終わらせてしまうわけですから、たまの成功は偶然の幸運だと考え、失敗は能力不足によるものとみなしてしまうようになります。その結果は、歴然としています。完全な勉強嫌いになります。

一方、勉強で困難に当面した際、それを解決するための思案にくれたり、失敗を恐れたりして、なかなか実際の行動に移れないようでは、問題はいつまでも解決されません。ものごとに逡巡せず、素早く取りかかる機敏性がないと、勉強は能率よく進みません。勉強のテンポが落ち、やがては勉強の活動はとまってしまうことにもなりかねません。勉強に生き生きと、積極的に取り組もうとする意欲が、次第に失われていくような雰囲気に包まれてきます。忍耐性が弱く、責任感に欠け、逡巡性にリードされるようでは、勉強は障壁の前でとどまり、その先へ進みません。勉強嫌いの傾向がちらつき始めます。

三、堅固性、創意性欠如などと正しい反応

勉強で直面した困難を乗り切るには、我慢強く困難に立ち向かい、いろいろと試み、正しい方法を発見しなければなりません。また、問題を解決したこの反応を確実なものとして身に付け、他の勉強へと発展的に活かして使っていくことが大切です。その結果、勉強も次第に効率よく行われるようになり、分かった、できたの体験が積み重ねられ、自信も湧き、勉強の意欲は強まっていきます。このようなわけですから、勉強の発展的な展開を妨げる性格は、勉強嫌いを作り出す有力な要因となります。

解決を迫られる問題を前にした場合、その事態をできるだけ系統的に分析し、一つずつ、計画的に、確実に解決していこうとする堅固な心構えが必要です。試行錯誤的（いきあたりばったり）なやり方に安んじていたり、積極的に新しく考え出し、精力的に新しい活動を試みる努力をしなければ、問題の正しい解決方法の発見は一般に難しくなります。また、問題の解決ができるようになった正しい反応を、その時限りのものとせず、その後の勉強に引き続き活かしていこうとするところがなければ、正しい反応はよく身に付かず、勉強の能率は一向に上がらないでしょう。それでは、実際に能力がよく習得されなく、勉強の活動から新しい興味も湧き出てきません。勉強の魅力は失われ、子どもが勉強嫌いになっていっても仕方がありません。

このように考えますと、目標を目指して計画を立て、それを確実に実行に移していこうとする計画性や堅固性、新たにものごとを積極的に考え出していこうとする創意性などが、ある程度子どもに備わっていないと、勉強嫌いになる危険性が大きいと言えましょう。

6 勉強嫌いな子を作り出さない条件

先に述べた勉強の心理的な過程から見ますと、勉強嫌いとは、動機づけという勉強の最初の過程に、子どもが足を踏み入れることをちゅうちょしたり、拒否している状態を意味しています。そして、このような状態に陥るにはさまざまな要因が働いているわけですが、ここでは、性格の要因に限って取り挙げ、一般的な観点から考えてみます。

繰り返すことになりますが、勉強嫌いとそれを生む性格は、学業不振を主とするいわば学校不適応症候群とでも言える問題を仲立ちとして、相互形成的(互いに働き合って生み出し合う)に作用し合っているのです。そこで、勉強嫌いを治すためには、勉強嫌いを生む性格を強めないためには、この両者による相互形成的な悪循環を断ち切ることが大切な条件となります。

勉強という活動は、子どもに抑制的な作用を及ぼしている面があります。遊びのように、自発的な要求そのままに活動するものではないところがあります。したいからするだけでなく、しなければならないからするという側面を備えています。これは、子どもの人格の中核となる自己統制力(あるいは自己力とも言います)が育まれる上で、極めて大切な経験となっています。

このような特徴を持つ活動である勉強は、本来遊び好きの子どもたちに敬遠されるものなのでしょうか。勉強では、子どもの基本的な要求が満足されます。成就(うまく成し遂げたい)、社会的承認(人から認められたい)、新経験(新しいことを経験したい)、独立(自分の力でしてみたい)、成長(大きくなりたい)、優越(人より優れたい)等々の諸要求が満たされます。子どもは、要求を満たす活動に惹かれます。勉強は、その具体的な活動いかんによっては、子どもに好まれるものなのです。勉強嫌いな子がいるとしますと、そのように勉強を敬遠しなければならなくなったそれまでの経験の在り方に、実は問題となる原因があると言えます。この原因を取り出し、除くことも、勉強嫌いを改善する上で重要です。

勉強に興味を抱いて積極的に取り組むためには、それができるようにする特性を、子どもが備えていることも大切です。先に挙げましたいくつかの性格もその例です。言うまでもなく、このような性格は、それぞれの子どもの生活経験に歴史を持っています。性格は、少し難しい言い方になりますが、要求の階層的構造と要求の充足様式に見られる個人の独自性であるとみなせるからです(これらの構造と様式は、生後の経験で学ばれる面が多いのですが)。つまり、何々したいという要求を、どのように満たしているか、そこに見られる、その個人らしい行動の仕方が、性格であるからです。

子どもを勉強嫌いに追いやる性格は、不幸にして方向を誤った性格形成の結果なのです。そのような性格形成に関わる経験的な要因には、養育態度に代表される家庭環境の条件(例えば、過保護、過干渉の養育態度が取られると、子どもを無気力にします)、教師との人間関係、学習活動経験など学校環境の条件(例えば、授業で失敗経験を繰り返せば、劣等感が生まれ、勉強意欲も失います)、さらに、これらの条件を通して影響を与えてくる、社会的、教育的な風潮などもあります。そこで、勉強嫌いな子に対する治療的な指導では、このような学業不適応についての性格心理的、適応心理的なアプローチが必要となるのです。

筆者は、二年間にわたり「やる気を起こさせる生徒指導はどうあればよいか」をテーマに実践的な研究を進め、全国発表をされた、大阪府下のN中学校の先生方に、研究上の助言をする機会を持ちました。研究の成果は、現場の研究としては非常に質の高いものでした。この中学校がやる気を育てる（つまり、勉強嫌いを作らない）ために掲げられた指導目標を紹介しておきます。

一、生徒が自ら達成し得る目標を明確にする。
二、目標達成を目指す活動の中で満足感、成功感を体験する。
三、粘り強く努力すれば必ず難しさを克服できる経験を重ねる。
四、生徒の興味に訴えて教育的に価値のある活動を促す。
五、他を思いやる利他的な気持ちに根ざしたやる気を育成する。
六、生徒に信頼される教師のやる気で生徒のやる気を高める。

（『児童心理』第37巻　第11号、金子書房、１９８３・１１　pp.４０～４８）

第10章

面白くない勉強、面白い勉強

心の育ちには勉強はとても大切です。勉強の面白さを見つけ、勉強が面白くなるにはどうしたらよいか考えてみたいものです。

1 勉強が面白くない

小学校の時期は「学習期」とも言われますように、子どもたちが日々いろいろ体験を重ねる中で着実な成長を遂げていく時期です。そして、子どもたちの日常生活で、学校における学習をめぐる経験、つまり、勉強と関わりのある時間が占めるウエイトは決して小さくないことも確かです。したがって、個々の子どもが、どのような気持ちでこの勉強に取り組んでいるかということは、子どもの成長を促す仕事を大切な役割としている大人(親や教師)にとり大きな関心事です。

特に、子どもが勉強を面白くなく思う経験を繰り返す状況に陥っているとすれば、それは非常に気に掛かることです。子どもは、望まずして自分の成長に欠かすことのできない勉強に対し意欲を失っていくからです。勉強が面白ければ、無論、それは望ましいことです。

そこで、まず、この辺りの問題から述べてみたいと思います。

子どもが「勉強が面白くない」と思い、学習の意欲を弱めあるいは失っていく時については、いろいろな場合がありますが、そのうちのいくつかを取り挙げて考えてみます。

まず、教師から受ける授業自体が「分からない」経験が度重なれば、その勉強が面白くなっても致し方ありません。子どもが分からないと思う原因についてはいろいろ推測されますが、本来の授業では、子どもは何か分かり、ものにしようという気持ちを抱いてスタートしているはずです。それなのに、分からないの繰り返しでは、この気持ちが満たされず、分かったという満足感が得られません。分かろうとしても分からなければ、「できない」という失敗をしばしば体験することにもなります。それでは勉強は面白くありません。

また、子どもに授業が「つまらない」と思われる機会が多ければ、勉強で面白さが味わえません。学習に対する関心は誘発されませんし、そのため、興味を実感するにはほど遠い状態でしょう。子どもが授業をつまらなく思う気持ちが強いほど、学習に対する取り組みの積極さが失われ、勉強しようとする気持ちが湧いてきません。その上、もし、この消極さのために学習を強いて「させられる」なら、子どもは自分から進んで学びたいという内から発する動機の満足を阻まれてしまいます。それでは勉強の面白さを体験するきっかけが見つからないのです。

一方、子どもの心身が「疲れている」状態になっていては、勉強に取りかかろうとする気持ちが生まれにくくなります。疲れていれば、休みを取ろうとするのが自然だからです。よしんば、勉強することの必要感に駆られ勉強に取り組もうと心が逸っていても、身体がいうことをきかないでしょう。仮に無理をして頑張っても、勉強の成果は得られません。時にはかえって失敗を繰り返すことになります。それでは、勉強することにより、さらに疲れが加重される結果に終わり、勉強が苦痛になるだけです。

「叱る」は、親や教師が子どもを勉強に仕向けるために使う一つの手段です。この罰を避けたい子どもの気持ちを利用して叱るのです。しかし、その使い始めの効き目を過信して叱るを使い過ぎますと、大人の思惑とは反対の結果になります。勉強が、不快感を伴う罰に濃く彩られていく危険性があるからです。勉強の取り組みを叱り、さらに、勉強の時間を延ばす、宿題を増やすなどの罰を上乗せすれば、その重みで勉強の意欲は押しつぶされてしまいます。

勉強をする過程や結果を認められる経験に恵まれないと、勉強の面白みの実感が強まらないことにもなります。勉強をしている、勉強ができたという実感は、もちろん、子どもの内から込み上げてくるものですが、子どもには親や教師に自分を認めて欲しいという強い要求もあります。したがって、子どもが子どもなりに勉強に傾けている努力やその成果が評価されずに、無視されあるいは不足を批判されますと、勉強に対する意欲は萎んでしまうでしょう。

2 勉強の面白さが分かる

幼い子どもの飽くことのない好奇心を挙げるまでもなく、本来、子どもは、新しいことを体験し、ものにしたい強い気持ちを内に秘めています。そのような気持ちは衰えるところを知らないと言っても過言ではありません。もともと、子どもは、勉強という体験に積極的に取り組み、そこから面白さを取り出そうとする存在なのです。子どもにふさわしい勉強ができるなら、それは子どもが自分のものにし得る新しい体験となり得るからです。それゆえ、子どもに勉強が面白くないものであると、勉強に対する意欲を失ってきている、あるいは奪われてきているとも考えられます。

子どもが、授業が分からないために勉強の意欲を弱めている状態に陥っている場合には、当然ですが、教師は子どもに分かる授業を工夫する努力が求められます。子どもに授業が分かるためにまず必要と思われる条件は、子どもがその時々に取り組んでいる学習をこなし得る(すべてでなくとも)力のレベルをよく配慮した授業を大事にすることでしょう。そのような授業を受ければ、子どもは、分かる、できる実感に恵まれます。したがって、子どもは授業から「勉強の面白さが分かる」ようになるでしょう。

子どもに授業がつまらなく思われるのは、多くの場合、もちろん、いろいろ理由があるでしょうが、それは主に子どもの興味に訴えるものが授業で不足しているからです。そこで、教師としては、学習の内容と対する子どもの関心の所在りかを捉え、興味を刺激するように心掛けなければなりません。しかし、個々の子どもの関心、興味はもともと多種多様であり、それらすべてを理解し考慮した授業を行うことは容易でありません。それでも、教師はそのような授業をするようできる限り力を傾けるべきです。子どもの学習意欲における多面性を大切にした授業を生み出し、子どもたちが授業のいずれかの面で勉強する喜びを実感できます。

最近行われた文部省の調査に基づく新聞報道によりますと、塾に通い「午前様で朝から夜まで勉強漬け」の子どもが増えているということです。このような傾向は、勉強に心身とも疲れ果てる子どもたちを作り出すことに拍車を掛けるやも知れません。原因はいずれにしろ、心身が疲れていては、効率のよい学習はできません。大人は、子どもを有害で回復に手間どる疲労に追いやっていないか、時には反省してみる必要があります。勉強をやみくもに頑張らせればよいというものではありません。疲れない勉強では、面白さが呼び覚まされ、それが持続するのです。

親や教師が、勉強で子どもに与える賞罰は、子どもを勉強に向かわせる上で確かに効果を生みます。しかし、安易にその働きに頼ってはなりません。子どもの心の内から発する勉強の意欲の育ちが妨げられ、賞罰がなければ勉強しなくなる恐れがあるからです。ですから、たとえ叱るにしても、ダメのらく印を押すのではなく、学習にうまく取り組むすべを示唆する助言を忘れないことです。その後の学習が成功する可能性が大きくなりますから、「勉強の面白さが分かる」ようになります。

無視され、あるいは批判されていた勉強への取り組みで、その努力が認められ、評価される機会が増してくれば、子どもは達成感を重ねて体験することになります。そうなれば、子どもは学習意欲に目覚め、自分から進んで勉強に向かうようになるでしょう。自ら学ぶ満足が得られ、勉強の面白さがよみがえり自尊感情が高まります。

3 勉強が面白い

もし、子どもが勉強で、新しいことに興味を抱き、積極的にいろいろ試み、課題に関わろうとする姿を見せるなら、もし、学習が易しくなくても進んで取り組み、できるまで頑張り、予習や復習を相応にこなしていく様子を示すなら、教師は教え甲斐を喜び、親は育て甲斐をうれしく思うことでしょう。そこには、「勉強が面白い」と感じている子どもの気持ちが表れており、大人はそのような気持ちが子どもに培われることを期待しているからです。

子どもが、勉強を面白く思えるのは、勉強に主体的に積極的に取り組むことができているからです。他者から一方的に批判されることなく、自分から、そして自分でしようとする気持ちが、勉強の場面で満たされているのです。このような自発的な主体性は、自ら成長していこうとするものに備わっている根元的な要求であるとも言えます。子どもの教育に関わる大人が、子どもの勉強でそのような要求を大切にしている姿勢が、子どもが勉強を面白く思い、新しいことを知りたい、したい気持ちを満たす一因となっているのは確かです。

また、子どもが勉強で、何でもよい、自分自身の成長に少しでも役立つ目標を自ら持つまでになっていれば、それは「勉強が面白い」からです。人は何かを目指して活動している時は意欲的であり、達成できそうな見込みを予期する目標を自ら設けることができれば、やる気は刺激されます。

このような目標志向性が勉強で生まれるのは、たとえ、それが未熟なものであっても、子どもが自らその目標を追求しようとする気持ちを許容する態度が、大人にあるからだとも言えます。そのような大人は、子どもが勉強で自発させる興味を尊重し、それを追求する機会を与えています。子どもは、自立して経験することを大切にされるので、勉強が面白くなり、目標をはっきり見据えることができるのです。

また、自分で求めて決めたことは、自分が取り組み成し遂げたい気持ちがかなり強いもので、子どもはその様子を十分表してきています。そして、この決めたことを達成できたということを実感する時、はっきりと自信が生まれ、自分には値打ちがあるという有能感が体験できるのです。勉強で自分がやりたく思い決めたことができると、このやる気は長く続きます。勉強の面白さが薄れることはありません。

また一方、勉強に意欲を抱いて積極的に取り組んでも成果が出なければ、やる気は失われていきます。努力が報われないからです。子どもが勉強に自ら取り組み、それに何らかのプラス評価が伴えば、やる気は育まれます。勉強で、自己の試みが認められる体験を時に応じ味わっている子どもには、勉強の意欲が育ち、勉強は面白い作業にもなります。

4 勉強の面白さを強める

ところで、確実に勉強の意欲を高め、同時に学習の成果を生むには、「勉強の面白さを強める」ことが必要です。面白いという感情は、勉強に関わる心理的な要因の中でも比較的移ろいやすいものだからです。

まず、勉強に面白さを実感し、やろうとする気持ちが満足される経験が繰り返されることを大切にしたいものです。そのためには、勉強で分かる喜びが、できる自信の体験が重ねられなければなりません。もちろん、勉強が楽しく、分かりやすいことは、勉強が面白くなるために必要ですが、それだけでは十分ではありません。勉強は遊びではありません。いつでもすぐ楽しみが得られ、面白さが味わえるものでもありません。取り組み当初、少々苦しみが伴い、面白さがなくても、踵を返すことなくその勉強に自らの意志でチャレンジすることも大切です。それには、勉強の難しさを乗り超えられる可能性がいくらか垣間見られることです。努力した結果ものにされた面白さはなかなか消え難いものです。

子どもの勉強に対する心身の準備状態、いわゆるレディネス（準備性）についても十分配慮したいものです。レディネスが整っている時の勉強には適時性があります。子どもは、勉強に強い興味や注意を集中、持続させ、必ず進歩を生み出します。レディネスに合う勉強は、難しさでもその時の子どもの力量にふさわしいものです。したがって、勉強に対する集中性や持続性が養われるためのよい機会にもなります。これは「勉強の面白さを強める」上で大切な経験です。

勉強に対し、やってもできっこないという気持ちに陥るようでは、勉強の面白さは弱ってしまいます。必ずできる、うまくいくという気持ち、つまり、期待感があれば、そのような勉強の面白さは強まります。やれる気が惹き起こされるからです。そこで、子どもに自分にできそうな勉強の計画を立てることを助言し、その計画を実行する努力に温かい関心を寄せ、時には言葉でそれを支えてやります。無理のない勉強ですから、やろうと思えばできる、やってみればできたという実感が体験されますから、勉強に打ち込みたい気持ちも強まり、勉強が一層面白くなるでしょう。

しかし、子どもが自分の意志で勉強に取り組むよう大人に促されたとしても、その試みがいずれの場合にも成功するとは限りません。何事にも失敗はつきものです。そこで、大人は、子どもにうまくして欲しいと言う気持ちを、強く示さないことです。子どもは、うまくしなければならない、しかし、うまくできないかもしれないという不安に襲われ、勉強にやる気を出せないことになります。まして、子どもが勉強で失敗したことを責め、非難する言葉を不用意に浴びせては、子どもに追い打ちをかけ、勉強に対する意欲を奪うことになります。失敗した勉強の後が、勉強のうまくできる体験で補われれば、勉強の面白さは失われず強まるでしょう。

子どもは尊敬できる大人を模倣します。そのような大人の行動や態度をまねることは、子どもに満足をもたらすからです。そこで、例えば、教師自身が積極的な意欲を持って分かる授業を行うことに努めるならば、それは、子どもの勉強のやる気を刺激する人的な環境となります。よきモデルとなります。もちろん、家庭にあっても、親の意欲的な生活態度は、時には子どものやる気に影響します。大人の意欲が子どものやる気を生むことも少なくありません。生き生きした意欲にあふれる大人と関わることのできる子どもは、やる気を高め、勉強の面白さを強めていくと思われます。

子どもたちの日常の勉強は、時には面白かったり、面白くなかったりするのが現実です。しかし、親や教師により、いつも勉強の面白さが用意されている、あるいは勉強の面白さが取り除かれていく、そのような状況に偏る中で子どもの学習が行われているとすれば、子どもにとり、それはあまり好ましい体験ではありません。本来の勉強では、子どもの心の内から発する意欲が満ち満ちているはずです。

勉強の面白さは、子ども自身が見つけ、実感できるものでありたいと思います。見掛けには面白さがなくても、その奥に取り出せる面白さが待っているような勉強の体験も必要です。子どもが勉強の面白さを積極的な取り組みで得る体験により、勉強の意欲は確実に高められます。その結果、子どもは、自発的な勉強を主体的に続けることになります。子どもが進んでする過程で勉強に面白さを発見する機会を大切にしたいものです。

（『児童心理』第48巻　第14号、金子書房、１９９４・１０　pp.４２～４８）

第11章

夏休みにおける学習習慣の形成

夏休みはひとり学びの習慣を身に付ける良い機会です。
また、学習の習慣を作ることは人格の形成という大切な面を持っています。

1 夏休みの学習とゆとりある教育

学校教育あるいは家庭学習における今日的な現実もその一因となっていると思われますが、『乱塾時代』という言葉まで生み出されるようになりました。この奇妙な流行語は、その是非は別としても、仕方なく？毎日かなりの時間を「勉強」に割き、机に向かう子どもたちの姿の一部を如実に物語っています。また一方、教育界では、「ゆとりある教育」の必要性が「教育のスリム化」と合わせてしばしば主張されています。現在の異常とも言える一種の教育過熱化現象、さらに、その結果予想され、あるいは実際に生じている教育上の諸問題に対する、反省、批判、警告が、このゆとりある教育という考えに込められている向きもあろうかと思われます。

そこで、せめて夏休みの間ぐらい、教科の勉強を主とする？学校における学習から子どもを開放し、存分に自由な生活時間を送らせるのが望ましい、という考えも現れてきます。例えば、夏休み中にはなるべく課題を出さず、仮に出すとしても子どもの負担とならないよう配慮すべきだ、と言われます。この考えを極端にせんじ詰めれば、夏休みの勉強不要論になります。つまり、夏季「休暇」は文字通り学校を休む時とみなされ、したがって、学校により象徴される「学習」習慣の問題は、夏休みになると影を潜めることになりかねません。

子どもの全人格的な成長を助けるため、子どもの自由を尊重しようという、現代の教育観を皮相的に受け取りますと、いわゆる勉強は、子どもを計画された時間の中に一方的にはめ込み、生活のゆとりを奪い、知的な学習へ偏らせるかもしれないという可能性が、余りに強調され、夏休み勉強否定論へと発展してしまいます。しかし、言うまでもありませんが、このような考えは、一面の理を持っていても妥当ではありません。

夏休みには、教師から与えられる授業計画の枠の中で課業と取り組む、教科学習を中心に展開される集団生活を、暑い時期にかなり長い間休むことになります。そして、この時期には、学校という集団的な学習、生活場面で、子どもが経験するいろいろな累積した心理的緊張が、大いに解消されるものと思われます。しかし、夏休みは、子どもが集団の場で形式的、意図的な学校教育を受ける経験から一時的に遠ざかる期間であっても、学習生活を中断する時期ではありません。子どもが、ゆとりある生活を送ることと、夏休みに入っても計画的に時間を設け、その枠の中で勉強を続け、学習習慣を身に付けることとは、決して矛盾、対立するものではないのです。

2 家庭で学習の自律化を進める

一定の望ましい学習の方法により、円滑に、自律的な学習が計画的にできるよう、学習における行動の仕方をものにしていく時、いわゆる学習習慣が形成されると言ってよいでしょう。言うまでもなく、学習の主体は子どもです。したがって、学習は自律化を目指し日常生活の中で継続的に進められるべきです。この意味でも、夏休みは学校学習の休みであっても、子どもの能力や性格に応じて学習の自律性を高めることのできる、密度の濃い家庭学習が可能な時期であり、「ひとり学び」の格好な機会となります。

子どもが、自らの責任で自律的に学習する能力や態度を次第に身に付け、効率のよい規律ある学習の仕方をしっかり定着させていくことは、子どもが、ゆとりある学習ができるようになり、自由な生活時間を生み出す結果をもたらします。自分を律し支配できる学習が、自然と行われるようになるほど、子どもは他律を脱し、自由とゆとりをより一層体験できると言えましょう。自由とゆとりは、もとより放縦や暇ではなく、自律のある自由であり、規律のあるゆとりを意味しています。したがって、学習習慣の形成を促すことは、ゆとりある学習を否定することではなく、その目指すところは、むしろゆとりある学習自体なのです。そして、夏休みは、このような自律的な学習の習慣を、子どもが自ら家庭で作り上げていく好機になるのです。

もちろん、教科学習を軸として、積極的、意図的、計画的に学習習慣の形成が進められるのは、子どもの生活時間の中で重みを占める学校においてです。しかし、夏休みに入りますと、子どもの生活周期は、一転して家庭を中心に回転し始めます。学習習慣を作り上げていく場は家庭に移り、教師に代わり親がこれに関わることが増してきます。文字通り、習慣は一定の行動を繰り返すことにより、次第に出来上がってくるものである以上、これまでの家庭学習の過程でも学習習慣は形成されてきています。ところが、学校が長い休みになると、はっきりと計画化されている、学校での毎日の学習活動は行われなくなります。

そこで、必然的に、子どもは、家庭学習で学習習慣の形成を継続して進めなければならない面が強まる状況に置かれるのです。習慣は一朝一夕にして出来上がるものではありません。学校から家庭、さらに、家庭から学校へと、連携して学習習慣の形成が図られるべきです。「夏休みにも勉強を」と言いますと、前にも述べましたように「なにも夏休みまで勉強などと言わなくても…」という否定論に結び付く恐れがあります。しかし、子どもが学習習慣を形成していくことに含まれている本質的な教育的側面を改めて知る時、「夏期休暇における学習習慣の形成」は、子どもの成長上極めて重要な意義を帯びてくるのです。

3 習慣形成には二つの過程がある

習慣形成は、子どもの全人格的な成長が進む上で最も基本的なものです。子どもの成長の水準に即して、正しい学習習慣が作られていけば、能率的な学習ができると同時に規律ある生活を、自らの責任で自律的に処していく行動の仕方が自然と身に付いていくことになります。これは、子どもが自分の人格を育む上で中核となる過程です。親や教師は、学習習慣を形成する経験に含まれている、この最も重要な教育的な意義をしっかりと捉えた上で、「夏期休暇における学習習慣の形成」を受け止めなければなりません。

一般に、習慣は、後天的(生まれた後)に身に付いた、比較的少ない努力で反復できる行動の仕方です。日常の生活で、その度ごとに同じことをしていくうちに行動の型が決まってきて、習慣は出来上がります。つまり、習慣は「反復」により後天的に形成されるものです。これは学習習慣にもそのまま当てはまります。習慣づけたい学習の行動様式は、毎日同じように繰り返すことにより、初めて作り上げられてくるのです。

ところで、一定の行動あるいは一連の行動を反復するには二つの過程があると言われます。その一つは、「型づけ」と呼ばれるものです。一定の行動が習慣となるには、まず行動に一通りの型ができなければなりません。一連の行動が適切に順序付けられ、いわば「形態化」されることが大切なのです。子どもは、これから成長していく存在で、経験していない生活の領域も広く、学習活動でも行動の仕方が分からない場面に出会うことが多いのです。したがって、子どもには、学習習慣として身に付けるべき一定の行動の仕方や一連の行動の体系を、いわば「道づける指導」や助言が必要です。

次いで、この型づけされた行動様式が、定着した習慣になるためには、もう一つの過程である「練習」を経なければなりません。一つの型ができた行動様式が、努力感が意識されず、自然と円滑に使われるように、「自動化」あるいは「機械化」される過程が必要なのです。練習により、学習習慣の水路の川底が深まり、土手が固まるわけです。そして、このような行動の型化(パターン化)や自動化、機械化が効果的に進むためには、これらの反復の過程で例外を作らず、学習習慣を生むことに積極的に取り組むよう、子どもが意欲を刺激されることが必要です。学習習慣の形成を促すには、このような習慣形成の心理に関する基本的な原理をよく理解しておくべきです。

4 子どもが主体的に取り組む習慣形成

学校における、日常の計画的な学習のための枠は、学校全体の教育活動の中に位置づけられた既製の時間割として、教師から子どもに与えられます。そして、この構造化された(一定に系統づけられた)学習計画の枠内で、学習習慣の形成が図られます。これに対し、夏休みは、学校という集団学習の場で経験するいろいろな心理的な緊張から解放され、かなり長い期間にわたり、子どもが個々に、自分に見合った学習計画を自ら考え、実行して、学習習慣を作り上げていく機会を提供します。この意味で、夏休みには、年齢、能力、性格などの個人差相応に、学習習慣を形成するその最初の過程から、子ども自身が学習に対しより自発的に、そして主体的に取り組むことができると言えましょう。

学習行動の型づけ化、さらには自動化、機械化が進むのが学習習慣の形成であると言っても、それは、子どもがプログラムを与えれば、自動的に紋切り型な答えを出すコンピュータ的な存在になるわけではありません。子どもが学習の主体は自分だと言う意識を明確に持ちつつ、学習の習慣を自ら獲得していく側面を見失ってはなりません。夏休みを、教師や親（特に親）の指導や助言により、子ども自らが主体的に学習習慣を身に付けていく時期として捉え、そのような時期として十分に生かしたいものです。

子どもが積極的に取り組む学習活動では、学習に対する子どもの自我の関与も大きく、それだけに、その成功は子どもに強い満足感を生み、自尊感情を高め、学習意欲を鼓舞します。さらに、学習活動の習慣としての定着をより確実なものとするでしょう。夏休みを通し、このような学習活動が、各家庭のリラックスした雰囲気の中で、個々の子どもにふさわしく、学習計画に柔軟性を保ちつつ継続して進められれば、子どもの学習生活を望ましい方向へ調整する作用も、一層有効に働くことになるでしょう。

子どもは未熟ですから、その学習生活はもちろん、生活全般の型づけは十分できていません。したがって、子どもの生活は大人のそれとは違い、可塑性に富んでいると言えます。そのため、習慣は形成されやすいのですが、よくない習慣も身に付きやすいのです。学習習慣もその例外でありません。このような時期には、生活全般にわたり、子どもの年齢や個人差に応じた、肌理の細かい指導や助言が大切です。夏休みには、家庭学習を中心として学習習慣を作る意義があるのです。

5 実践できる型づけのための学習計画

着実に、そして効果的に学習習慣を形成するには、子どもの能力や性格にふさわしい、合理的な学習計画により、学習生活を型づけることが大切です。学習計画を含め、夏休みの生活設計を子どもに委ねる程度は、学年に応じて変えられましょうが、小学校の中学年頃から、子ども自身が責任を持って決める面を次第に増していきたいものです。自分で考えて計画を作り、その計画にしたがって勉強すれば、そのような積極的な取り組みにより、学習習慣の定着も早まり確実なものとなります。

型づけのための学習計画は、夏休みの生活目標の中に位置づけられた学習目標に基づいて作られるのが望ましいと思います。学習目標としては、一学期の学習の整理と点検を主とする復習、不得意な教科の克服、学習の遅れている教科の補充、二学期の跳躍台となる予習、夏休みのような時期でないとでき難い自由研究、実験や観察、読書や制作など、いろいろと考えられます。

学習目標が決まれば、具体的な学習内容に備え考え、計画の全体的な流れを設けます。例えば、休みを三つの時期に分け、前期は復習あるいは不得意な強化や遅れている教科の学習に重点を置き、中期は夏休みの課題学習に当てます。後期には二学期に備えて、予習に焦点を絞り、自由研究や継続的な観察などは、全期間にかけて行うなどは、その一例です。

このように、学習計画の大体の枠を設けたら、毎日の生活設計を考え、この生活予定表の中へ具体的に学習時間を組み込むようにします。学習の能率をよくするために、学習時間はなるべく朝の涼しいうちに設け、教科の学習順なども工夫するのが望ましいと思います。夏休みは、家庭で学校の時間割と同じように勉強する時ではありません。また、学習に長く時間をかければ、それだけ効果が上がるというものでもありません。学年あるいは子どもの能力や性格を考えて、勉強に疲れないよう一日の学習時間の長さを決めるのがよいでしょう。

このような学習計画を立てるには、当然ですが、休み中の学校の予定、家庭生活や余暇活動の計画など、他の生活設計とうまくかみ合うように工夫することが大切です。また、家庭におけるいわゆる生活習慣と学習習慣は、密接に関連し合っている点を忘れてはなりません。生活習慣をしっかりと作ることこそ、学習習慣の形成の基盤となるとも言えるのです。つまり、型づけのための学習計画は、毎日の規則的な生活設計の中に位置づけられるべきなのです。

何事も始めが肝心ですが、学習習慣の形成の出発点である、型づけのための学習計画を作るには、既に述べてきましたようにいろいろと考えるべき点があります。そこで、教師や親の指導や助言が大切になります。この指導や助言をどのように与えるかは、個々の子どもに応じて決める必要がありますが、原則は、子どもが一方的に与えられる計画に終わってしまわないことです。習慣がよく身に付くかそうでないかは、計画の実践の仕方にかかっています。三日坊主で終わるような無理な計画であってはなりません。子どもの考えには、今後の見透しに欠けるところがよくあります。ですから、やり遂げられる、余裕のある学習計画を立てるように道づけしてやる必要があります。

6 計画した学習予定は必ずやりぬく

学習習慣を作り定着させるための特別な効能書きなどはありません。「ローマは一日にして成らず」です。教師や親の指導や助言を受けながら、子どもが自分から型づけのための計画を作り上げたら(小学校低学年では、親子で話し合っても、勉強を含めた家庭における生活設計を決める主導権は親にあると言えましょう)、次は、毎日欠かさず、この学習予定を根気よく着実にこなしていくことです。これは、前に述べました習慣形成の第二の過程である練習に相当します。

夏休みに入りましたら、用意している生活設計表に従い規則正しい生活を送るよう、強い意欲としっかりした意志を持つことが大切です。長い休みになりますから、先に延ばしても何とかなる、という気持ちを決して抱かないことです。「始めよければすべてよし」の心を大切にしましょう。計画した学習予定は、必ずやり切る気持ちを持ち続けるのです。習慣形成の大敵は、少しぐらいならと例外を許す心のゆるみです。

長い休みに、計画的な学習活動を反復するには、その計画の全容を図表にし、子どもが自分の見やすいところに示しておくのがよいと思います。学習計画を折り込んだ、毎日の生活設計の表は、子どもが自ら規律ある生活を送り、習慣をしっかり作っていく上で、はっきりした道標になります。学習計画表には、学習の予定と共に、実行の結果を記録するようにします。学習計画の進み具合が、子ども自身に分かると同時に、このような実行の結果を日課として記録すること自体が習慣形成に連なっていくわけです。

夏休みに入る前から、じっくり考えて余裕のある学習計画を立てておけば(無論、指導や助言は必要ですが)、計画の実行は円滑に進み、困難を感じ、滞りが起こるような状況にはめったにならないでしょう。しかし、時には予想できない事情などにより計画通り学習をこなすことができない場合もあるでしょう。気軽な予定の変更は慎むべきですが、途中で軌道の修正を行うだけの余地を残しておくことも必要です。消化されていない予定がとどまりますと、時によっては、計画を進めようとする子どもの気持ちは削がれ、出来上がってきた習慣を崩す結果にもなります。

もちろん、夏休みは、学校に代わり家庭で勉強に終始するだけの時ではありません。むしろ勉強以外の活動や生活が、一日のうち多くの時間を占めます。学校が休みという気楽さもあり、例えば、食事の時間が乱れるなど、生活時間のけじめが失われやすくなります。学習の計画を立てていても、生活全体の流れが定まっていなくては何にもなりません。習慣形成の原理である「例外を作らない」意味でも、学習習慣と生活習慣の形成は一つのものとなる必要があります。自由な時間が多い休みの中でも、日常生活の規律を失わず、生活全般のリズムを壊さないことです。そのためには、家族の協力も必要なことを忘れてはなりません。

7 計画を実行する意欲を強める

子どもが、型づけされた学習活動に、自らやる気を抱き、継続して取り組めば、学習習慣は確実に定着していきます。喜んで、気持ちよく積極的にできる勉強では、子どもは満足を味わい、そのような学習活動は習慣として身に付きやすいものです。習慣の形成がうまくできるには、型づけされた行動様式の反復が、動機づけられて行われるべきなのです。

そこで、夏休みの学習目標を、個々の子どもなりにしっかり自覚します。それには、まず具体的で実現ができる目標(子どもの要求水準――自分でここまではできそうだと思う程度――を考慮し、手近く細かな区切りを付けます)を立てることです。目標がはっきりしていれば、勉強の方向も決まり、それが達成できるものであれば、成功感を味わえます。さらに、学習を続けようとする意欲も強まります。学習に興味を抱くことも大切です。子どもの興味は、その子どもの要求や能力を直接に表現しており、興味を刺激する学習は、子どもの要求や能力にふさわしい活動となります。夏休みには、継続的な学習活動(例えば、動植物の生態の観察や読書など)で、子どもの興味が引き出される機会も多いと言えます。

計画に従って勉強をしましたら、その学習の結果を確かめ、反省するようにします。子どもが、自分の学習の進歩の状況や適否を、自分から直接にフィードバックすることになります。進歩していることが実感として経験できれば、子どもの発達にとり重要な、成長したいという基本的な要求を満たすことになります。学習の意欲は一層高まり、自分から学習の弱いところに気づき、それを補い克服していく気力を生み出します。学習の進歩を褒め、躓きを乗り越えていくよう力づけてやりましょう。

成功の経験は、学習意欲を強める原動力となります。特に、自分でできる喜びは、このような力を倍加します。子どもの性格を生かす一方、能力に見合う能率的な学習の仕方についてヒントを与え、「できる」経験を味合わせる助言をも必要とします。「ひとり学び」が中心となる夏休みの勉強では、学習の仕方が分からず能率が上がらないため、学習意欲を失い、継続して学習する習慣が崩れてしまうことがしばしばあります。

体調は、学習の能率を左右し、ひいては学習意欲に影響します。夏休みには、早寝早起き、決まった軽い運動など、身体の健康に役立つことを日課として取り入れ、生活のリズムを維持し、体調を整えたいものです。なお、子どもが進んで学習計画を実行し、習慣の形成に努めていくには、それを促す家庭環境や心理的な雰囲気を作り出す必要があります。これは主に親の役割となるものでしょう。

8 習慣は第二の天性

最後に、「夏休みにおける学習習慣の形成」のねらいを問い直してみたいと思います。夏休みの学習では、復習や予習、自由研究などを中心に、計画的な勉強を進める過程で、学習習慣を形成していくわけですから、学校の学習で求める「知識、技能、態度」などの習得も目指されます。しかし、「ひとり学び」の習慣を身に付けていく重要な側面を見落としてはなりません。それは、夏休みという、学校における学習活動を長く離れる時期に、子どもが家庭を本拠として、家庭学習の独自性を生かして学習をする中で、「自ら決めた一定の仕事を、自らの責任で自律的に達成していく能力や態度」を育んでいくことに連なるのです。そこには、仕事をやり通した自己充実感の経験、さらには、自立する意志の成長が、子どもの年齢相応に期待できるのです。

習慣は第二の天性と言われます。習慣は個人の性行に深くしみ込み、生まれながらの性質のようになります。個人の全人格的な陶治を目指す教育の一環として習慣形成を受けとめる時、学習習慣の形成に内在している人格の形成という本質的な過程を、教師や親は正しく認識していなければなりません。自分の仕事は自分ですぐしっかりやり遂げる人間を育む上で、「夏休みにおける学習習慣の形成」は重要な意義を持っているのです。

（『児童心理』第31巻　第8号、金子書房、1977・8　pp.126～134）

第12章

自己理解を生むための5つのポイント

自己を理解することは、自分について正しい考え方を持つことです。
それは自分をよく発揮して生活していく上でとても大切です。

1 真の自己理解の大切さ

「自己理解」、つまり、あるがままの「自己」をよく「知る」ということは、大人でもなかなか難しいものです。改めて、自分で自分を問う時、それはよく実感されます。自分が自分をそれほどよく知っているわけでないことに気づくことは少なくありません。したがって、子どもにとって、真の自己理解が容易でないことは、言うまでもありません。自分と他者とが十分に分かれていない年齢の子どもでは、尚更でしょう。

しかし、子どもは、年齢と共に多様な経験を重ねながら、次第に自分と他者の区別をするようになっていきます。それが生活に適応していく上で欠かすことができないからです。自分の能力や特性を正しく理解していれば、しっかりした自己概念を持つことができます。そのような自己像に基づいて行動するなら、日常の生活は、自分の現実を踏まえた生産的な営みとなり、それは、成長の途上にある子どもに望ましいものです。

2 感情の安定を

感情(感ずる)は理性(知る)を曇らせます。感情が高ぶり、心が安定を失う状態に陥っている時は、ものごとに落ち着いて対し、それをそのまま受け容れ、的確に捉えることは困難です。

例えば、級友に阻害されていると思い、集団に所属したい要求が満たされず、その強い要求不満から、感情的に混乱している子どもは、友だちの適切な助言を余計な口出しと誤解し、それを聞こうとしません。友だちのことばかけが、適正な自己理解を生むものでも、それを否定して歪めてしまいます。

教師の叱責を過大に受け止め、他者に褒められたい気持ちを阻害され、不安におののく子どもは、教師が大切な忠告をしても、不快な説教だとばかりに拒否する態度に出るのが関の山です。それでは、子どもは正しい自己理解の機会を、惜しくも逃すことになります。

このように、他者との関わりに、強い要求不満を原因とする感情的な緊張がありますと、自己理解に役立つ情報が与えられても、それへの対処は拒否的なものに傾きやすいのです。そのため、感情の大波の渦中にある子どもが、そのような自己を対象として正視し、理解することは一層に難しくなります。自分を自ら知ろうとする心の働きが、押し寄せる感情の波に覆われ、力を十分に発揮できず、子どもは自分を見失ってしまうからです。

子どもの場合、感情と理性の仕切りがはっきりしていないのが心の特徴であり、感情の動揺で理性本来の作用が大人よりも妨げられます。したがって、子どもに自己理解を促し、それを育むには、まず、子どもの「感情の安定を」図ることが大切です。そのためには、親や教師は、感情の安定を欠いている子どもの気持ちを、子どもの立場から思いやり、あるがままに受け容れ、理解するよう努めることです。子どもは、親や教師のそのような誠実な態度を信頼し、自分の揺れ動く感情の緊張を安心して表し、平静な心の安定を取り戻すことができます。

3 正しい理解を

一般に、子どもは自分と他者についての意識を十分に分化させていません。自分を別の自分から見据えること、つまり、自己を対象視することはなかなかできません。まして、他者の立場から自己を見ることなどは、大人でも難しく、そのような力は、子どもではまだよく成長していません。そこが子どもである訳でもあるのです。

子どもは、自分の弱点を過小に、長所は過大に評価しやすいものです。現実を直視せず、理想とする自己と現実の自己をともすれば混同します。したがって、他者の自分に対する態度を誤解します。

遊びに必要な技能が十分ないため、仲間に受け容れられないと、不当に差別されたと思い、リーダーシップがそれほどでもないのに他の子どもをリードしようとして拒まれ怒ります。これらのことは、現実の自己に沿わない主観的な(自分よがりな)自己概念のなせるわざです。

そこで、子どもの自己理解にとり、他者が示す子ども自身に関する自己像が重要な意味を持ってきます。子どもは他者により自己を知るのです。無論、他者を介しない自己体験で自己を理解する機会はありますが、他者との関わりで生まれる自己理解が大切なのです。そのような自己理解は、人間関係を作り深めていく上で欠かせない自己像を生み出すものであるからです。

子どもは、他者が自己をどのように理解しているかを、かなり気にします。自分の生活で重要な存在となっている他者が思っているように自分を考えますから、そのような人が自分をどう見るかを重視します。したがって、親や教師は、子どもの自己についての「正しい理解を」心掛けたいものです。

あるべき姿にほど遠い子どもの姿を、あるべきを志向している親や教師が、そのまま受け容れることはでき難いものです。それでも、親や教師は、子どもの心の世界に入り、そのあるがままの姿を正しく捉え、それを子どもに示すことが大切です。

4 一貫した態度を

子どもの自己理解は、日常的な生活経験の積み重ねの中で育まれます。他者を通してのものであれ、自分自身によるものであれ、自分の能力や特性などに関する体験を繰り返し、それらの前後の体験を関係づけ、総合して子どもは自己理解を育てていきます。友だちとの付き合いで自分の能力に気づき、教師にその能力を妥当に評価されれば、現実に即して自己理解ができ、その子どもにふさわしい有能感が育まれます。子どもは、よい適応の道を辿ります。

しかし、自己理解を生み出す自己についての概念は、経験によって変わりやすいものです。自分の同じ行動を、他者から時には肯定され、時には否定などされては、自己像を絶えず変えなければなりませんから、自己についての明確な像が育ちません。子どもは、年齢相応の自己同一性(アイデンティティ)を持つことができず、自己の行動で戸惑い、感情的にも不安定になります。現実的な正しい自己理解がしにくい状態に晒されます。子どもは成長の途中にあり、完全に自立し切っていません。そのため、他者に依存する面が少なくありません。他者により自己を知ることが、自己概念を作っていく上で大きく影響するのはそのためです。

このような現実がありますから、子どもの生活において重要な人物である親や教師が、子どもの言動に対して「一貫した態度を」取ることは、子どもが健全な自己理解を堅実に育てていく上で、大切な条件となります。親や教師の一貫した態度は、子どもが安定した自己理解を得ることを助けます。

親も教師も人の子です。子どもとの関係が感情的になることは当然です。しかし、本来変転きわまりない感情の作用に押し切られ、子どもに一貫性を欠く態度を取ることのないよう、できる限り努力したいものです。いわゆる無条件の関心を持つことは容易でありません。親や教師がその時の思いを満たす子どもの行動のみを受け容れようとする過誤に陥ることは、親や教師である以上、厳として避けたいものです。

5 実感できる体験で

子どもには、まだ、具体的な体験の世界を好むところがあります。また、実感を伴う直接の体験は印象強く心に残り、子どもには理解しやすいと言えます。その反面、子どもは、他者の言動の顕在的な表面に注目し、潜在している真の意味を知ろうとしないことが多いものです。

例えば、子どもの努力を認めながらも、励ます意図で「もっと頑張らなくては」と親や教師が声をかければ、文字通りに、自分の努力は足りないという誤った自己像を描いてしまう場合もあります。

子どもに、現実を見据えた正しい自己理解を促すためには、子どもが「実感できる体験」で具体的に分かりやすくことば掛けをしてやりたいものです。子どもに対するそのような関わり方は、子どもの心にかなったものであり、子どもの心にしみ入るような自己理解ができるようになります。この意味で、親や教師は、子どもの態度や行動を、日頃から温かく、大切に見守っていかなければならないのです。

子どもが、ありのままの自己を、正に実感できる生活体験はいくらでもあります。しかし、それらの体験が、正しい自己理解に有用なものとされているか否かは、別のことです。

子どもが、自分の本来の力を認めず、それを希望的に評価することは多々あります。そのため、自己の理想と現実のずれが大きくなり、子どもは、時には無能感に脅やかされます。親や教師は、子どもの生活体験を捉え、それについての的確で前向きの評価を、子どもに適時示すようにしたいものです。

失敗体験は、子どもの自我を危機的な状況に置きます。成功を求めてものごとに取り組んでいるからです。しかし、失敗は、子どもが自分を見つめ直し、現実的に自己を理解する格好の機会を提供します。現在の自己の限界を知ることができるので、万能感に傾きやすい子どもの心は引き締められます。無論、失敗が子どもを萎縮させず、成功を生む助言には留意したいものです。

6 自立する心を

子どもの自己理解は、他者の目を通して行われることが少なくありません。しかし、自己理解を他者に拠るものにあまりに頼っていては、自己概念に安定した中核が形成され難いのです。他者が親や教師（または友だち）のような、子どもにとり重要な存在であっても、一貫して子どもについての妥当な見方を必ず示してくれる保証はないからです。

子どもが他者に強く依存している状態では、自己を正しく評価することが妨げられます。そのような状態になると、子どもの主体性が弱いため、依存の対象である他者と自己を同一視してしまい、自分に欠く他者の特徴が自分にあるかのように思い込み、誤った自己像を作り上げてしまうこともあります。

子どもが自ら自己理解を育む上で大切な課題は、他者から独立した自己同一性の成長を目指し、他者に促されつつも、自分で主体的にあるがままの自己を知り、それを深めていくことなのです。

他者への依存度が小さくなるにつれて、他者が与える自己についての評価を恐れず、自分を見て、知ることができるようになります。現実的な自己概念を作るには、依存している人から心理的に独立することが大切です。したがって、子どもが健全な自己理解を育んでいくためには、他者に過度に依存せず、「自立する心を」培う必要があります。子どもが、実際の能力や特性に合うようものごとに取り組み、それが自分でできる体験をするよう促したいものです。

自分の状態を客観的（あるがまま）に知ることは、自己理解を深めます。自立を目指す子どもは、ものごとに主体的に関わろうとします。自己防衛的にならず、弱さをも含めてありのままの自己を表現し、それを受け容れることもできます。他者を通しての自己を、適切に自己像へ組み入れようとします。子どもは、このようにして、真の自己理解をものにしていくのです。

これまでに、子どもが「自己理解を育む」ために大切と思われる「五つのポイント」をめぐって述べてきました。無論、これですべてというわけではありません。少なくとも必須と考えられますところを取り上げた積りです。最後に、親としてまた教師として認識を不可欠とする点につき、加えて若干ふれ、本稿を閉じることとします。

子どもの自己理解は未熟ですが、自ら自己理解する力が成長する可能性を十分に潜在させているということです。そのような力を自己発揮するよう促し、支えることは、親や教師の重要な務めです。この大切な役割を全うするためには、既に示しましたように、子どもとの間に、心がふれ合い、通い合う人間関係を生み出すことです。そのような人間関係のあることが実感できれば、子どもは親や教師を心から信頼し、ありのままの自己を親や教師に反映させ、自ら自己理解を育んでいくことができるようになるのです。

（『児童心理』第47巻　第14号、金子書房、１９９３・１０　pp.１５～２０）

△

第13章

耐性の弱さから登校に悩む子どもたち

困難にぶつかっても、耐えて頑張る力は毎日の生活の中で培われます。
この耐性の育ちのひ弱さから登校に悩む子どもたちがいます。

1 はじめに

いわゆる登校拒否が問題とされるようになってから久しいですが、その根本的な解決には、依然としてかなりの困難があるという印象は拭い切れません。このような現実は、登校拒否の具体的な原因が、いかに多種多様であるかを示しているものとも言えましょう。

子どもたちが、なぜ学校へ行くことを拒むに至るかについては、複雑に絡み合う原因やいろいろな「きっかけ」がありますが、そのような行動に訴える子どもの心の状態には、むしろ明確に指摘できる特徴が認められるように思われます。

それは「耐性のひ弱さ」です。日常の生活では、要求がそのまま満たされない場合が多いのですが、登校を拒む子どもたちは、この要求の満足が妨げられる事態に、耐えて頑張る力を、健全に培ってきていないとみなされ得るのです。そこで、事例を追いつつ、耐性の弱い子どもたちが登校拒否に陥っていくいくつかのきっかけについて考えてみることにします。

2 完全を求めるがゆえの失敗から

子どもが登校を拒むきっかけとなっているものに失敗体験があります。失敗は、日常の生活でつきものですが、耐性が弱い子どもにとっては、自尊感情がひどく傷つき、自分はだめになるという不安に襲われる強い衝撃となるのです。

例えば、新学期早々のホームルームの時間に、緊張のあまり吃り、それを同級生に笑われ、翌日から登校しなくなった子ども(中1男子)がいます。また、体育の時間の走力テストで、走るフォームが友だちの笑いを誘う結果となり、それが理由で、登校を渋り始めた子ども(中2男子)の例もあります。

ある子ども(中1女子)は、たまたま不注意にも宿題の一部をやり抜かしていたことを、授業時間に先生から指摘されただけで、登校を拒んでいます。学業では常にトップの座を占めなければならないという気持ちに強迫的に駆られ、期末テストで主要一教科がトップでなかった結果を契機に、登校を拒むようになった子ども(中3女子)もいます。

これらの事例に見られます登校拒否のきっかけは、子どもが自己の能力や特性などに関して失敗したことです。また、その失敗が本人を打ちのめすほどに取り返しのつかないものとして受け止められているところに大きな問題があります。ここに、登校拒否に陥る心の機制が潜んでいると言えましょう。

これらの子どもに、失敗が激しい打撃となるのは、絶えず、最高、完全な状態になければならないという気持ちが、異常とも言えるほどに強く働いているからです。このような状態を常に保つことが困難であるのは言うまでもありません。したがって、一度の失敗は、次の失敗を予想させ、恐れさせる体験となります。

学校生活では、次々と新しい体験が待っており、当然、失敗は起こり得ます。そのため、耐性が弱く、失敗に耐え、失敗を克服できない子どもは、完全を求めるがゆえの失敗から逃れようとして、登校を拒むようになります。

3 友だち関係の挫折から

友だちと心の関わり合いが一層重要になってくる中学生にとっては、自分が他の生徒から受け容れられ、認められ、学級の中で確かな位置にあるという実感は、学校生活を意欲的に送る上で欠かせないものです。友だち関係に歪みが生まれれば、子どもは必然的に心の不安定な状態へと追い込まれます。

ある子ども(中1女子)は、中学校へ入学後、それまで仲がよかった友だちが、他の同級生と親しくなっていくことから、疎外感、さらには孤独感に陥り、友だちがいないため学校へ行く気がしないと訴え、登校を拒み始めました。

友だちの一方的な心配りを受け容れられず、同時に、そのような態度を取ってしまう自分に悩み、そのため学級の他の子どもとの関わりを失っていき、文字通りの暗い学校生活に耐えられず、登校拒否への道を歩まなければならなかった子ども(中3女子)もいます。

同じ学級の子どもから付けられたあだ名を気にし(中2女子)、あるいは、脛毛の濃さを友だちに笑われ(中2男子)、それにこだわる気持ちを打ち明けたらかえって自分が傷付くことを避け、その悩みを抱え込み、学校へ行くと迫ってくる心の重さに負け、登校しなくなった事例があります。また、極めて模範的であるため、友だちから疎外されていると思ったことが理由で、学校へ足を向けられなくなった子ども(中3男子)もいます。

右に挙げる事例に共通するところは、友だち関係の挫折がきっかけとなり、登校拒否が生じている点にあります。他者から認められたい、一定の集団の成員(メンバー)でありたいという気持ちは、基本的な要求として非常に強いものです。それだけに、友だちから疎外されているという感情は、子どもの学校生活における情緒的な緊張の程度を余りにも高めてしまいます。

耐性が弱い子どもは、自己の社会的な位置(学級の中での)を否定され脅かされます。このような状況に自ら立ち向かうことができません。この疎外という強い風圧を避けるためには、それを阻む風防を備えている家庭に、やむを得ずとどまらなければならないのです。

4 教師との関係における歪みから

公平な態度、聴く姿勢のある教師が子どもからよく好かれることが示すように、子どもは教師とのよい関係を常に求めています。子どもの立場に立ち、その気持ちを思いやる温かい理解が、教師から寄せられれば、子どもにとり、学校生活は非常に充実したものとなり、登校も強く動機づけられます。逆に、子どもが教師とよい関係を持てなければ、登校の意欲が削がれ、萎えても当然のことでしょう。

転入最初のホームルームの時間に、まだ不慣れな土地の学校のためもあり、緊張から落ち着かず、教師から心ない注意(「君はごみ箱と同じだ。何度注意しても分からないから」と叱責)をされ、それを理由に、翌日から完全に登校しなくなった子ども(中2女子)がいます。同じ学級の子どもたちの前で自尊感情を大変に傷付けられたことから、教師に対し打ち消し難い不信感を抱き、問題の改善は転校によるしかありませんでした。

教師から受けた叱責のいわれを(教師の誤解もあり)納得できず、教師に対する憤りから(中3男子)、あるいは、友だちとの衝突についての深刻な相談を教師に軽くあしらわれたと思い込み(中1男子)、また、教師に分かってもらえない、受け容れられていないという漠然とした疎外感(中2女子)から、登校できなくなった事例もあります。

学業に自信を失い登校困難な状態から抜け出そうと、学習上の抵抗が比較的少ない授業に出ようと試みた際に、教師のことば掛けをなじられたと受け取り、それがきっかけで、重症の登校拒否に陥った子ども(中2男子)がいます。

これらの子どもたちは、いずれも、教師との関係における歪みがきっかけとなり、登校を拒む行動に出なければならなかった問題を示しています。このような事例には、教師とのよい関係を生み出そうとする努力を欠く、自我の働きの脆弱さが垣間見られます。

しかし、子どもとの間の信頼に基づく人間関係を大切にする態度が、教師に不足するところがあっては問題です。教師が、個々の子どもの心を、正しく、そして温かく、つまり、心から共感的に理解するように努めることは、登校を拒むまたはその憂いのある子どもを学校が生み出さない上で、極めて重要なのです。

5 身体、運動、学力等の問題から

学校における学習を、子どもがそれぞれ相応に達成するには、一定の心身の特性や能力を必要とします。したがって、子どもがこれらの特性や能力で欠けているところがありますと、そのことを主観的に強く意識した時には、登校への動機づけが次第に失われていきやすくなります。

ある子ども(中3女子)は、登校を続けているものの、アレルギー症状と低血圧に苦しみ、授業中に貧血で失神したことがきっかけとなり、身体の健康について完全に自信を失い、教科の学習に対する意欲も弱まり、登校を拒み始めました。身体症状の改善には時間が必要であり、現在では、登校拒否への傾斜も大きくなってきています。

喘息と肥満から、体育の時間が苦痛になり、登校を渋り始めていた矢先に、二百米疾足で落後を思い知らされる体験に見舞われ、運動能力の不足を気に病み、学校から足を遠のかせている子ども(中2男子)もいます。

特定の教科や(中2男子)、教科全般で(中1男子)、学業不振になり、その回復を気にしても見通しを立てることができず、登校を拒んでいる事例も少なくありません。

学校生活では、学力の習得が大きな意味を持っています。したがって、学業が振わないことは、子どもの学習意欲を大いに阻害することにもなります。学力に不足するところがある子どもが、その弱さを克服できれば、学習しようとする動機づけも刺激されましょう。しかし、困難に耐え、頑張る力が健全に育まれていない子どもたちがたどる道は、およそ決まっています。

学業を気にしつつも、また、かえってそのため学習に取り組めず、学力の一層の低下を予想しなければならない心理的な緊張や強い不安に襲われ、子どもの学業はますます不振へと陥っていくことになります。このような状態へ自分から巻き込まれてしまっては、学校はもはや、不快と苦痛に悩まされる時間をいたずらに過ごす場所に変わってしまいます。

学習で、分かる、できる喜びが実感できれば、それは、当然ながら、登校する気を起こす上で非常に有効な動機づけとなります。個々の子どもが、それぞれの可能性に応じて、そのような体験を重ねることができる指導が、学校教育の場で日常実践されることが大切であることは言うまでもありません。

6 おわりに

本稿を閉じるに当たって、ひとこと申し上げておきたいことがあります。これまでに述べてきましたことは、登校拒否の「きっかけ」となり得る現実の例に過ぎません。日常の指導助言の上で重要な点は、このようなきっかけで登校拒否を引き起こす原因を正しく捉え、それを根本的に取り除くよう心掛けると同時に、きっかけを不注意にも作り出さないことにあります。

しかし、昨今の社会的な動向を考えますと、耐性の教育の基本的なあり方を、真剣に問い直す必要があると思います。

（『中学校学級経営』第４巻　第９号、明治図書、１９８９・９　pp.５～８）

第14章

校内暴力の沈静化と増える「いじめ」「嫌・怠学」

「いじめ」や「嫌・怠学」はなぜ生ずるのか、それを防ぐにはどのようなことに気を付けたらよいか。そのポイントは何でしょうか。

1 「いじめ」の頻発と「嫌・怠学」の増加

一頃、極めて憂慮すべき教育問題として緊急の対応策が求められた校内暴力は、見掛けの上では峠を越えたように思われます。文部省の全国実態調査(58年度)によりますと、公立中学校1314校における校内暴力の発生状況は、前年度比で、教師に対する暴力が18・9%(269件)——被害教師数は16%(275件)、加害生徒数は27・8%(780件)——減、生徒間の暴力が15・3%(362件)——関係生徒数は5・3%(640件)——減と、いずれも減少の傾向を示しています。これらの事実や、年度の後半ほど発生件数の減少の割合が顕著であることから、文部省では、「校内暴力は極めて沈静化の傾向を見せている」とみなしています。

しかし、この調査では、校内暴力の発生件数は減っても、全国で7校に1校で発生しているという状況は、前年度と変わらないという事実も明らかにされており、荒れる恐れのある教室を抱え、依然として苦悩する中学校の数は減少していないとも言えます。新聞によりますと「一触即発の温床はなお根強く残っている」と思われるのです。文部省による分析のように、校内暴力は文字通り鳴りを静めてきていますが、この兆しを、果たして、根本的な問題解決ができる現象と考えてよいのでしょうか(残念ながらそのように考えられなかったことを示す問題が近年生じています。いわゆる学級崩壊は、ある意味では、校内暴力の低年齢化的な側面を備えています)。

ところが、昨今の校内暴力の減少傾向と裏腹に、このところ、いじめや嫌・怠学の増す様子が、中学校で目立つようになってきました。いじめが、登校を拒む子どもを生み出し、さらには、自ら命を立つ悲惨な結末へ子どもを追いやる事件を引き起こすまでに至ってしまいました。いじめを伝える新聞記事も、しばしば目に付くようになってきました。教育相談を求めて訪れる子どもで、学校を嫌い、学習を厭う事例も増えてきています。いじめや嫌・怠学が、校内暴力に取って代わったとも思われるほどです。非常に気になるすう勢が表れてきたとも言えます。

外からよく分かる顕在的な攻撃行動である校内暴力に代わり、外から分かりにくい潜在的な暴力行為とも言ってよい陰湿ないじめや、学校に対する消極的あるいは否定的な反応ともみなせる嫌・怠学が増すだろうという予想は、既にある程度ありましたが、残念ながら、それが現実になってきたと思われるのです。

校内暴力は否定されるべき反社会的な問題性をあからさまに示すものだけに、まず、その行為自体の発生を直接に抑止しようとする指導姿勢を教師に取らせることになります。例えば、体罰や警察の力を借りる対応に見られるように、力による抑え込みの指導がそれです。校内暴力は、教育の営みを真向から嘲笑う危険な反道徳的行為とされ、したがって、教育現場で、その問題症状を直接に除去しようとする、いわゆる対症療法的な指導が優先されても、無理からぬことだろうと思います。しかし、そのような暴力行為を見掛けの上で沈静化しようとする、表面的な指導をもってよしとすれば、そこには、むしろ姿を変えた問題行動の発生を刺激する、「もぐら叩きゲーム」に陥る危険性が潜んでいます。

心を何ら痛めることなく、執拗に特定の弱い子を苦しめ、いじめに耽る子どもや、いじめのために、またはいとも短絡的に学校を嫌い、学業に怠ける子どもが増えてきた背景には、校内暴力も含むこれらの学校に適応できない行動の発生に共通に作用している心理的な力動があります。それを生み出す基となる要因が、少なくとも学校教育の現場から根本的に取り除かれていない、あるいは取り除かれ難い現実があるものと思われます。

2 「いじめ」や「嫌・怠学」の心理的な力動

子どもの日常の行動はすべて、要求という一種の心理的な緊張を解消させる過程です。いじめや嫌・怠学という不適応な行動とて同じです。生徒の要求が円滑に満たされず、要求不満に陥り、その結果、要求による心理的な緊張の解消に歪みが生じているのです。「温かい人間関係の中で生活したい、集団で確かな位置を占めたい、罰は避けたい、価値のあることをしたい、自分で決めたい、他人に勝ちたい、成長したい……」などの要求は基本的要求と言われ、その強さのバランスは個人によって異なっていても、どの子どもにもある要求です。もし、これらの要求が不当にも満たされない状況に追い込まれますと、子どもを問題行動に向かわせる、好ましくない気持ち(自我感情)が生ずるのです。

例えば、友達から好かれず、学級の一員としての役割を持つこともできず、納得できない罰を重ねて与えられれば、子どもの心の安定感は大きく揺らぎます。教室で、級友と伍して学習できず、自分のしたことを他人から評価されることも少なく、自らことを選び行う機会を与えられなければ、子どもの能力感(自分はこのくらいできそうだと思う気持ち)は失われます。新しいことを経験することが不合理にも妨げられ、成長したい気持ちが一方的に阻まれ、他人に優れると思う体験ができなければ、子どもは健全な成長感を抱くことができません。

学校生活で、子どもが体験する要求不満を合理的にうまく解消できるための、適切な指導助言が得られず、時には、教師により不注意にも好ましくない要求不満に追い込まれ、あるいは、子ども自身が、この要求が阻まれた結果生ずる緊張を解消しようとして失敗すれば、要求不満は持続することになってしまいます。その結果、子どもは、自我の破局を予感させる(自分は駄目になるのではないかと思うこと)、この危機的な状況から、一時的に抜け出すため、非合理的な行動に出てしまいます。

いじめは、度重なる要求満足の阻止によりうっ積した苛立つ緊張を、さらにその緊張を加重させる報復をしてくる恐れのない弱者を攻撃することにより、発散させようとする行動であるともみなせます。一方、嫌・怠学は、学校における要求満足阻止に対し、それを積極的に解決することは困難であるとみなし、前向きに対処する姿勢を捨て、そこから逃れて緊張を緩めようとする、不適応な反応であると言えましょう。

いじめや嫌・怠学の指導では、その根底にこのような心理的な力動が働いていることをよく理解し、子どもにそのような力動を生み出している原因を正しく捉え、それをできる限り除くよう努力することが大切です。

3 「いじめ」や「嫌・怠学」を生む原因

いじめと嫌・怠学とは表面的な症状は違いますが、昨今のこれらの行動には、相互に関連し合い、基本的には共通する原因が働いている面があるものと思われます。校内暴力の沈静化と逆に、いじめや嫌・怠学の発生が増えていると思われる傾向が見られることからも、このように推察されるのです。もちろん、いじめと嫌・怠学それぞれに独自の原因もあるでしょうが、ここでは、この共通に働いていると考えられる原因を、中学生特有の心理的な状態や、今日的な生活の状況と関連づけて取り上げてみます。

中学時代は、自分は何であるか、社会の中でどのような位置を占めているかについてのはっきりした意識——自我同一性と言います——を持つことができず、心理的な混乱に襲われる時期とも言われます。大人からの心の独立を求めながら、大人への依存から抜け切れず、自分が他人によく見られているか、他人の期待に沿っているかについて悩む、自意識が過剰に傾く中学生像があります。そこで、子どもは、自我同一性の混乱を防ぐために、自分と異質なものに対し、残酷なまでに排他的な態度を取ったり、徒党を組み同じ行動に出ようとします。時には、このような混乱からの逃避を試みます。

また、中学時代に入りますと、以前に増して生活経験がいろいろと増す一方、子どもの自己主張と、その未熟なところを危惧して行う大人の抑制とが衝突する機会も増えます。このような生活状況が急激に変化する中で、子どもが要求の満足を阻まれ、強い情緒的な緊張を体験することも少なくありません。しかし、その緊張を合理的に解消する方法に十分成熟していません。したがって、年齢的にも不適応になりやすい状態にあります。このような、いわば発達的に問題行動が起こりやすい状態が、昨今の中学生を取り巻く現代的な生活状況や、彼らの今日的な特性と結び付く時に、いじめや嫌・怠学などが発生するものと思われます。

時代の考えや社会の動きは、親の養育態度や教師の指導姿勢に影響し、家庭や学校の教育に反映してきます。物質文明の急速な発展や消費経済の高度な成長は、心を忘れ、物で満たす、厳しさを欠く生活をもたらしています。このような日常性が、家庭におけるしつけの抑制機能(子どもにしたいままにさせないしつけの働き)の無意識的な緩みを生み、子どもの豊かな情緒や適切な自制力の発達を遅れがちにしています。小家族化は家事の便利化とあいまって、母親に時間的な余裕を与え、養育態度を濃密な過保護や過干渉に偏向させ、その結果、子どもの要求不満耐性の成長が妨げられています。きょうだいが少なくなることにより、その間柄で、思いやりや助け合いを学ぶ機会が奪われ、核家族化は、年老いた弱い人を労る心が育つ経験を失わせたとも言えます。

学歴偏重は、その非を指摘されても否定されがたい現代の社会的な風潮であり、乱塾時代とも言われますように、間近に高校進学を控えている子どもを、過教育や過競争に追い立てる深刻な受験体制を生み出し、子どもは遊ぶ時間を大幅に奪われています。そのため、年齢にふさわしい遊びらしい遊びを知らず、ストレスを遊びで適度に解消できない、対人関係に未熟で、自己中心的な傾向をかなり残している子どもが生まれてきています。

学歴重視の風潮は、親や教師に知育偏重の価値観をもって迫ってきますから、ともすれば、教師をも受験教育に駆り立て、高校進学率を誇る学校も少なくありません。本来、知育に傾きやすい学校教育の中で、子どもの個性の伸長を重視する真の個人差(単なる能力差ではありません)に応じた指導は色褪せ、知的学習から脱落し、学習意欲を失い、強い要求不満に絶えず悩まされ、その解消を求める子どもが多くなっています。これが、現実の姿です。

このような今日的な状況を考えますと、現代の中学生像の一端は明らかです。例えば、要求の満足が阻まれる事態に直面しますと、年齢相応の情緒的な成熟が不十分なため、生の感情むき出しで、直接的、短絡的な反応に出やすく、要求不満耐性が弱いので、すぐ攻撃的な行動に訴えるか、退却をすることになるのです。他人の心を思いやる感情や、他者の立場に視点を移して考える力が不足気味ですから、他人の心の痛みがよく分かりません。意欲が十分に培われていませんから、困難を克服しようと努力しません。要するに、現代の中学生たちには、一般に、過保護の甘い雰囲気に漬かり、個性が軽視されがちな過教育の渦に巻き込まれ、自制する心、思いやる気持ち、耐える力、意欲を燃やす情熱を、年齢にふさわしく育んできていない面があるように思われるのです。中学生のこのような今日的特性が、先に述べました問題行動が発生しやすい状態に結び付けば、当然の結果として、いじめや嫌・怠学が生じても致し方ないのです。

4 教師に求められる基本的な姿勢

いじめや嫌・怠学は、学校教育の本質的な目標を根底から否定する問題行動です。人間の尊厳を強調し、個性の伸長を目指す教育のお膝元で、このような問題行動が多発する気配が感じられるのは何とも皮肉です。教師は日常の教育の営みにおいて、自己の基本姿勢を謙虚に問い直し、指導の在り方を積極的に改善するよう心掛けるべきです。

教師は、既に指摘しておきましたように、中学時代の子どもたちが、年齢的に特有な問題行動が生じやすい状態にあるという発達的な見方を欠いてはなりません。同時に、問題行動が生ずる時における、子どもの心理的な力動を正しく理解すると共に、子どもの生活状況には、問題行動を誘発しやすい、物質的な満足と受験戦争に代表される時代的な背景があることを忘れてはなりません。教師は、価値の実現を目指す営みに専念しているだけに、いじめや嫌・怠学に対する指導で、これらの不適応な行動の現象的な(外に現れた)問題性を、善し悪しという価値的な観点から過剰に意識しやすいものです。したがって、いじめや嫌・怠学の表面的な症状が無くなることが重視されやすいのです。無論、この指導姿勢は誤りではありませんが、問題行動が潜めば、あるいは目に付かなければ安堵するにとどまる指導では不十分なのです。そのような不適応反応に出なければならない子どもの心の内にある原因を捉え、除く努力が重要です。

そのためには、学校生活の日常で、個々の子どもと温かい人格的な関わりができるよう心掛けたいものです。例えば、教師がよい聞き手となり、個人面接を、定期(一定の期間を取り全校一斉に行う)、五分間(毎朝一人五分間)、昼食時(昼食を共に)、休み時間(毎日休み時間を利用)などの形できめ細かく行い、日頃からそれぞれの子どもの内面を、自発的に示す言動から、温かく、正しく理解するように努めるわけです。このような面接を通して、学級集団の力動(子どもの間の人間関係)の様子も捉えることができるでしょう。

困った時の相談相手として、教師を選ぶ子どもが少ない現実を、教師はどう受け止め、その改善にどう努力しているのでしょうか。子どもが教師に壁を感じている事実を、不注意にも見過ごしてはいないでしょうか。教師然とした、指示的な、高圧的な、評価的な態度を垣間見せる教師に、子どもは自分を語ろうとはしません。子どもとの人格的な関わりにおいては、両者とも同じ人間であるから理解し合えるのだと言う前提に立ち、子どもの心の悩みを思いやる構えが大切です。それは、子どもが心の安定感や能力感を取り戻す上で欠かすことのできない教師の姿勢です。

子どもにとって、本来、学校は思うに任せ、気楽に振る舞える楽園ではありません。子どもは学校生活において、程度は様々であれ、要求の満足を阻まれる体験をしています。そのような体験自体は子どもの人格的な成長に必要ですが、この要求不満の状態が適切に解消されずに強まれば、子どもはいじめや嫌・怠学などの問題行動に走ることにもなるのです。

したがって、教師は、子どもが不要で有害な要求不満に悩んでいないかどうかを、早い時期に的確に判断することを求められます(特定のことに熱中し過ぎる、仕事に着手することをちゅうちょし、諦め、延ばす、仕事を続けることを嫌う、他人の言葉に過敏になる、無意味な動作や不快な感情を示すなどは、要求不満の兆候だと言われます)。阻まれている要求が何であるかを気づかせ、子どもを画一的に見ることはせず、子ども独自の能力や特性を生かせる解決の仕方を助言すべきでしょう。

いじめや嫌・怠学を起こしている子どもに対しては、そのような行為は反省され、否定されなければならないものである点について、もちろん厳しく認識を促す必要があります。しかし、一方的な批判、詰問、詮索などに駆られてはなりません。いじめや嫌・怠学という問題性のある一種の安全弁で、自己の悩みの解決を図らなければならなかった子どもの心情にも、温かい理解を示すことのできる、人格の寛容さ、柔軟さも、教師は備えていなければなりません。

教師にこのような姿勢があれば、いじめや嫌・怠学のような問題の解決について学級で話し合わせても、子どもの間に、思いやり、助け合おうとする連帯意識が生まれてくるものです。

新聞の投書欄に寄せられた、次の中学三年生の声は、いじめや嫌・怠学などに表れている教育問題の核心の一部を突いています。「先生が途方に暮れているんですって/さぼって怠けているだけじゃありませんか/ちっとも愛なんてないじゃありませんか/見せ掛けの愛で子どもが人間的に成長しますか/愛をもって教育していない先生は学校を去って下さい」

もちろん、学校教育の現場では、教師の血のにじむ努力が重ねられているでしょう。しかし、子どもがこのように受け止める面があるとすれば、教師は猛省しなければなりません。今、教師に求められているものは、子どもの健全な成長を願い、子どもの心を真に思いやる、無私にして子どもを愛する心ではないでしょうか。指導の方法や技術も大切でしょうが、それは二の次の問題です。

（『中学教育』第30巻　第1号、小学館、１９８５・4　pp.３０～３５）

第15章

高校生活で目指したいもの

意義ある人生のひと時として高校生活を送るためには、
何を目指したらよいでしょうか。そのことについて考えてみます。

1 はじめに

皆さんは、この新聞が手に届く頃には、恐らく休みを迎えていることでしょう。高校生活で、一年生にとっては最初の冬休みであり、二年生には二度目の、三年生には最後の冬休みとなり、学年の特有さを体験しているものと思います。今年一年の終わりも近く、新しい年がすぐそばまで来ています。

そんな節目に当たる時、これまでの自己の生活の仕方を省み、これからの生活に臨もうとする気持ちが自ら湧いてくるものです。われわれは、ともすれば日常性に流されがちな「生活していること」について、問い直す機会を得ることになります。

高校生として、「今、生きている」ということは、皆さんにどんな意義を持っていますか。皆さんは、「何を求め、何のために」高校生活を送っているのでしょうか。この極めて平凡ではありますが大切な問題について、ごく自然に考えてみましょう。

2 愛他の心を育む

人間は社会的な動物と言われています。「他者との関係」を欠くことのできない存在です。そして、その関係とは、相互に尊重し合うものでなければなりません。この人間らしさの基本となる相互尊重の精神は、愛他の心に根ざすものです。したがって、相手の心を思いやる自分中心でない愛、他者の喜びや悲しみに共感できる広い心を培っていくことは、人間として生きる上で極めて重要ですが、それはまた達成困難な課題とも言えましょう。他者のために自己を犠牲にすることが、なかなか容易でないことからも、それは分かります。

皆さんが、小学校、中学校、さらに高等学校まで進んできた目的として、将来の生活で役に立つ知識や技術の習得が挙げられます。しかし、それだけにとどまるようであってはなりません。愛他の心を欠く知識や技術が、これまでに人間にどれだけ不幸を与えてきたか考えてみて下さい。戦争はその典型的な例です。

そこで、学校生活が集団の場で営まれる意義の重要性を、改めてはっきりと認識して欲しいと思います。この集団生活の中で、相互理解、相互尊重の人間関係の在り方を学ぶ目的があるのです。最近は沈静化しているようですが、いわゆる校内暴力の問題などは、発生する場が、愛他の心が大切にされ、身に付けられる機会を生むはずの学校であるだけに、とても気になることと思います。

学校生活には他者との競争の経験もあります。しかし、それに振り回されれば、他者を排除して自己が他者より一歩でも前に出ることに溺れる結果となります。競争の相手を己に据えれば、正しい自己の成長が望めます。愛他の心が育まれる機会は失われないでしょう。他者に比べて自己の力量の優劣に一喜一憂する生活に落ち込みたくないものです。学校生活では、もちろん教科の学習に時間的な重みが掛けられていますす。それが、他者を追い落とし、自己が勝てばよい場とならないよう、大いに気を付けたいものです。

他者の気持ちを思いやる愛他の心は、自己中心の視点に立っている限り育まれません。他者の立場に立ってものごとを見つめ直すように心掛けることが大事です。それは、他者の気持ちを尊重することになります。皆さんは、多感な時期にあり、心の感受性も鋭敏です。他者の気持ちに心から耳を傾けて聴くように努めれば、愛他の心はしっかりと育っていきます。「今、生きている」こと自体が内在させている人間としての大切な課題を達成していく着実な歩みになります。心のふれ合う、通い合う人間関係を作り上げていくことを、高校生活における一つの目標として明確に位置づけて下さい。

3 克己する力を培う

皆さんには耳痛く聞えるかもしれませんが、最近の若い人は、困難に挑戦する気力に欠け、自己抑制力が弱く、自己責任感が乏しい等々と言われることがあります。要するに、現実に健全に対処し、自己実現を遂げていこうとする強い自我が、残念ながらよく育っていないというわけです。これらの指摘については、自問してみて下さい。どう思いますか。

例えば、大学進学で受験校を決める場合、進みたい大学というよりも入れそうな大学を選ぼう(しかも、数校も)とする気持ちに傾きやすいのではありませんか。それは受験者の心理だと言われれば理解できなくはありませんが、失敗と言う無駄?はしまい、合格さえできればよいとする、安易な効率性を求める、若さにかける消極的な気持ちを、そこに垣間見る思いがするのです。学問したい大学を目指し、それが難関であろうとも、自己の力を振り絞って挑戦し、克服しようとする気力をたぎらせる情熱を燃やして欲しいのです。

それは、たとえ苦闘であろうとも、快・楽を求める弱い己に打ち克ち、自己実現を続ける、人間陶治の王道となるのです。

ところで、皆さんの日常の生活の仕方の一面を考えてみて下さい。「したいことはする」「したくないことはしない」と、ある意味では素直なありのままの自己主張が当然のごとくなされていることが多いのではありませんか。しかし、この自己主張は間違いでなくとも、不十分であり、時には他者を考えに入れない身勝手さに陥る危険性を潜ませています。

人間として社会生活を営む上で、「したくても、してはいけないことはしない」「したくなくても、しなければならないことはする」行動規範は欠かすことのできないものです。このように行動規範を尊重することを責任として果たす行為は、他者に迷惑を及ぼすと言う悪しき己に勝つ努力とみなせます。「したい、したくない」という生の衝動に打ち負かされない、正しい自己制御の心の機制を、自ら強め高めるよう培っていくならば、それは、望ましく「今を生きる」ことであり、そこには、自己の成長が期待されましょう。

効率、便利優先の生活は、満足を強く求める生の要求に押し切られ、あるいはその満足ができないと挫折しやすい、心の脆弱な人間を生み出します。要求の満足が妨げられる状況になっても、それに合理的に耐え、それを克服していく力を、自ら求め育みたいものです。それには、高校生活の中でも己の思い通りにならない機会をも求め、自己を厳しく鍛えることです。

4 創造の意欲を高める

学校生活では、知的な学習が時間の多くを占めていますが、ここで皆さんに少し考えてみて貰いたいことがあります。その知的な学習は、他者よりよい成績を上げるため、テキストの内容を要領よく頭の中に入れていくことなのでしょうか。最近の参考書には、いろいろ工夫を凝らし、カラフルに要点をまとめ出したものもあります。以前に比べ、知識は一方的に習得させられやすくなっています。

しかし、このような書物に頼る生活に、当然の如く慣らされていくことは、何を意味するでしょう。学習の内容について、大切な要点を自ら発見する、あるいは習得の仕方を自ら工夫する機会を失うことになりはしませんか。それでは、他者が用意してくれた知識のレディメイド・パッケージを気軽く買うに近いことになってしまいませんか。

パッケージ食品の料理は、画一化され、家庭独自の味は作り出せません。同様に、手引き書の便利さに流されては、学習に独自の味付けができません。

学習の本質は、対象に自ら積極的に関わり、学び取るところにあると思います。自ら創意を生かして対象を調理するところに、たとえそれに手間どっても、「分かる、学ぶ」楽しさや喜びの実感が生まれるのです。そして、このような心にしみる実感が、更に新しいことを学ぼうとする動機を高め、創り出そうとする意欲を培う力として働くのです。

皆さんは、仮に「キャンディーを三個食べたら何個残っているか」と問われたら、どう答えますか。恐らく、大半の人は、「答えられない」「分からない」等々と答えるでしょう。見掛けはたわいない算数の問題のようですが、実は、ここには、創造の意欲を育む上で、重要な意味があるのです。この問題に答えられないと思うのは、暗黙のうちに前提がないとしているためです。

唯一つの答えを得ようとする柔軟性を欠く考え方を変えてみましょう。始めにあったキャンディーの数を種々想定してみれば、つまり、前提をいろいろ挙げてみれば、答えはいくつでも出て来るものです。

このような発想の転換は、正に創造の意欲の基盤となるのです。知らぬ間に使い慣らされてきた発展性の弱い考え方に強く支配されている限り、創造する営みは期待し難いでしょう。それ故、創造の意欲を培い、発揮することを妨げる型にはまった考え方を身に付けてきてしまっている？現実を大いに反省する必要があるようです。

創造の意欲は、新しいものを生み出す原動力となります。人間の知的な活動を、われわれの幸せのために発展させるには、愛他の心に支えられた、自ら創り出そうとする意欲が必要です。例えば、高校生活における知的な学習の場でも、出来合いの便利な知的材料に頼り過ぎることのないように心掛けましょう。

自らいろいろ発想を試み、学習に取り組む姿勢を大切にしましょう。創造の意欲は、人間の生活に生き生きした新しさを与えます。

5 おわりに

高校生である皆さんが「今、生きている」ことの意義について考えてきました。そして、その意義は、皆さんが高校生活を送る中で、人間として望まれる人格を育み、磨きをかけていくことだということは、分かってもらえたと思います。

進学や就職のために教科を学ぶことも必要ですが、その過程で、皆さんが自分の人格を陶治していくことが大切であることを忘れないで下さい。

皆さんは、これからさらに成長していく大きな可能性を秘めている存在であり、「今、生きている」生活で、自己実現していく重要な課題を持っているのです。自分の自己実現は他者の自己実現と調和するものでなければなりません。そのような自己実現をしていくために、愛他の心、克己する力、創造の意欲を自ら培うよう努めて欲しいのです。

（『高校生活冬号』大阪府立高等学校、１９９２・１　p.1）

第16章

子育ち教室

幼少期の「子育ち」と「子育て」の大切さをよく考えてみたいと思います。

1 ラブ・ユー・フォーエバー

子どもが「大きくなる」ことの意味を、一度問い返してみるのは、とても重要なことです。

子育ちを助けることは、ずっと大人（特に親）の大事な務めでした。今でも変わりませんが、最近とみに子育ちの大切さが口にされます。なぜでしょうか。そこで、今一度、子育ちということについて考えてみたいと思います。

子育ちという言葉は、子育てと同じように日頃よく使われていますから、それで分かり切ったことだと思いがちですが、それでよいのでしょうか。

実は、「子育ち」とは、いざ問い直してみますと、案外分かっていないところがあるようです。親から貰ったかけがえのない自分の命を心から大切にして大きくなること、それが子育ちですが、この「大きくなる」の意味するところが非常に大事なのです。子どもが世の中で他の人々と共に生きていくことができるような、心や行いを身に付けていくことが大きくなることだと言えます。それは、子どもが、自分の持ち味を互いに生かし合うようになっていくことだとも考えられます。このような心や行いの基礎作りは、子どもの生後、二、三年の間に進みます。正に、三つ子の魂百までなのです。

幼い子どもは、大きくなることの可能性をとても多く潜めていますが、いかにも頼りなく見えます。親に頼らなければなりませんし、それだけに親から受ける影響はとても大きいのです。特に、幼少期の子どもは親次第と言ってもよい状態にあります。そこで、幼子にはまず親の心とふれ合うきずなが必要です。それは、「子育ちのこころ」とも言うことができます。この子育ちのこころに温かく応ずる親の心は「子育てのこころ」です。親子ならそのような心は必ずあるのです。

ある絵本に、生まれたわが子をしっかり抱きしめ、「アイ・ラブ・ユーいつまでも。アイ・ラブ・ユーどんなときも」と、優しく歌いかける母親の姿が描かれていました。わが子を心からいとおしむ母親の歌いかけにあふれている温かさ、それが子育てのこころです。子育ちは、まずこの心から始まります。かけがえのない命を分け与えたわが子を、心からしっかり温かく抱きしめる母親の真の愛情に包まれてこそ、子どもは、心身共に健やかに育っていくのです。

（『広報かしわら　9月号』柏原市役所、２００２・９　p.２６）

2 三つ子の魂百まで

「三つ子の魂百まで」の言葉の意味の大切さを改めて、しっかり理解したいものです。

子どもには、大人の目から見れば子どもだからこそ気になるところがあります。それにしても、今の子どもたちの姿には「自分中心」「すぐ飽きる」「キレやすい」など、子育ちの問題が口にされても仕方のない様子が垣間見られることも少なくありません。

このような子育ちの現実には、子育ての危機が見え隠れしています。大人が担う大切な役割の一つに、子育ちを支え援ける仕事がありますが、これがどうもうまく果たされていない面があるように思われるのです。

この子育ちの本質について、大人はどのように考えているのでしょうか。それは、子どもが毎日の生活を過ごす中で、「〇〇したい気持ち」を身の周りの社会が求めるところに合わせ、自分らしさを発揮して行くことにあります。「子どもが、自分の要求と社会の要求とをハーモニーさせて満たして行く態度や能力を備えた人になっていくこと」が子育ちの本来の姿なのです。

ところで、昔から「三つ子の魂百まで」と言われています。子育てが危機にある現在、大人(親)として、この言葉の持つ意味を改めて噛み締めてみることは、とても大切です。昔の人たちは、子育ちの核心を見事に捉えていたと思います。人格の土台作りの時期として、幼少期が極めて重要であることを的確に指摘しています。

実は、この「子育ちのもと」こそ、個人の社会における生きざまに大きく影響していくものなのです。幼少期の子育ちの大切さが強調されるのはそのためなのです。したがって、幼子が生きていく上で、最も重要な存在となる大人(親)の子どもに対する日々の関わり方は、子どもの将来の運命を左右しかねない働きを持っていると言えるのです。

子どもに対して、親であることは親になることより難しいようです。子どもが心身共に健全に育つことを促す子育ての営みには苦労はあります。しかし、子どもとの間に信じ頼れる心が通い合う関係が生まれてくれば、子育ての働きかけを、子どもは心にしみいるように受け入れます。そこには、子育ち、子育ての真の喜びがあります。この喜びは、しみじみと実感され、幸せが噛み締められます。

(『広報かしわら　11月号』柏原市役所、2002・11　p.19)

3 信じ頼れる関係——心のきずな

子どもは、身近な大人との間に信頼できる関係を作り出しながら、心のきずなを育んでいます。

心の豊かさが物の豊かさより大切だと思う人は百人中六十人台になるという報告があります。心の豊かさを求める人がこのように多いのは、心の貧しさが気になる最近の世の中の現実をよく映し出しています。

温かい心のきずなは、特に、幼子が生きていく上で欠かせません。このきずなこそ、実は心の豊かさの基になるものなのです。優しく心がふれ合うきずながあるところに安らぎに満ちた生活が生まれます。

この心のきずなは、幼い時期の子どもと身近にいる大人（親または養育者）の間で、次第に信頼が深まる心の通い合いの中から芽生えてきます。幼い子どもは、その幼さゆえに大人に頼らなければなりません。ですから、子どもが心から信じ頼れる関係を作ることのできる大人の存在がとても大事になります。

このような存在の役割を担う身近な大人が親なのです。我が子に命を与えた親であれば、この役割を果たす力は必ず備わっています。幼子が真に安心して自分を預けることのできる大人に恵まれれば、子どもは心から信じ頼る気持ちを自ら育んでいきます。

親を無心に見つめる、あどけないあの澄んだまなざしを思い浮べてみて下さい。その愛らしさを目にすれば、ぐっと抱き締め、頬ずりしたくなる気持ちに駆られるのが親の自然の心情でしょう。

子どものこのようなあどけない表情は、身近な人に愛着を求めている証しなのです。そのような時に、子どもを心を込めて優しく抱き上げてやるなどすれば、子どもは無上の喜びをつぶらな瞳に輝かせます。それは、親であることの幸せがしみじみと実感されるひと時です。子どもと親との間に、そのような気持ちが変わることなく交わされていくならば、子どもと親の相互信頼はしっかりと深まっていきます。

ところで、幼子は自分中心の世界に住んでいます。それが子どもの幼さです。しかし、そのままでは、社会の中で人生を送っていけません。そこで、子どもが思うままにしないようしつけが始まりますが、それは、子どもと親との間に温かい心のきずながで きていればスムーズに進みます。心から真に愛してくれる親の求めに応ずることは、子どもにとってとても嬉しいことなのです。

(『広報かしわら　1月号』柏原市役所、2003・1　p.28)

4 自分中心の世界――心の幼さ

子どもは、思い通りにならない経験をすることにより、自己中心的な世界から卒業していくのです。

子育ちでは、親にとって苛立ちや腹立たしさで心穏やかでなくなることが一度とならずあるものです。無論、わが子の育ちを願う親ならばこそなのですが。

言い出したら聞かない、わがままで気の向くまま、人のことなど構わない、大事なのは自分だけ、移り気で落ち着きがないなど、幼子は、親に手をやかせ、悩ませることも少なくありません。

実は、このような、まるで「自分中心の世界」に住んでいるように思われる「心の幼さ」こそ、幼子の特徴そのものなのです。幼子には、もともと大人が持て余すところがあるのです。しかし、この幼さがそのまま残っていては、当然ですが社会の中で生きていくことが難しくなります。

そこで、子育ちでは、しつけがとても大切になるのです。それは、子どもが思うままにならない経験をするように促される、幼子に対する親の働きかけであるからです。

ところで、「○○したい気持ち」である要求を満たしていくのが、私たちの毎日の生活の大半です。幼子は、この自分の要求を満たす場合、他の人のその気持ちを考えに入れることがよくできません。ですから、気の向くままとなってしまうのです。子どもが幼い時期ほど、力無さ、頼り無さゆえに、親は子どもの要求を満たしてやることによく気を掛けているのが普通のようです。幼子にとってみれば、自分の思い通りになることが割りと多い経験になります。

子育ちでは、子どもが自分の思いを満たすことは大事です。しかし、子どもが大きくなるにつれ、その思いがそのまま満たせない経験を少しずつしていくことも必要なのです。このような経験を要求不満と言います。

そして、この経験をすることで、子どもは自分の思い通りにはならない世界のあることに気づくようになります。自分とは思いの違う人が身の周りにいることも分かり始めます。そして、思い通りにならないことを我慢し、それに耐える力を次第に身に付けていくのです。幼子に思い通りにさせないことは、親の本当の優しさです。幼子が耐えるという大切な力を自ら育むことになるのですから。

（『広報かしわら　3月号』柏原市役所、2003・3　p.24）

5 「我慢すること」──耐える力

耐える力を子どもが自ら培うのを促すために、大人としての子どもへの関わり方をよく考えてみたいものです。

よく「ままならないのが世の中」と言います。しかし、最近の世の中の様子を考えてみますと、ある意味ではどうも「ままなる世の中」と思われる面があるようです。日常の生活では、欲しいものは、身近な店に行けばすぐ手に入ります。少なくとも、物については文字通りままなりやすい便利な社会の中で、幼子たちも生きていることを忘れてはならないと思います。

ところで、便利さ一杯の生活にどっぷり浸りきっていてよいものでしょうか。実は、ままなる生活に慣れること自体は、幼子に対して、必要でない、特に害になるまでにままならない経験をさせることを惹き起こすのです。

子どもが、思い通りになりやすい生活を余り続けている限り、我慢するという生きる上で大切な力は身に付きません。そのため、子どもは何事も思う通りにならないと感じやすくなり、ものごとに簡単に苛立つようになってしまいます。

子どもが生きていく社会には、いろいろな人がさまざまな気持ちを抱いて生活していますから、人が自分の思いのまま生きていこうとしますと、傍迷惑なこともしばしば起こり、時には世の中が大変なことになるのは、目に見えています。このようなわけで、大人はもちろんのこと、幼子もままなる生活に日々甘えているわけにはいきません。

したがって、欲しいものがすぐ手に入らないこと、したいことがすぐできないこと、言い換えれば、要求が直ちに満たされず、一定の時間が経ってから満たされる経験が、子どもにとって大切になります。我慢することなしの生活などないのですから。もちろん、そのような我慢ができた時には、子どもを心を込めて褒めてやります。

最近の子育ちの実際は、子どもがこの我慢する経験をあまりしなくてもよい状況に少し傾いてはいないでしょうか。子ども達の現実の姿を見ると、その耐える力の育ちのひ弱さが感じられます。

この耐える力は、子どもが我慢する経験を年齢相応に重ねる中で培われてきますが、大人(親)がモデルとなることも重要です。大人が、現在の社会の動向に押し流され、安易に楽を求めることがあってはなりません。大人が我慢する経験を大事にし、身をもって示すことが大切です。そして、子どもと大人との間に心が温かくふれ合う関係ができている時ほど、子どもは大人のモデルをよくまね、学ぼうとします。

(『広報かしわら　5月号』柏原市役所、２００３・５　p.３５)

6 「大人がモデルに」――まねる、学ぶ

子どもは、まず、身近な大人をモデルとして生きる力を学び取っていきます。

生まれて間もない子どもを見ますと、親ならばこそわが子が生まれた喜びをしみじみと実感します。乳房を吸い懸命に乳を飲む姿に見られるわが子の生きる力に、感動すら覚えることもしばしばです。

しかし、そのように生きることに逞しい子どもでも、一人で歩くことができるようになるには、普通一年と二、三ヶ月はかかります。いかにも頼りない子どもでもあるわけです。それだけに、親としてもわが子をいとおしく思う気持ちが一層募るのですが。

このように、子どもはとても未熟な状態で生まれてきています。ですから、子育てはもともと手間がかかるのです。しかし、人間の子どものこの特徴には、子育ての上でとても大事なことが含まれています。また、であるからこそ、そこには子育ての大きなやりがいが潜んでいます。

実は、生まれてから後に、身の周りから物心いろいろな影響を受け、成長していくことができる力を最も多く備えている者は、人間の子どもの外にはいません。そして、あれこれの経験を重ねながら大きくなっていくことができるということは、経験から学ぶ力に大変恵まれていることを意味します。

このようなわけで、幼子がよく育つにはとても重要な条件があるのです。それは、幼子が生活の大半を過ごすと思われる家庭で、親と関わる経験の中味です。この経験

を日々繰り返す中で、子どもは大きくなるために必要なことを学んでいくからです。

子どもは、学ぶ力が高まってくると、自分から進んで学ぼうとします。そんな時には、することに興味が強く、しかも続き、進歩が見られます。つまり、成長するのです。幼子が大きくなる場合に、もう一つ大切なことがあります。身近で大事な人である「大人（多くは親）が、子どもがまねる、学ぶモデル（模範）となること」です。子どもは親を映す鏡だと言われるのは、そのような事情をよく物語っています。親が子どもの気持ちを心から思いやり、親子の間に温かい心の通い合いがあるなら、子どもは親をしっかりとモデルにします。子どもはそんな親が大好きだからです。

（『広報かしわら　7月号』柏原市役所、２００３・７　p.２７）

7 「心のふれ合い」——思いやる心

人を「思いやる心」や「思いやる行い」は、幼い時期に、子どもが身近な大人との心のふれ合いから芽生え、育っていくのです。

言うまでもなく、社会の中で生活するということは、人と関わり生きていくことを意味します。したがって、自分中心で他の人のことが考えられないようでは困ります。子どもが人としてよく生きていくには、人の気持ちを「思いやる心」の育ちがとても大切になります。この思いやる心は、日頃、人と温かい「心のふれ合い」を重ねる中で生まれ育ってくるものですが、幼子にはそのような心の芽生えは既にあります。

例えば、三歳ぐらいの子どもでも、童話の『泣いた赤鬼』の話を聞き、友だちのことを思いやる青鬼のやさしい心根が分かる赤鬼の気持ちを察し、涙を浮べるのです。幼子の、このような他の者の気持ちが理解できる、温かい心の芽生えを大切にしたいものです。

思いやる心の芽は、やがて葉を出し、枝を広げ、花を咲かせるように必ず成長していきます。そして、それは、子どもの人格のとても重要な部分となります。ところが、実は、最近の世の中では何となくこの思いやる心が薄れ、人の心のきずなが弱まってきている兆しがあります。それだけに、思いやる心の育ちを、幼い頃から、特に大事にしたいのです。

ところで、この思いやる心は、子どもにとり身近でとても重要な人(親などの養育者)との心のふれ合いから芽生えてきます。ぐっと込み上げてくる幼子をいとおしく思う気持ちを、わが子に惜しみなく注いでやりましょう。人の親なら自然にできることです。子どもは、その温かさを肌で感じ取り、そこに本当の心のふれ合いが生まれます。

思いやる心を行いに表すことも大事です。乗り物でお年寄りに席を譲るなどは、ごく日常的な思いやる行いです。大人は進んでそのような行いの見本となり、子どもに人を大切にすることを促しましょう。幼子でも、このような思いやる心を行いにする力を潜めて思っているのです。

よく考えてみますと、人を思いやる時には、そのわけを分かって自分の気持ちを抑えなければならないこともあります。先の、「席を譲る」などもその例です。人を思いやる行いをするには、自分の気持ちをそのまま満たさず、人のために自律することが必要なのです。

(『広報かしわら　9月号』柏原市役所、2003・9　p.11)

8 自分を叱る──自律の力

自分を叱る力が、人を思いやる心から芽生えてくることを、子育ちでは大事にしたいものです。

日々の生活では、思いのままにしていけないことがあります。たとえ幼子であってでもです。思いのままにしては、他の人に迷惑をかけることになることもあるからです。それでも幼子の場合、普通したいままになることが多いようです。幼子のあどけない顔を目にしますと、子どもが欲しがることをつい聴いてあげたくなるのが、大人(親)の自然な気持ちだと思います。

また、したいままにしようとする気持ちをそのまま表すのは、子どもの幼さの特徴そのものです。しかし、心がそのままで体だけが大きくなっていっては、子ども自身も困ります。社会の中で生活していくのに傍迷惑な人間になってしまうからです。

最近の小中学生で、幼子のこのような気持ちをしばしば垣間見せる子どもが少なくないのは気になります。

そこで、子育ちでは、この欲しいまま満たそうとする、したいままにしようとする気持ちを、子どもが自分から抑える経験をすることがとても大切になってきます。「おやつがもっと食べたくても我慢する」「テレビをいつまでも見ない」などです。

幼子がしたがるままに、大人がとにかく応じてあげれば、もちろん子どもは喜びます。毎日の生活で、ただそれ一方では、したいままにしようとする気持ちが、子どもの中にどんどん膨らんできます。幼子がしつけを受けるのは、こんな時こそ大事になるのです。

していけないことは、とてもしたくても、しないようになる力をものにすることは、幼子にとり大切な課題です。子どもにそれが分かるよう仕向けるには、叱ることも必要です。怒るのではありません。子どもの気持ちを心から察しながらたしなめます。

しかし、叱られなければしたいままにする子どもになってしまっては問題です。大人にあれこれ言われなくても、自分でものごとのできる子どもに育って欲しいものです。「自分を叱る」子どもに成長して行ってもらいたいものです。それは、子どもが「自律の力」を培っていくことでもあるのです。

この自律する力は、思いやりの心からも芽生えてきます。人のことを大切に思えばこそ、自分を律するからです。幼子であっても、年相応にしていけないことは、したくても自分からしないようにできます。子どもがそうできた時には、大人は心を込め、真に褒めてやりましょう。

（『広報かしわら　11月号』柏原市役所、２００３・11　p.9）

9 しつけを身に付ける――生活習慣

子どもが、基本的な生活習慣をものにしていくことで、生理的な安定や心理的な自律が進みます。

子どもは、社会の中で生きていくには、当然、社会が認める生活の仕方に従って生活することを求められます。幼少期は、この生活習慣の基礎を身に付ける上で重要な時期です。例えば、食事の時間になったら（食べたくなったら、時や所を構わず食べるのではありません）、自分で食事をするようになる（いつまでも甘えて食べさせてもらうのではありません）、いわゆる食事の自立があります。その他、睡眠、排便、着脱衣、清潔などの習慣の自立もその例です。

ところで、ここでよく理解しておきたい大切なことがあります。親など大人が、子どもにこのような生活習慣を身に付けるよう働きかけることを「しつける」と言っていますが、このしつけは、幼子が心や身体を培う上で非常に大きな役割を果たしているのです。

幼子は、したいことを、したいままにしようとする気持ちの固まりとも言えます。

しつけには、このしたいままの気持ちをそのまま許さない働きがあります。幼子が、この極めて強い気持ちを気の向くままに満たさないようになるところに、子どもが育つのに大きな意味があります。我慢し、他の人のことを思いやる心を芽生えさせ、育んでいくからです。お菓子を欲しくなっても、おやつの時間が来るまで待ってもらうなどの、ごく日常的な生活の中で、実は大切なしつけを、子どもは受けているのです。

親は、このようなしつけを通して、わが子にしたいままにしないことを求めます。それは、子どもが健やかに大きくなっていくためには欠かせません。子どもがしたいままにしていては、子どもの心や身体の育ちのバランスが崩れてしまいます。傍迷惑な人間になってしまいます。繰り返すことになりますが、社会の中では自分の思いのままの生活はできません。この事実は、子育ちでは子どもにとり、とても大事な経験になるのです。

子どもが育っていく上で、手間がかからなくなることを単に目指してしつけるのではありません。子どもが、年齢相応に、自分でできることは他の人のことも考えに入れて、自分でする力を身に付けて行くために、子どもはしつけを体験するのです。このしつけを介して、基本的な「生活習慣」をしっかり身に付けていくことでは、子どもが良く大きくなるように、心や身体の基礎を育てているわけです。

（『広報かしわら　1月号』柏原市役所、２００４・１　p.３１）

2

第二部　親

第1章

いま自己実現としての育児は可能か

人を育てるということは、人間の仕事の中でも大きな価値を持っています。
その意味で育児は自己実現のすばらしい道です。

1 幼少期の育児の大切さ

近年「現在の母親は、育児を通して自己実現を図ることが少なくなってきている」としばしば指摘されています。このような見方を生み出す現実があり、それが社会の動向として強まっていくとすれば、憂うべき問題になると思います。

次代を担う子どもを育て、その人格の健全な成長を助けるという、大人にとって責任のある極めて重要な仕事に、真の生きがいを求めようとする母親が、次第に少なくなってくることを意味しかねないからです。

特に、育児と言えば、それは幼少の時期にある子どもへの母性的な養育的関わりです。このような育児が、母と子の間の細やかな働き掛け合いの中で進められることの大切さは、これまでにもたびたび強調されているところです。理由はともあれ、育児に親としての喜びを見いだすことができない、あるいは、それを積極的に求めようとしない母親たちがいるとすれば、とても気になります。

生まれてきた子どもは、無力で頼りないものです。したがって、当然ながら保護し世話をする母性的な援助は欠かすことができませんし、生活していく上で安全なよりどころが必要です。

それは、母子の心のきずな、つまり、心がふれ合う根源的な人間関係から生まれます。子どもはそのような温かい愛情に包まれ、心の安定を得て、自立を目指して人生の第一歩を踏み出し、人格の基礎を作り始めます。幼少期の育児が重視される訳はここにあるのです。

2 いわゆる「自己実現」とは

このように、人生の早期における育児の営みは、子どもが人間としての生活をしっかり歩んでいくために非常に大切です。それにもかかわらず、この重要な仕事を担うことに消極的となる母親が増えてきているとしたら、なぜそのような状況が起きてきているのか、どうして育児に自己実現の意義を求めるのが難しいのかが、問題となります。しかし、そのあたりの理由を問う前に、自己実現とはどういうことかを考えてみる必要があるように思われます。個人にとっての自己実現の本当の意味は何かということに関する見方が、一度しかない人生における、例えば、育児という仕事の価値を位置づける上で大きく影響することになるからです。

自己実現とは、個人が「自己の人生において究極の目標を定め、その達成を目指し努力を続け生き抜いていくことであり、われわれ人間は、もともとこのような生き方を志向するものである」と言われています。そして、そのようなことは、人間が全てこの自己実現をする能力を内に潜ませているからこそできるのです。この可能性は、個人に人間として生きる力を与えるものです。それが実際に現実のものとなるには、つまり、個人が自己実現を遂げていく、さらに、言い換えれば、人間として生きがいを見つけて生きていくには、個人のかけがえのない「自由意志と勇気」が必要です。

自己実現とは、このように個人が人間として自ら目指す価値ある課題を、誰にも不当に抑圧されず、自身で懸命な努力を重ねつつ、ものにしていくことを意味しているのです。

ところで、個人が人間として生きていく、つまり、自己実現をしていくのに順に達成されるべきだとみなされている一般的な課題があります。それは発達課題とも言われています。

例えば、成人にとっては「子どもを育てる、家庭を管理する、職業に就く、社会的責任を達成する」、あるいは、「他者との親密な関係を作る、自分の生み出したものを育てる、若い世代や他者を教え導く」などの課題があります。個々の人が自己実現をしていく姿がさまざまであっても、これらの発達課題が、個人の目指す最も基本的な目標となることには変わりはありません。

このように考えますと、幼少の子どもを育てる育児という母性的な営みは、個人が人生において成し遂げていくことである発達課題の中に、はっきりした位置を占めているのです。既に述べましたように、発達課題は自己実現が向かう目標です。ですから、育児は個人が自己実現で目指す大切な目標の一つとなり得るのです。

人間が、自己の生命を絶やすことなく未来に脈々と伝え、社会を維持し発展させていく上で、育児は極めて重要な仕事であり、また、それに努めることは社会の一員としての個人に課せられている責任とも言えます。したがって、育児をするということ自体が、自己実現のための立派な道となるのです。

3 「育児」をどう捉えるか

時には苦しみにも耐え、自分が目指している目標(価値)を実際に実現していることを実感できるとき、人は心にしみ入るような生きがいを味合うものです。

このような体験は、その価値のいわば核となるところをしっかり捉えている時にできることです。育児が個人にとり一つの自己実現となるかどうかは、この育児という営みをどう捉えているかによるところが大きいと思います。育児の本当の価値がよく分かっていなければ、育児という母性的な行為から真の心の喜びが生まれないからです。

人間が行う自然な姿の育児とは、両性が親となり、生命を与えたわが子を、社会の一員として望ましく成長していくよう育てることです。特に、幼い子どもは、母性的な行為を親から引き出す能力を備えているものの、非常に未熟な状態にあり、養育の世話を受けなくては生きていけません。そのように、まだ自立ができない子どもの生命の営みを支援する役割は、本来、親が担うものであり、それがよく果たされなければ子どもの生命を脅かされることになります。

子どもは、このように、人生の早い時期には文字通り無力な存在ですから、生きていくためには、身近な大人である親、特に、母親に依存しなければなりません。その際、無力で頼りないことですから、心から安心して自分を相手に預けてもよいと思う信頼感が生まれることが必要です。また、幼い子どもには、自分の要求を自ら抑制する力、つまり自律性、さらに、ものごとを自分で決め、自分から進んでする力である自発性などを徐々に身に付け、自立して生きる道への歩みを始めなければなりません。そして、この自ら生きる力は、他者を大切に生かす力と共に育まれていかなければなりません。

人生の早期に、主に家庭で親が行う基本的な生活習慣についてのしつけは、子どもにこのような力を育むことを目指しているのです。この自他を生かす力、言い換えれば、他者のことを考えて自己を発揮できる力は、「自己力」とも言われるもので、人格で中核をなしています。このことは、早期のしつけは、人格形成のいわば基礎工事を担当していることを示しているのです。

育児は、幼い子どもに栄養を与え育てる営みであると同時に、親と子の心がふれ合う関係を大事にしながら、しつけを通して、子どもの自立に向けての成長を助ける仕事なのです。

　育児は、言うまでもなく、子どもの人格形成を助ける上で非常に大切な意味を持っているのです。家庭でこの育児の仕事を主として担っているのは通常は母親でしょう。近年、父親も育児に加わるようになっては来ていますが、母親による育児は、授乳という母性的な行為一つを取り上げてみても、子どもの心や体の成長に大きな影響を与えています。自分の身体に宿し、出産の苦労に耐えてわが子を生んだという気持ちは、母子間に強い心のきずなを作り出します。子どもの成長に欠かすことのできない母性的な行為は、母親の主な役割となるのです。

4　何が育児による自己実現を難しくするのか

　育児は、人を育てるという人生でも最も大切な価値を備えている仕事の基礎となる営みです。このような考えをはっきり持つことができるならば、個人は、育児に喜びと生きがいを感じ、そこに自己実現の道を歩み始めるでしょう。しかし、いくつかの自己実現の道を前にし、育児を第一に考えようとしない親がいることも確かです。では、育児に自己実現を求めることに消極的と思われる人もいるのはなぜでしょうか。

　一般的に、個人が自己の可能性の全ての面を、同じ程度に生かし生活していくことは難しいものです。そこで、可能性のどの面を優先し、生かしていくかを選ばなければなりません。自己実現の道はいくつかありますが、それらを全てたどることはなかなか難しいことです。したがって、いずれに進むかを選び決めることが求められます。

ところが、近年価値観の多様化が進んでいる社会の状況があります。男女共同の社会を実現しようとする現実に映し出されているように、特に、女性にとっては、これまでに増して追求できる価値が多くなり、自己実現の範囲が広がってきています。育児の他に自己実現を求めていく可能性が大きくなってきているのです。このような状況の中にあって、女性が職業人として積極的に社会的な進出をしようとすれば、直接に、十分に、優先して育児に関わることにより、自己実現を図ることは難しくなります。育児と家庭外の仕事への就業を同時に両立させることは容易でないからです。

育児に欠くことができない母性性は、出産、授乳などの女性独自の資質に加え、親から受けた養育経験、社会が期待している性役割などにより生まれてくるものですが、この母性性の育ちがひ弱になっている現実もあります。

核家族化には、この傾向が強まることに拍車を掛ける可能性があります。母となる女性が親から育児の在り方を具体的に学ぶ機会が失われやすいからです。この母性性が女性によく育っていなければ、育児に対する関心も強まりません。育児は難しいものとされ、時には敬遠されることにもなります。

育児は、個性を備えた、いろいろな世話を必要とする幼い子どもを対象としています。かなりの苦労を伴いますが、それを解決していく時間が経過する中で、喜びが実感される仕事になります。産みの苦しみに加え育ての悩みもあります。したがって、そのような苦労に耐える力が不足している女性は、育児に自己実現を求め難くなるでしょう。

現在は、情報が日々発展をやまない時代です。育児に関する情報もその例外ではありません。育児マニュアルはあふれており、子育てについて頼る情報は多くあります。しかし、そこにはマニュアル母を生み出す恐れがあります。マニュアルに示されている情報はあくまでも標準的なものです。それをわが子の育児に使用し、たとえそぐわない場合が生じてもふしぎでないのです。ところが、そのために育児不安に陥り、時には、子どもを虐待するまでに及ぶ場合もあるのです。それでは、育児による自己実現どころではない深刻な問題となります。

5 育児を通して自己実現はできるか

育児を難しくするこのような状況は、その全てではありません。そのために、ある意味で、育児により自己実現が現実にできるかできないかが問われることになりますが、その答えは「育児を通して自己実現はできる」であります。

人との相互の関わりを重視する心が、女性の人格の中枢に座を占めており、他者を思いやる気持ちが、男性のそれをしのぐ事実は、一般によく指摘されるところです。このいわゆる関係性と共に感性という特性は女性性の本質です。それはまた、母性性の基盤となるものであり、育児に欠かすことはできません。

したがって、女性が男性とは異なる自己の本質をしっかり捉え、それを人生で発揮していくことに意義を見つけるならば、人を育てる上での基礎的な営みとなる育児に取り組むことは、心からの生きがいが感じられる自己実現を遂げていくことになるのです。そして、それは、自己満足にとどまらず、社会に対し大きな貢献となります。

人生で最初に子どもの世話をする役割が、母性性から発した養育の行いとして、女性により果たされていくことは、子どもの人格形成の出発に際して、非常に重要な意味を持っています。母親が子どもと心身のきめ細かくふれ合う関係を生み出していく中で、子どもは独り立ちがまだできないために抱いている強い共生欲求を満たし、子どもの心には人に対する安定した信頼感が育まれていくのです。

この愛着の心情は母親にも生まれ、母子の間に心のきずなが作られます。この心のきずなが生まれ、それがしっかりとしたものになっていくことこそ、現代の社会に生きるわれわれに必須なものとして求められているのです。重ねて述べますと、早期の母子関係で芽生える基本的な信頼感は、子どもが社会の一員として成長していく上で欠くことのできない精神的な基盤となるものです。育児の価値の重みを改めて正しく捉えなければならない訳は、ここにあるのです。

もちろん、女性が仕事に就き、職業人として生きていく自己実現の道もあります。母となった女性が自己の能力を家庭外の世界で発揮する場所が、育児のために狭められてはなりません。早期における子育てでは、母子の肌と肌の直接的な関わり合いが必要ですから、母親になった女性が、家庭の外に出て仕事に携わることには、育児を考えると時間的な面でも困難を伴います。

しかし、この問題については、母親による育児の重要性(子どもが見せる微笑のような愛着行動に対し、母親が頬ずりして返すような愛着反応をすることの大切さなど)が十分に理解された上で、保育施設で育児を補う配慮をすればよいでしょう。また、父親の育児への参加も期待できるでしょう。

育児の本質は、必ずしも子どもと関わる時間の量にあるのではありません。親が子の成長を願い、心を込めて子どもと関わる親子の関係の質にあるのです。その意味では、母である(母になるではない)ことと職業人であることは両立します。女性が育児に務めることと働きに出ることの二つの役割をうまく果たせるなら、そこに生まれる満足感は子どもの成長に対しプラスに働きます。

6 育児こそ自己実現の喜び

「育児を通して自己実現できるか」というテーマで、女性にとり、この自己実現が難しい状況もあることを問題として論を進めてきましたが、「育児を通して自己実現はできる」という結論を得ることになると思います。いや、それよりも、むしろ育児こそ女性が自己実現を遂げていく極めて大切な営みであると言えます。最近の子どもに見られるいろいろな気になる問題を考える時、育児の在り方を問い直し、女性が自己に潜ませている母性性を親として十分に発揮し、育児に最高の生きる喜びを見出すことの必要性が痛感されるのです。無論、子どもの人格形成を支え助けるためには、男性の父性性も重要であり、母性性と父性性は育児において車の両輪のようなものですが、この点について論ずることは別の機会に譲りたいと思います。

価値観が多様化し、男女共働を目指す社会にあって、女性が職業人として活躍することに価値を置く理由から、育児による自己実現は難しいと考えるとすれば、それは余りに単純であり軽率でしょう。われわれ大人には、親として次代を担う子どもを育成する責任があるのです。育児はその責任を果たす上で正に出発点となる仕事です。本来の育児は人を育てることであり、その目標を成し遂げようとする努力は、自己実現という名に冠するにふさわしい行為です。母であること、育児をすることの重要性を正しく認識し、育児を通しての自己実現を目指したいものです。

育児こそ人生で最高の喜びを生む自己実現の一つであることを重ねて強調したいと思います。

（『児童心理』第51巻　第13号、金子書房、１９９７・９　pp.１１～１７）

第２章

家庭における幼児期のしつけと体罰

人格の基礎作りに重要な幼児期のしつけのあり方について、
体罰の問題点を取り上げながら考えてみます。

1 幼児期のしつけの重要性

家庭は、子どもが初めて身を置く環境であり、生きるための基本的な要求を満たす生活の基地となります。また、社会の成員に欠かすことのできない行動様式の基礎―いわゆる基本的生活習慣―を学ぶ最初の学校とも言われています。子どもは、この家庭環境の中で、親への全面的な依存から徐々に脱しつつ、自立を目指す、人生の第一歩を踏み出すのです。人生初期の家庭生活において、自己の要求を社会の要求と調和させ充足させる力の基盤を作り上げていくことになります。子どもの人格形成にとり、乳幼児期が重要な時期である理由はここにあるのです。

子どもが大人に成長していく上で、自己の内から発する動機づけによって経験を重ね、要求やその満たし方を学ぶ側面は、もちろん重視されなければなりませんが、そのような経験のための適切な機会を準備し、子どもに与えることは、要求の充足のいわば水路化を始めたばかりの子どもを育てる親にとり、非常に大切な役割となります。親がこの役割を果たしていくことが、ほかならぬ正しいしつけであり、それは、子どもに人格の土台作りを促す教育的な働きです。

人格形成が進む過程において、子どもの自発的なイニシアチブを尊重する態度を見失ってはなりません。しかし、全般的に未熟であり、それゆえに、親への依存度が強い幼児に対するしつけの教育作用が、他の時期の子どもに対するそれと比べ、極めて大きい事実は否定できません。力弱い存在である幼児には、親の制御の機能が強力に影響しやすいのです。

子どもは、自ら成長を目指す力の多くを可能性として潜在させています。幼児期はこの潜在的な可能性の発現が急激に進み得る時期です。そこで、この可能性が正しく発現するように促す働き掛けが必要となります。子どもが生きるための基本的な要求の適切な充足ができるように促してやらなければなりません。それが、幼児期におけるしつけの主要な部分を占めているのです。

2 幼児のしつけの難しさ

子どもを教育する本来の目標は、子どもが自己実現を図る過程で、的確に自らものごとを決めること(自己決定)ができる力を身に付け、社会に有用な人間に成長していくよう助成することにあります。幼児期の家庭教育も、この目標に沿い進めなければばなりません。

この時期の家庭教育は、基本的な生活習慣の形成を促すしつけを中心に展開されており、このような初期のしつけでは、食事、排泄、睡眠、着脱衣、清潔などの、日常的な生活習慣において、自立する力をものにすることを子どもに求めますが、そこには、自律性や規範性が養われていくことが期待されています。

幼児期のしつけのウエイトは、子どもに、自律性と規範性の基盤をしっかり根付かせることになるものと考えてよいのですが、この二つの柱は、究極的には、社会の良き成員として得ていなければならない自己指導力を育み、愛他心を培うことに発展するものです。

ところが、幼児の心性は、社会化が不十分であって、日常の生活では、自己の快を最大にし苦を最少にしようとする、いわゆる快楽原則的な色彩が濃いのです。快適さを求める生活に終始し、要求を赴くままに満たそうとする傾向が強いのです。それは、幼児の人格における自己制御系(自分で自分をコントロールする心の仕組み)が極めて未熟であるからであって、〝幼い〟と言われる訳でもあります。

このように、自制する力が弱く、自己中心的に行動しようとする幼児に対し、家庭では、その幼児性から脱却するようにしつけが行われます。親は、いわば、したいままにしようとする子どもに、そのような行動の傾向を自ら抑制することを学ばせようとするのです。したいままにしないようにする力を子どもに育もうとします。したがって、子どもが要求を満たそうとする行動と親が行うしつけとの間には、必然的に対立が生じやすくなります。しつけでは、したくてもできない経験を重ねる機会が多いので、子どもは、さまざまな要求不満に陥り、その解消を求めてやまない情緒的な緊張を抱くことになるのです。時には、「沸き立つ興奮に満ちた釜」のように、文字通り親の手を焼く状態となります。

このしつけの現実は「…子どもを育て始めた時、私は自分の世界が崩れてしまったことを痛感させられました…子どもに対する温かい思いやりよりも、むしろ苛立ちと怒りと憎悪ばかりが見えたからです…自分がしていることは、子どもを叱りとばし、こずき回し、追いやり、踏みにじることばかり…子どもを生んではいけなかったのだ…そう思ってみても、現に子どもがそこにいるというのに何の役に立つでしょう…」と語っている母親もいます。

育児に戸惑い、しつけに悩む母親の心境が如実に示されています。ここに、しつけと言う名に隠された体罰が使われる危険性が潜んでいます。

3 体罰に傾きやすい幼児のしつけ

幼児は、要求阻止に耐える力がよく育っていません。規範意識も未熟であり、何をしなければならないか、してはいけないか、を告げる心の働きが弱いのです。身の周りの状況を正しく捉えられず、むき出しの生の要求に突き動かされている、小さな暴君的な存在です。幼児のこのような傾向は、社会の成員に成長していく上で野放図に認められません。親は、それを抑制するように子どもに求め、しつけようとしますが、親子両者の向かう方向が相反する場合が多いのです。子どもは自己の意志を反発で示し、親は自己の意図を受け入れさせようとします。問題は、このような親子間の葛藤をいかに解決し、しつけを有効に行っていくかです。

幼児のしつけでは、叩く、つねるなどの身体的な苦痛を与え、親の言うことを聞かせようとする場合が往々にしてあります。なぜ、このようにしつけの方法が体罰に向かいやすいのでしょうか。そこには、子どもをしつけるのに、親が権力を使うのは必要だ、という育児観が潜んでいるようにも思われます。

子どもが幼く、依存的であるほど、親の子どもに対する所有感が強いものです。親は、我が子意識ゆえに、子どもを自分の思い通りにしてよいと言う考えに傾き、望む像に合わない子どもの行動は許せません。そのような都合の悪い行動はどうかして除きたい気持ちに駆られます。親は、子どもの基本的な要求を満たす手段の大半を手中にしています。小さく力弱い幼児に対し、絶大な権力を持っており、言うことに従わない子どもを力や強制で押し切ることは、いとも簡単に思われます。幼児は、身体的な苦痛に耐える力が特に弱いのです。自分の行動に体罰が与えられれば、それをやめ、体罰の苦痛から逃れようとする気持ちがすぐ働きます。親と子の間にこのような心理的な力動がありますから、親には、体罰は、子どもにさせたくない行動をさせないための手っ取り早い、効果的な方法だと思われ、使われやすいわけです。

4 体罰によるしつけが生み出すもの

体罰は、手に負えない幼児を制御する上で、見掛けは確かに有効です。しかし、それも親の権力が大きい間に限られます。子どもに自律性と規範性の基礎を培い、健全な人格を育てていくのに、むしろ弊害が大きいと思われます。親の絶対的な力に威を借りた体罰は、子どもに苦痛を与え、幼い心を傷付け、恐れを植え付けることになります。幼児は、要求を妨げる原因を他者のせいにする他罰的な気持ちを抱きやすいので、時には、激しい怒りや反発が生まれます。望ましいしつけに欠かせない、温かい感情の通う基本的な信頼関係が、親子の間に育ちません。

体罰によるしつけでは、子どもが、身体的な苦痛を恐れ、親の強制に仕方なく従う結果に終わります。親の指示を納得し、自発的に行動を改めていくことは期待できません。力で押し付けるだけでは、自ら考え、しようとする心が成長しません。幼児期のしつけの主な目的は、子どもが自己規律性―自分の内部に自己を指示する力を持ち、自主的に責任ある行動ができる―の基礎を築くことを助ける点にあります。

体罰のような外的な強圧・強制は、しつけの本来の目的に沿いません。しつけは教育であり、強育ではないのです。子どもの未熟な行動を規制することが親の親たる役割と考え、子どもを制御する表面的な容易さから手を滑らせ、親としての自己受容が図られている場合もあります。それでは、子どものしつけは見失われ、親の自己満足があるだけです。

体罰を続けて用いますと、その制御機能を発揮させるため、罰の強さをエスカレートさせなければならなくなります。しかし、罰の強さに伴い、本質的に制御機能が高まるわけでもありません。子どもの人格形成上、種々な問題が生じます。例えば、体罰を重ねることは、罰を避けたいという基本的な要求が満足できないことに容赦無く追い打ちをかける結果になりますから、心理的な緊張が持続的に強まり、その処理の仕方を学べないため、情緒未成熟になりやすいのです。

体罰では、要求を充足しようとする気持ちが、抗し難い力により一方的に無視されますから、子どもに、要求不満を我慢するのではなく、力のある者(例えば親)が力で思いのままにできる見本を示すことにもなります。弱いものを、思いやりをかけることなく一方的に攻撃する、いじめの心理を芽生えさせる危険もあります。力を得たら、体罰で傷付けたものに傷付け返す報復に発展する敵意を抱かせる場合もあります。

体罰は、幼児にとっては跳ね返せない力の攻撃だとも言えます。子どもは、無力さを思い知らされ、罰を恐れ、そして、親の意のままに服従すれば、あるいは、他者が悪いと思わせれば、罰を避けることができることを学びます。その結果、子どもは、劣等感を抱き、無気力、逃避的になります。他者に同調しても、自らの考えを生かし、ものごとに自由に取り組めません。他者を非難し、告げ口を好む子になります。

表向きの効果に惑わされ、即効を求め、体罰に頼る幼児に対するしつけは、多くの好ましくない結果をもたらしますが、最大の問題点は、自ら目的を否定する自己矛盾を抱えているところにあります。親は、しつけにより、子どもに自律性を身に付けるよう促し、規範意識が心にしっかりと内面化するのを助けることを目指しているはずです。自律性、さらには、自発性が芽生えてくる幼児期の子どもに対するそのような働きかけは、子どもの発達の自然にふさわしいものです。

しかし、しつけの手段を安易に体罰に求めますと、子どもの自律性や自発性の芽を摘み、外的な力にただ従うことを強いることにもなります。強制してさせるのでは、自発してするようにはなりません。子どもの気持ちを温かく受け容れる関わりに努めなければ、他を思いやる心が子どもに育たなくて当然です。体罰によるしつけは、文字通り手痛い罰を親に返すのです。

5 「しつけ」の教育

既に述べましたように、幼児期のしつけの目的は、人格の土台作り、すなわち、自律性や規範性の基礎を子どもに育むことにあります。したがって、その目標とするものを、子どもが自らものにしていくことを促すために、ふさわしいしつけ方が望まれるわけなのです。この点に関して、最も肝要と思われる面につき、若干ふれておきます。

まず、子どもの気持ちを思いやり、受容する一貫性ある養育態度が取られることにより、子どもが親に愛されていると心から実感される信頼関係が生み出されていなければなりません。

親が子どもに求める行動を、親自身が日常の生活で子どもに示し、「私がすることは良い」と伝えるのが大切です。親と子の間に温かい心が通い合う関係ができていれば、親の行いを見習ってすることは、子どもの心を満たす体験となります。また、そのような愛情に根ざす親子関係ができていれば、子どもは、親が求めるしつけに積極的に応ずるものです。好きな親を困らせる子どもはもともといないからです。

幼児には、自己を抑制する心が十分育っていないから、しつけが必要とされるのですが、子どもが行っている行動を禁ずるよりは、それと両立し難い行動へと仕向けるよう心掛ければ、進行中の行動を一方的に抑制するよりは抵抗が少ないと言えます。そのように仕向けた後に、子どもが行動を変えたことを忘れずに褒め、認めてやるのです。親がしつけたい行動を進んでしようとする適切な動機づけになると同時に、社会の成員としての望ましくない行動を自ら抑制する力も育っていくでしょう。

幼児のしつけの基本は、端的に言えば、自らしつける心を子どもに培うことにあることを忘れてはなりません。そのためには、子どもが自ら行い、それが親に認められ、子どもに満足がもたらされ、やる気が生まれることが大切なのです。罰の身体的な苦痛やそれに伴う恐れを回避できることを報酬として、親に従わせるための体罰によるしつけが、子どもの人格形成に決して好ましくないことは言を待ちません。

（『別冊指導と評価1――体罰を考える』図書文化、1986・7　pp.53〜58）

第３章

幼児期のしつけの在り方

いつの時代でも、家庭におけるしつけは大事です。
自律性のある子どもを育てるために、けじめを生むしつけに心掛けましょう。

1「しつけ」と「けじめ」

しつけとは、辞書によれば、礼儀作法を身に付けさせること、また、身に付いた礼儀作法のことを言うようです。この礼儀作法は、社会の秩序を保つために人が行うべき生活規範及びその行い方を意味しています。したがって、家庭や学校におけるしつけでは、親や教師により、子どもが、このような生活規範を獲得するように促され、それを行う力を培われているわけです。

つまり、しつけは、子どもが社会に役立つ人間に成長していくように、しつけ手である大人が、社会の生活で欠かすことのできないものの見方や考え方、日常の生活習慣となっている行動の仕方を、子どもに、意図して指導し、訓練することである、と言えます。

一方、けじめは、「区別、わかち、わけめ、しきり」のことであり、生活にけじめがあるということは、相互の間に一定の境目のある、言い換えますと、節目を持つ生活が過ごされていることになるでしょう。ところで、生活が気の向くまま、恣意に流されれば、生活のけじめは失われてしまいます。自分の行いを律する決まり、すなわち、生活規範がしっかりできており、それが正しく守られているなら、生活はけじめのはっきりしたものとなります。

しつけにより、子どもが、社会の中で生活を送るために必要な生活の決まりをよく学んでいけば、自分を正しく生かすと同時に、他人に迷惑をかけることなく、社会に役立つ、健全な生活をすることができるようになります。

社会の一員として成長する子どもを見据えて、このように、しつけとけじめを捉えますと、親が行う子どものしつけは、正に文字通りけじめの教育ということになるものとも考えられます。「〝しつけ〟と〝けじめ〟の教育」のテーマを掲げることができるわけです。

今日では、大人の手を焼く困った問題が子どもにあると、しつけが悪いからだと言う声を耳にすることが多いようです。もっと厳しくしつけないから、問題を持つ子どもが生まれるのだと、そのような子どもを抱えている家庭、あるいは、学校のしつけが非難されることも少なくありません。さらに、強いしつけが求められることさえあります。

しかし、このような考えには、しつけが子どもに仕置きを与えること、つまり、罰と同じにみなされている向きがあります。とりわけ、もし、しつけが、体罰と同じ意味に用いられているとすれば、それは大変な誤りを犯していることになります。

しつけ（ディシプソン）は弟子（ディサイプル）に語源があり、指導者である親が、自分の弟子である子どもに、「人生に有益であり、幸福をもたらす生活の仕方」を教えることであるのです。「自制心　良い性格、あるいは秩序や能力を身に付けるための訓練」がしつけなのであって、本来、子どものしつけは、人格教育という重要な役割を担っています。

しつけでは、親が子どもに、望ましい振る舞いをするように導き、望ましくない振る舞いをしないように教え、したがって、子どもは社会に認められている行動の基準に、自分の行動を一致させることを学ぶのです。今日の家庭におけるしつけは、その本来の役割を十分に果たしているでしょうか。

2 しつけと子ども

最近、良い適応に失敗している子どもたちの問題が増える傾向にあり、教育的にも憂慮されています。無気力、不定愁訴、心身症、怠学、登校拒否、家庭内暴力、非行などがその顕著な例であり、現在の子どもたちの頑張る気持ちの弱さや思いやりの心の薄さを垣間見る思いがします。しつけは、子どもが良い適応のできる人間になるために必要な営みであるとしますと、子どもたちのこれらの問題の一因は、まず、しつけ、つまり、けじめの教育の失敗にある、とみてよいでしょう。

いわゆる過保護(手助けのし過ぎ)、過干渉(口出しのし過ぎ)は、昨今の子どもの養育に侵入しがちなしつけの歪みですが、それは、皮肉にも、けじめの教育がそのけじめを忘れてしまった結果なのです。子どものしつけを行う時には、その真の意味を正しく理解し、しっかり守り、子どもをいかに導き、子どもにいかに学習を促すかについて、適切な手立てを講ずることが大切です。

子どもにしつけを必要とします大方の訳は、既にふれたところですが、ここで、もう少し詳しく述べてみましょう。子どもは「自分の要求を他の人々の要求と調整して満たし、また、身の周りの人々の愛情や承認を保つために、しつけを必要とする」のです。しつけにより、生活のけじめが明確になれば、子どもは、心を安定させ成長を遂げることができます。

しつけは、子どもに有効な生活の仕方で、してよいことと、してよくないことを教えることですから、子どもは、しつけで身に付いたものにより安全感を得ることができます。しつけにより身に付けた、標準的な行動の規範に従って生活すれば、子どもは不必要な罪悪感に悩まされることはありません。周りの人が認めてくれる行動ができるからです。

また、しつけには、子どもが、自分に求められているものを成し遂げるように、子どもを支え、励ます働きがあります。しつけで子どもの生活にけじめが得られれば、しつけ手である親に褒められます。そのような経験は、子どもの人格の円満な成長に欠かせない、親の愛情として受け取られます。さらに、しつけは、子どもが行動を選択する際に、それを正しく方向づける内面化された声とも言える良心の育ちを促すのです。
このように、しつけは、子どものいくつかの要求を満たす働きを持っており、しつけが適切に行われれば、子どもは、日常の生活に良く適応できるようになり、子どもは一層幸せな生活を送るようにもなります。子どもが、良い適応をする人間に成長するために、しつけを欠くことはできません。

3 しつけの目指すところ

子どもを、自分のものであり、未熟であるために、大人により教えられ、導かれることを待つ存在だと考える親は、自分が持っているものの見方や考え方、行動の仕方をそのまま子どもに身に付けさせようとします。このようなしつけをそれで良い、と考える親は意外と多く見受けられます。しかし、このしつけの立場には、すべて誤りとは言えませんが、本来子どものしつけが目指しているものから、大きくずれる危険があります。

ここでは、今の子どもを昔の自分のものさしで測ろうとする親の気持ちが働いており、子どもの自律性や自発性が軽視されやすいのです。親は、自己の権威を頼み、一方的に、子どもに良い行為を強制し、子どもの良くない行為を禁止しようとします。とします と、しつけが子どもに注意を与えることに終始する結果に陥ります。この注意は守らなければ罰する含みもありますから、子どもはしつけを、親からの押し付けで罰と結び付くものと考え、不快に思います。それでは、しつけは失敗するでしょう。

しかし、子どもには、自ら成長して行こうとする力がもともと備わっており、子どもは進んで自分からものごとを学んでいくことのできる積極的な存在であるとみなしますと、しつけの目指すところは変わります。子どものこの内発的な成長の力に全幅の信頼を置きますと、しつけの目標は、子どもに自己を統制し自己を指導する力を育てることになります。

子どもは、成人への歩みを続ける過程で、自らの判断と責任で行動を選び、決めなければならない機会に、より多く当面するようになります。そして、自発的に、社会に役立つ行動をし、社会の妨げとなる行動を避けることができるように成長しなければなりません。子どもが達成すべき最終的な目標は、自己規律ができることなのです。つまり、子どものしつけが本来目指しているものは、この自己規律なのです。

したがって、「基本的には、子どもをしつけることは、親が望ましいと思う行いを子どもに教え、望ましくないと思う行動をしないようにすること」なのですが、しつけは、親という権威者により、子どもという非権威者に押し付けられるものであってはならないのです。もし、しつけが、親によって子どもに押し付けられているならば、子どもは、行動の規範をしっかり自分のものにできません。行動の仕方を教えてくれる人をいつも必要とし、そのような人がいなければ自分の行動にけじめが付けられないことになります。

本当のしつけは、誰も見ていないところでも、自分の行動に自らけじめを付ける力を、子どもに育むことです。子どもは、自らけじめのある生活経験を積み重ねながら、健全な自分自身の人生を築き上げていきます。本来の目標を見失わないしつけを受ける子どもには、必然的にけじめに強い人格特性が培われますが、その主なものとして、次のような特性の例を挙げることができます。

まず、したい時にしたいことをし、したくなければ、しなければならないことをしないような、要求に支配されたままの行動を取らず、現実の状況を考えて、行動を自ら制御する自制力が付きます。また、真のしつけによれば、自分の能力や価値を妥当に認められる機会に恵まれますから、子どもは、さらに堅実な確信を持つことができ、そのような有能感は、障壁を克服する上で欠かせない自信を生みます。

しつけで積極性が大事にされれば、子どもは、自発的にものごとを片付けていき、考えがまとまれば、すぐに実行に移し、その場に応じた行動の切り替えを行うなど、行動的となります。自律性が重視されるしつけを受ければ、現実の状況に自主的に対応する心が育ち、状況の推移に対し、臨機応変に取り組むことができる柔軟性が身に付きます。

自制する力のある子どもは、他者との関わりを考えに入れて自分の行動を進めていくことができます。このように、互いに譲り合い行動する協調性も、自己訓練をするしつけから生まれると言ってよいと思います。

4 望ましいしつけの仕方

子どものしつけには、重要な原理があります。まず、既にふれたところですが、子どもは、親(つまり、社会)が望ましいとみなしている行動と、望ましくないと考えている行動を知り、前者を行い、後者を行わないようにしなければなりません。また、望ましい行動は、満足の経験を伴って繰り返し、望ましくない行動は、不満足を味わって慎む必要があります。

さらに、しつけ手である親がいなくても、望ましい行動を努力感なく反復できるようにならなければなりません。そして、望ましくない行動で満たされていた要求が、望ましい行動で満たされるよう、望ましくない行動を望ましい行動に切り替えることを学ぶ必要があります。成功するしつけには、これらの原理が含まれています。

しつけの究極のねらいは、子どもに自己訓練と自己統制、つまり、自己規律の力を育むことでした。この自己規律の力は、自ら生活にけじめを付けられるようにするものですが、安定のある、意欲に満ちた、強健な自己像を基盤として形成されるのです。したがって、子どもにこのような自己像を生む次のいくつかの方法は、けじめの教育を図ることのできるしつけの仕方になるでしょう。

子どもが要求を満たしても望ましくない行動が生じない環境では、子どもの行動を干渉したり、禁止する必要はありません。子どもは、積極的な行動に出ることができ、意欲は削られず、育まれます。子どもの環境をこのように調整すれば、子どもの自発性を抑えるような親の働きかけは要りません。

子どもが望ましくない行動をしている時、この行動とは同時にできない別のものごとに子どもの気持ちを向けさせる試みが、有効なしつけの方法となる場合もあります。子どもは、親によってやる気を一方的に抑制されることなく、望ましくない行動に注いできたエネルギー(気持ち)を他に振り向けることができ、達成欲を干渉される経験をしなくてもすみます。

子どもが、望ましい行動をした時、また、望ましくない行動を自らやめた時には、必ず褒めることを忘れないようにします。普通、褒め言葉は、心のこもったもの一つで十分です。このような親の褒め言葉は、子どもに対する愛情の証しであり、子どもの基本的な要求の少なくとも一つを満たす働きを備えています。したがって、子どものこれらの行動傾向はしっかりと定着していきます。

子どもに望ましくない行動をやめさせるには、罰を与えるより、それを無視するほうが効果的である場合が多いようです。子どもには、親からの反応を何も引き出さない行動を、自らやめてしまう傾向があるからです。親が罰を与えますと、それは親から注目されるという報酬に受け取られ、子どもの望ましくない行動は、かえって続けられる結果となってしまいます。また、親は子どもの望ましくない行動を注目する割りに、子どもの望ましい行動を見落としがちです。良い行動を無視し、良くない行動を罰するだけで、子どもの自らやる気は失われ、自律性が育ちません。

もちろん、子どもの望ましくない行動、特に、危険を伴う行動を叱る必要もあります。

そのような時には、必ず叱る理由を子どもに分かるように説明するのが望ましいでしょう。子どもに理解された生活規範は、確実に子どもの内面に取り入れられ、自己規律の基盤となります。

親がしつけに用いる罰は、それが子どもに実行でき、納得される、適度の強さのものであれば、子どもの望ましくない行動を抑制するのに有効であり、内面化されて行く可能性もあります。しかし、一般的に、体罰のように力づくで押し付ける脅しのしつけを典型とする罰では、子どもの何らかの権利が奪われ、苦痛が与えられる結果、子どもの望ましくない行動は、外からの力への恐れに抑制されるにとどまってしまいます。罰によるしつけは通常、内なる行動の規範になり難く、抑制効果があったとしても、多くの場合、一時的なものとして終わってしまいます。

子どもが自発させます、自律的、自主的な行動には、それが望ましくないものでない限り、干渉を加えず、自由を与えるようにします。親が期待するところからかなり離れていても、子どもが自分なりにすることは褒めるように心掛けたいものです。子どもは、そのような経験を通して、いろいろなものごとについて、積極的に、自ら選択し、決定し、実行し、責任を取る力を付けるようになります。「自信を持って一人歩きできる子」に成長して行きます。つまり、自己指導力を獲得し、けじめのある子になっていきます。

5 しつけと愛情、信頼、そして手本

よい親子関係は、家庭におけるしつけで欠かすことのできない大切な人間関係です。親と子どもが、相互に深い愛情と強い信頼で結ばれている人間関係にあってこそ、始めてしつけが円滑に行われ、それは理想なものです。

親は、子どもを愛するがゆえに、しつけという教育を行います。子どもは、親に愛されるがために、しつけという学習をします。そして、愛情のある親を持つ子どもが、親から叱責されれば、それは愛情を一時的に失うこととして実感されるでしょう。この「子どもの心の仕組み」が、しつけで重要な働きをするのです。

子どもが、しつけで親が望む行動を身に付け、望まない行動を避けようとするのは、親の愛情を得たいからであり、また、失いたくないからなのだ、とも言えます。子どもが望ましくない行動をしたことに対し、親がその行動を批判し、愛情を撤回する様子を見せますと、子どもはそれを恐れる情緒的な反応と結び付く罪悪感を感じ、それが子どもの心の中で警告として働き、望ましくない行動は自制されるようになるのです。

親子の間に強い信頼のきずながができていれば、子どもは信頼する親に尊敬の気持ちを抱きます。親は、子どもに強い影響を与える人間として存在しています。信頼し、尊敬する親の行動の仕方を自分のものとすることは、子どもに満足感を与えます。このような関係にある親を模倣すること自体、子どもに大きな報酬となるのです。

したがって、親が子どもにけじめを学ばせたければ、親自身けじめのある行動の手本を子どもに示さなければなりません。子どもに自己規律を求めるなら、親が自己訓練や自己統制のモデルとなる必要があります。

しつけに一貫性を欠くと、子どもが学ぶ生活規範が定まりません。一貫性のある健全なしつけを受けることにより、子どもには、安定した行動の規範の内面化が進み、子どもは順調に自己規律を確立させていきます。けじめを大切にする人間としての成長をたどるのです。

（『教育と医学』第37巻　第1号、慶應大学出版会、1989・1　pp.11〜17）

第4章

「物を大切にすること」の指導

いつの時代でも重要な美徳である「物を大切にすること」が
心の育ちに対して持つ意義について、正しく理解したいものです。

1 はじめに

最近、心の時代への回帰が盛んに求められています。物の時代に生きるわれわれに、心の生活が薄れてきたからでしょうか。日常の生活を省みるとき、われわれの身の周りにあり、生活と関わりのあるものに不便を感ずることはまずありません。物は、多くあり、手に入りやすく、簡単に補うことができます。次々と新しい物が作り出されるので、物はすぐ古くなります。今日のような物の時代には、使い捨てこそ文化のバロメータなどとも言われます。それにも、もっともと思われる理屈はあります。

しかし、このようなあふれる物に囲まれ、それゆえ、物を粗末に扱い、実は物に振り回される事態が、次第に子どもたちの生活に浸潤してくるとすれば、それは大きな問題をはらんでいます。物には心はありませんが、物に心を感ずる心は、子ども自身に育つものであり、物と親しく関わる経験で養われるからです。物の存在価値がいとも気楽に軽視される風潮があるとしますと、人間としての本来の心の健全な成長が阻まれることになります。

物を大切にすることは、物を尊重し、重要に思い、大いに愛することです。物を大切にしない生活に漬かってしまいますと、子どもは、人間として生きていく上で欠かすことのできない、このような心を希薄にしてしまうでしょう。物を大切にすることの指導は、学校教育においても明確に位置づけられています。家庭でのしつけでも、もちろん重要なことです。しかし、今日における社会的、生活的な状況は、その実践を困難にしていないでしょうか。

2 今日的な状況で物は大切にされるか

物質的な文明の発展に歩調を合わせ、精神的な文化の発達が進むとは限りません。その停滞や衰退がもたらされることもあり得ます。物に毒され、生活の皮相化が行われるにつれて、その根源性が見失われ、心は潤いを枯渇させ、次第に病むことになる恐れもあります。心の回復が叫ばれるのは、このような事態に陥ることを危惧する人々が抱く不安の反映であるとも言えましょう。

技術の急速な進歩と経済の高度な成長に伴う、現代の物質的な文明の積極的な展開は、日常生活に押し寄せるコンピュータ化の波によく表れています。自動機器に頼る、便利、迅速、能率が安易に求められ、個人が自ら努力して結果を得る生活がなおざりにされてきている傾向のあることが、子どもの心に影響することは否定できません。

例えば、生活のレディメード化、パッケージ化は、確かに、人間の優れた頭脳が効率のよい生活への刷新を可能にした成果だと思います。しかし、玩具や文具などに見られる余りにも親切なセット化(プラモデルやファミコンなどはその典型でしょう)や食品などの便利過ぎるインスタント化(短時間加熱調理用のパッケージ食品がその例と言えます)が、文字通りとどまるところもなく、改良を重ねられ、繰り広げられている現実は、何を意味しているのでしょうか。

同様に、レンタル化、コピー化も、最近の日常生活の中に、否応なしにかなり根づいてきており、便利さに甘えるわれわれの要求を惜しむところなく満たしています。生活用品の一時的な借り出し使用や、印刷記録物などの簡単な複製が、手軽に行われる傾向が強まってきている現況は、何を物語っているのでしょう。

これらのいわば高度な科学技術の申し子へと、ちゅうちょなく走る今日の人々の心に、生活上の便利さや能率性を重視する、科学的、合理的な考え方が働いていることは言うまでもありませんが、その背後には、「楽して」という、イージーに流され、怠惰に誘惑されやすい人間の弱さが潜んでいるのではないでしょうか。求快避苦という、いわゆる快楽原則に従おうとする幼児的な心性を垣間見る思いがします。

「レディメード」では、自ら工夫して創り出す努力が省かれ、一方的に与えられるものを選べばこと足ります。一方「パッケージ」があれば、必要な物を選び出し組み合わせる作業すら不要になってしまい、受け身的に物を手にする結果になります。「レンタル」によれば、必要な時にのみ、物を借り出し、それが不要となれば、無造作に手放す体験が繰り返されます。「コピー」では、ソースがあれば、同じ物が、瞬時に、際限なく、容易に複製されます。高度な科学技術の急速な発達は、より一層便利なものを開発することを可能にしていますから、物の、いわば新旧交代が目まぐるしくなります。

生活に必要なものが、身の周りに氾濫し、より便利なものとして次々と生み出され、労せずして手に入り、使い損じても補充にこと欠きません。こうした、余りにも恵まれた物の環境に安住?している今日的な状況では、物が大切にされなければならない必要性がないかのように、人々が錯覚に陥ったとしても、不思議ではありません。

3 物を大切にする美徳は過去のものか

このように、今日の生活状況には、物が大切にされにくい現実があります。われわれが物を大切にしなくなるすう勢があります。最近は別としても、従来から、物を大切にすることは、人間として生活していく上で不可欠の重要な美徳とされてきました。だからこそ、家庭でも学校でも、物を大切にすることを幼い時から子どもの心に養い、身に付けさせてきました。大人も、毎日の生活を送る中で物を大切にすることを、ごく自然に身をもって示してきました。物を大切にすることは、当然の美徳として習慣化されていました。また、物を大切にしなければならない生活状況もありました。

ところが、最近の子どもは、物を大切にしないとよく言われます。確かに、この頃の子どもたちは、物の使い捨てに平気であり、物を直してまで使おうとしません。使い捨て文化の忠実な担い手となっています。落とし物をしても気にしないし、それを取りに来る子どもは少ないようです。学校で、子どもの遺失物がたまり、その処理に困ることが往々にしてあることをよく耳にしますが、この現実自体は、常識的に考えてみても、いかにも奇妙です。自分の物が遺失物として示されているのに、それを自分の物として認め、再び手にしようとしないところが問題です。

物を大切にする美徳は、現代に生活する子どもたちにとり、既に過去のものとなってしまったのでしょうか。大人にとっても、高度に発達した物質的な文明に溺れて生活をするうちに、このような美徳は、無用あるいは不要となり、心の片隅に追いやられてしまったのでしょうか。

しかし、それほど悲観的な状況でないようにも思われます。子どもに「物を大切にすることは必要か」と問いますと、否定的に答える子どもはほとんどいません。多くの子どもは「物を大切にすることは必要だ」と言うのです。そこで、「どんな物を大切にするのか」と尋ね、その考えを述べさせますと、「自分の物」「自分がいつも使っている物」「自分の気に入っている物」「自分に役立つ物」などの答えがまず出てきます。子どもが大切にする物は、自分が気に入り、自分の役に立っている物です。子どもが物を大切にするという美徳は、このような考え方に示されている限り、極めて利己的なものです。

さらに続けて、「なぜ物を大切にするのか」と問いかけると、「物がなくなるから」「使えなくなり困るから」等々ぐらいが明示される理由であり、そこには、即生活的な便利主義が顔をのぞかせています。しかし、「大切だから」「はっきり分からない」「大切にすることになっているから」などの答えが、むしろ多くを占め、物を大切にすることの必要性を語っても、その理由ははっきり意識されておらず、いかにも曖昧です。

現在の子どもたちの心から、物を大切にする美徳は失われていないようですが、その内実は貧しく、皮相的、自己本位的なものになっています。物を大切にすることの必要性を観念的に捉えてはいますが、そこには元来伴うべき本質的な意識が育っていません。

4 物を大切にしないことで何が失われるか

小、中学生の年齢で、物を大切にすることの根源的な意義が十分に理解され、意識されていることを期待するのは、無理であるかも知れません。それにしても、現在の子どもたちの日常的な行いに、物を大切にする姿が余り見受けられないのも事実です。物を大切にすることが重要であると口にしても、そのような考えを実際の行いに示すことが不十分である点は認めざるを得ません。このような子どもたちの今日的な実態を、「新人類世代」のゆえなどと新造語で片付けるには、問題が大きいようです。

物を大切にしないことで、子どもが失うもの、自ら育むことのできないものは何かを考えてみることは、子どもに健全な人格の形成を促す教育実践の上で重要な課題であると思います。

学校教育の現場では、「自他の物を区別して、物を大事に使うこと」「物や金銭の価値を正しく知ること」「時間や物などを大切にし、決まりのよい生活をすること」などを取り上げ、物を大切にする指導も行われてきているはずです。しかし、学用品を無神経にも粗末にする、失った物を探し出すよう努力しないなどの姿に見られる現在の子どもたちの問題性が、物を大切にすることを、意図的、計画的に指導している学校でも、しばしば認められる現実があります。

子どもの教育に携わる者として、この事態を誤りなく受け止め、その意味するところの重大なことを正しく認識しなければなりません。子どもが、物を大切にしない生活を続けていく過程で、人間として成長するために欠かせないものの多くを失う可能性を見逃してはならないのです。

物を大切にしないことは、物を十分に生かし切らない結果をもたらします。それでは、物が備えている働きをよく理解し、それを可能な限り役立たせようとする気持ちが芽生えません。物を粗末にすることが、無反省にも習慣化すれば、物を大切にする心が、育たないのは当然でしょう。われわれの生活は、物を離れてはあり得ません。物は、日常の生活を支えています。したがって、物を大切にしないことは、子どもに自分の生活を大切にする心を失わせます。

物の手入れを嫌がるということは、物を大切にしないことに繋がります。日常使用する物をよく手入れする経験を通して、ものに対する愛着心が湧いてきます。愛着する気持ちが希薄な物を大切にしなくなるのは自然でしょう。物を愛する心が貧しくなっていきます。

物を十分に使い切らず気軽に捨てる行為の動機には、それに代わる新しい物を簡単に手にできるという便利さに甘えている不遜な心が潜んでいるように思われます。それでは、生活に役立つ物に対して感謝する心が生まれようがありません。

また、いくつかの過程を経て生み出される物を大切にしないことは、それらの過程を軽視することにもなります。その物を生み出すために費やされた幾多の人の労苦を大事にしないことにもなります。それを思いやる気持ちが培われません。物が安易に手に入れば、自ら努力して結果を得る経験の大切さが見失われ、待って気持ちを満たす心が養われません。子どもが、物を大切にしないことで、失うものは決して少なくないのです。

5 物を大切にすることの指導で何をねらうか

学校教育では、子どもが、「物について正しい自他の所有意識を持つ」「物の価値をよく理解する」「資源が有限であることをはっきり認識する」などのために、年齢水準にふさわしい具体的な内容で、物を大切にすることの指導が行われています。それにもかかわらず、現在の子どもたちの物を大切にすることの意識は脆弱であり、その行いは未熟です。このような指導実践の成果が不十分な実態に直面しますと、物を大切にすることの本質を問い直してみなければならないと思います。また、家庭における「物を大切に」のしつけの実際についても考えてみなければならない面があるのではないでしょうか。

もちろん、日常生活的な功利性から物が大切にされる必要もあります。そのような観点に立ち、物を大切にするよう指導が行われることもあるでしょう。しかし、物を大切にすることの指導は、そこにとどまらず、それを超えていくものでなければなりません。物を大切にするように教育することで、本来何が目指されているかについて、まず正しくはっきりと意識していなければなりません。物を大切にする行いを通して、子どもに何を育もうとしているのか、よく認識していなければなりません。それが欠けていますと、物を大切にすることの指導が形骸化してしまうからです。

物を大切にするということは、物の働きや特性を十分生かすことです。物の生命を尊重し、可能な限り使い切ることです。そこには、対象をよく理解し、その生命を大事にする心情が育ちます。物を大切にすることの指導が目指す重要なねらいの一つは、このような心情を培う点にあります。

われわれの生活を支えてくれるもので、自ずと生まれるものは少ないと言えます。

多くの物は、人々の手により、時間をかけて生み出されてきています。物を大切にする体験の中で、物が生まれてくる過程に目を向けることは、物そのものや生産に傾けられた心に感謝する気持ちを芽生えさせ、育むでしょう。また、それは、ものごとの結果よりも過程を大事にする心を養うことにもなるのです。

日常の生活で、物を大切にすることは、物との心の歴史を歩み、関わりを深めることです。物との心の繋がりを強め、高めることでもあるのです。物を大切にすれば、物に対する自我関与も濃くなり、愛着する心が芽生えます。物との関わりが、物との歴史を背景にして、人格のより内の層で行われるようになります。このような、対象に対する人格的なふれ合いは、人と人との関わりでも重要です。それは、社会生活に欠くことのできない連帯感を生むものです。連帯意識を育むことも、物を大切にすることの指導の内に含まれているのです。

物を大切にするには、物の「気持ち」に立つことが求められます。それを何も気にせずに物に関わることは、物の存在価値を軽視することに他なりません。物の立場に立ち、物を使うことは、対象が存在している意義を正しく理解し、対象の尊厳性を大事にする心を生みます。相手を思いやる心を養うことにもなるのです。

6 おわりに

物が不足する状況では、物を大切にしなければならない必然性があります。しかし、現在のように、物を大切にせず使い捨てても、生活にそれほど支障はありません。少しくらい不便を感じても、すぐに補われます。物を大切にすることにはあまり実利がないのです。実は、そのために、物を大切にすることが重要になるのです。日常生活的な実利性がなくても、物を大切にする美徳は、絶えず変化する一時的な現実に拘束されません。それは、自由な、主体的な行動の規範となるものであり、人間の不変の倫理であるからです。物を大切にする心は、自他を尊重し、愛する心に他なりません。そのような心は、人間の価値と尊厳を重視する基礎となります。

意識と行為に整合性が生まれてこそ、真の道徳性が形成されたと言えます。それは「物を大切にすること」にもそのまま当てはまります。つまり、物を大切にすることが、子どもの心へ着実に内在化し、いつでもその心が行為化されなければなりません。物を大切にすることを通して、子どもに物の存在価値を正しく認識する心が培われ、それが人間の精神の成長に繋がらなくてはなりません。そのために、どのような指導実践を行うかということが、重要な課題となります。物を大切にする意識と行為の整合性の形成を促すためには、子ども自らが物を努力して生み出す体験が重要です。

（『道徳と特別活動』第36巻　第10号、文溪堂、1986・12　pp.2〜6）

第5章

家庭学習における親の役割

学校における学習にはない家庭学習の独自な特徴を生かすために、
親の大事な役割について述べてみます。

1 はじめに

学校教育を家庭教育と対比させるように、家庭学習を、学校での学習に対し、家庭内で行われる学習として広い意味で考えますと、そこにはいろいろな学習が生じています。どちらかと言えば、学力の定着、補強、向上を助ける点に比重があり、いわゆる宿題を典型とし、知識や技能の習得が主である知的な学習の他に、むしろ、自然の、非意図的な教育の過程で見られる、感情や意志、生活習慣、価値観や道徳観、人間関係など、情緒的、人格的な面の学習が挙げられます。そして、このような学習で親が果たすべき役割については、いろいろな角度から考えることができるでしょう。しかし、ここでは、子どもが学校で習得することがらについて家庭で行う学習という、狭い意味で家庭学習を捉え、これをめぐって話を進めることとします。そのように家庭学習に限って考えても、子どもの学年により親が果たす役割には異なる面があるでしょうが、一般的な観点から述べてみたいと思います。

2 家庭学習のねらいを正しく理解する

このような学習は、一般に、学校における学習の補いとして、次の学習に備え、家庭で行われる、いわば課業であるとも言えましょう。多くの場合は、教師から課題として与えられ、家庭において学習し報告する形を取りますが、主に、復習や予習、さらに、学校における学習への動機づけの性格を持つものです。

ところで、家庭学習で親はどのような役割を取るべきかという問題は、言い換えますと、家庭学習に親はどの程度、どのように関わるべきかということになります。したがって、親が家庭学習に適切に関わるためには、まず、関わる対象である家庭学習が本来ねらうところを、正しく理解しておく必要があります。

学校における学習と同じように、家庭学習が子どもにとっての一つの課業であることは、子どもの心の成長に重要な意味を持っています。もちろん家庭学習は、「学習期」とも言われる知識欲が旺盛な時期の子どもの、外界獲得のエネルギーを十分に発揮させ、系統的な学習による知的な発達(狭い意味で端的に言えば学力の獲得)を助ける上で、大切な機会となっています。しかし、全人教育(心身のバランスの取れた成長を助ける教育の営み)の立場から見逃してならない点は、遊びと異なり、意図的、意識的な学習を求める、課業としての家庭学習の側面です。

すべきこととすべきでないこととの意識(義務意識)、すべきことを重んじそれを果たそうとする気持ち(責任感)、目標を目指し行動する力(目標遂行力)は、このような課業を子どもが自ら行うことにより、着実に芽生え、次第に成長していくものです。学力の獲得についても同様で、子どもが主体的に学習することが強調されます。したがって、家庭学習に対する親の態度や要求が適正でないと、子どもが自ら行うべき課業としての、家庭学習本来の意味が薄れてしまいます。

例えば、家庭学習は、学校の学習を補う性格を備えているため、親は親であるがゆえに、好ましくない社会の風潮に流され、歪んだ知育偏重の教育に加担することにもなりやすいのです。また、教育熱に浮かされ、熱心さの余り（親である以上、わが子の学業成績の良いことを願うのは当然ですが）、注入主義に走り、そのため、詰め込み学習が一方的に強いられ、子どもの自発的な学習意欲や主体的な学習の向上を阻む結果をもたらしてしまうこともあります。

さらに家庭学習は、それに対する親の評価が不適切（例えば、学習の質や過程を認めず、一定量の勉強をしていればよいとするなど）なために、形式に流れてしまうこともあります。時によって、親が子どもの肩代わりをするほどになっては話になりませんが、これも家庭学習における無視できない実態の一部でしょう。いわゆる宿題に対し批判が浴びせられる根拠の一つはこの辺りにあるのでしょう。

親として、このように家庭学習を誤って取り上げることは、努めて避けなければならないのは当然です。本来、子どもの全人的な成長を第一に願っている親に対しては、家庭学習の表面的な活動と、それが偏った社会的、教育的な傾向により歪められて迫るものに心を奪われ惑わされないこと、家庭学習の具体的な面の背後に潜んでいる本当のねらいを的確に認識するだけの、賢明さや正しい教育の見方を堅持することが求められます。

3 学校における学習を補い、支える

言うまでもなく、家庭学習は、学校における学習と対立したり、矛盾するものであってはなりません。対立や矛盾があると、家庭学習の役割を見失っていることになります。親は、家庭学習が学校の学習を補い、それをより効果的にするための支えとなるように気を付けなければなりません。誤った教育観や学力観に影響され、学校の教育に不信を持ち、あるいは、その在り方に不満を抱き、そのための親の焦りから、家庭で子どもに度の過ぎた学習を強いるのは間違いです。

子どもの学業に関する不安定な感情に駆られ、親が強制する学習では、恐らく、学ぶ主体である子どもの現実の姿を見失った、詰め込み主義に陥ることになるのが落ちでしょう。子どもの知的な向上を促さないばかりか、自発的な学習の意欲を弱め、さらに、学校における学習そのものに嫌気を抱かせてしまうことにもなりかねません。これでは本末転倒です。学校教育への信頼に根ざし、学校の学習と調和する家庭学習こそ、その本来の姿であることを忘れてはなりません。

学校の学習を補い、支える家庭学習が行われるために、親は、学校における学習の

実際、例えば、学校の教育方針、学習の方法や内容あるいは進度、学習に対する子どもの興味や態度などにつき、少なくとも、教師との疎通を欠くことのないよう知っておくことが必要です。そこで初めて、子どもに対し、学校における学習の実際に応じた適切な家庭学習を、過不足なく促す根拠を持つことになるのです。成長の途中にある子どもの可能性を引き出す営みでは、異なる教育の場で、いたずらに矛盾や対立をもたらす断層があってはなりません。学校の学習の実際に対し、親が正しい認識を持つように努めれば、家庭学習が学校の学習に円滑にそして有効に生かされ、両者の間によりよい相乗作用が起こります。

家庭学習は、学校でなされるはずの学習の一部をそのまま家庭に持ち込むものではありません。既に述べましたように、主に能率的な教科の学習(強調して言いますと)を助ける積極的な役割を持っています。それゆえ、家庭学習において、学校で習ったことの整理と復習(宿題という形を取るか否かは問いませんが)が重視されるのです。学習の能率化には、子どもが自ら学習した内容を、より速やかに定着させ、その保持をより長くし、新しい学習に利用すること(転移)が大切ですが、復習はそのために生かされる、よく知られた方法です。

学校で習得することの、定着、保持、転移を図るための復習を、すべて家庭学習が担わないまでも、復習が家庭学習の重要な部分を占めることは間違いありません。親としては、復習の意味を正しく認識して、既に学習したことを、子どもが自ら想い起こし、再び繰り返して誤りなく学習するように促し、助けることが大切です。親が、正しくない能率主義に立ち、復習に際し、その本当のねらいを軽視し、復習する主体（子ども）を見失い、代行するようなことがあってはなりません。子どもの復習に誤りが見受けられる場合などに、必要に応じ助言をするなどして、学習内容の正しい、確実な習得を促すことは、もちろん大事です。

学校における新しい学習が、円滑に効率よく進むためには、予習の働きをなおざりにできません。家庭学習にどの程度予習を取り入れるかは、教科の種類、学習内容の難易、子どもの能力水準その他の条件により、いろいろ考えるべき点がありますから、簡単には言えませんが、ある程度、予習も家庭学習に期待されてよいと思います。

予習を介して、親が子どもに関わるとすれば、その大切な役割は、主として学校における学習に対し積極的に取り組むよう、子どもを動機づけることにあります。学校の学習の進度を上回る学習内容の先取りをするよう子どもを仕向け、結果的には、親の教育熱心な気持ちを満たし、子どもの他者に優越しようとする競争心をあおることに終始するとしたら、それは大きな誤りです。現在行われている小学校、中学校の学習内容によると、一般的には、家庭学習で予習まで手が回りかねるというところが見受けられる向きもあります。しかし、いずれにしても、子どもが、学校で次々出会う新しい未知の学習に対し、強い興味を抱き意欲を燃やす、積極的な構えを取るようになるかどうかは、子どもの家庭学習に関わる親の在り方に影響されるところが少なくないでしょう。子どもに心理的な負担を強めるような予習をさせることは、学習に有害となる情緒的な動揺や混乱を引き起こすだけであり、いくら教育熱にはやっても、親としては厳に慎むべきです。

4 家庭学習の独自性を子どもの学習に生かす

家庭学習は、学校の学習と密接に結び付いても、あくまでも、学校とは違う特徴を持って家庭で行われるものです。そこで、親としては、学校の学習との調和を損なうことなく、家庭の独自性が、家庭学習に十分生かされるよう努めたいものです。

学校では、子どもは、直接的な競争を大なり小なりにもたらす、心理的、社会的な集団である学級の中で、心理的な緊張をさまざまな程度に味わいつつ学習をしています。学級という集団学習の場で、良く勉強し失敗は避けたい、友だちから認められ、友だちより優れたいなど、いわゆる社会的な要求と呼ばれるものの満足、阻止を巡って、いろいろな経験をしています。

家庭は、子どものこのような心理的緊張から解放し、心に安らぎを与える休息の場所でもあります。子どもが学校の学習で経験する心理的緊張を、そのままあるいは大きくして家庭に持ち込むような、競争をあおる学習を、親は家庭で子どもにさせるべきではありません。いたずらに子どもの心を苛立たせ、学習の効果を減ずるだけです。

健全な家庭学習では、有害な競争心を刺激せず、子どもを集団競争の場面で心理的に圧迫しない個人学習ができます。授業時間のような形式的な学習の時間の拘束や制限も少なく、学級の中で進む学習では不十分になりがちな、子どもの能力や性格の違い、つまり、個人差に応じた学習もより期待できるでしょう。親は、このような家庭学習の特徴を見逃してはなりません。学校の学習から持続、累積する学習に対する情緒的な緊張は、勉強に対する興味を刺激するどころか、効果的な学習にはマイナスに作用する場合が多いのです。

教師と共に、親は重要な教育者ですが、親と子どもの関係は、自然発生的なものであり、愛情のきずなで固く結ばれた、最も基本的な教育の形です。そこには、反復的、継続的な関わり合いがあり、血の繋がりからくる強い親近感が見られます。一般に、親と子どもの両者の自我の相互的な共有は非常に大きく、心理的な距離は極めて小さいと言えましょう。

このような特徴は、教師と子どもとの関係にはない強味と弱点を備えています。親は、この教育的な関係の独自な特徴を、家庭学習全般にわたり、積極的な効果がもたらされるよう、正しく有効に生かす必要があります。例えば、子どもを塾に通わせ、家庭学習を塾に全面的に委ねるなどは、一般的には好ましくないと思われます。

子どもの成長の可能性を信頼し、その自発的な発現を助ける教育の営みにおいては、子どもの心を思いやり、その心に潜む感情や考えを誤らずに捉え、どのような気持ちでも心置きなく自由に表すように促すことが大切です。このような条件が満たされますと、子どもは、知的な面ではもちろん、心のすべての面で、生き生きとした成長を存分に遂げていくでしょう。親は、言うまでもなく、子どもをよく知っている、子どもに最も親しい存在です。それゆえ、子どもにとって望ましい成長条件を保証する、よき相談相手となるだけのものを、本来備えているはずなのです。

家庭学習においては、教室とは異なり、その独自性があるがために、気軽に分からないと言うことができ、失敗を恐れず勉強に取り組めるようなリラックスした気分へと子どもを誘う雰囲気が生まれることが期待できます。親は、いわゆる許容的な状況を作り出しつつ落ち着いて感情的にならず、忍耐強く、子どもの勉強の相談に、心から耳を傾ける姿勢を取りたいものです。

親の子どもに対する、このような関わりからは、教育で最も大切な相互信頼がより高まる一方、子どもが持っている学習の問題を的確に捉えることができるようになります。子どもは、進んで学習上の問題(勉強時間の設定、勉強の仕方、学習に対する新しい関心など)につき、親に相談するでしょう。

親が、良き相談者にふさわしい対応をすれば(たとえ相談に答えるのが難しく不十分であると思っても、できる範囲で誠意を込めて答えることが肝要です)、学校における、子どもの学習上の余分な緊張や不安は消え、失敗にうずく心の傷も癒やされ、次の学習が力づけられるでしょう。わが子の学業成績を気にする余りに、焦りに溺れた感情の抑制ができず、子どもに、心の余裕を与えず詰問するように迫り、その結果、劣等感を植え付けてしまうような態度は、極力避けたいものです。

5　家庭における学習環境を整える

子どもが、自発的に学ぶ意欲を抱き、主体的に学習しようとしても、その学習に何らかの影響を与えると思われる、子どもを取り巻くいろいろな要因が、子どもの学習に不都合であると、学習は効果的にできません。学校は、意図的、計画的に構成された教育の場であり、教室環境と言われる学習の物的な要因についても、通常意識的に多くの配慮が払われています。これに比べ、家庭における学習の環境は、学校ほど意図的に整えられているとは限らないのが実情でしょう。そこで、家庭における学習環境を整えることも、親が家庭学習で果たす大切な役割の一つとなるでしょう。

学習の場は室内に限られるわけではありませんが、学校に教室があるように、家庭においても、子どもが落ち着いて勉強できる、決まった場所を用意する必要があります。このような学習の場を子どもに与えることにより、一定の場所で勉強にいそしむ習慣が身に付く助けにもなるでしょう。

しかし、学習のためのコーナーを、単に空間的に確保してやればそれでよいわけではありません。その場所の広さ、採光、照明、通風、音響、温度、湿度などの物理的な要因は、学習に備える子どもの生理、心理的(身体の調子や気分など)な条件を調整する上からも軽視できません。机や椅子の形状や高さは、学習の能率にもかなり関係するだけに、十分気を付けてやらなければなりません。これらの要因すべてに配慮が行き届けば、それは文字通り、学習のために最高の条件が整えられたことになるでしょう。すべてでなくとも、できる限り考えてやりたいものです。

学習に必要な図書(参考書、図鑑、辞典、辞書など)、その他学用品なども、可能な範囲で一通り備えることも、学習環境を整える上で大切です。これらのものをただ多く与えれば、それだけで学習の効率が上がると言うものでもありません。子どもの能力に適ったもの、興味のあるもの、求めているものを、学校における学習の実際を考え、精選して過不足なく用意するよう心掛け、子どもが利用しやすいよう備えてやる細かな配慮が必要です。子どもの学習意欲を刺激し、いつでも学習に取り組めるよう、学習環境を整えておくわけです。

一方、家庭学習の人的な環境を整える面にも、親は十分気を配らなければなりません。子どもを巡る家庭内の人間関係や家庭全体の雰囲気は、学校におけるいわゆる学級環境に劣らず、家庭学習に大きく影響します。親の養育態度に一貫性が欠けていたり、親子やきょうだいの間に強い感情的な軋轢などがあると、子どもに有害な情緒的緊張を生み出し、子どもの家庭学習だけでなく、学校の学習に対してもマイナスの作用が生じます。家庭内の人的な要因に好ましくない状況があれば、効果的な家庭学習のためにも、親として、それを改めるよう努めることが大切です。

6 子どもの自発的な学習意欲を培う

自発性こそ人間の活動の根源であり、そのエネルギーは、個人が自己に潜ませている成長の可能性にあると言われています。自発的な活動には、ものを創り出し、考え出す創造があり、子どもの創造する喜びは、成長したい心を刺激し、自発的な活動を誘発します。ですから、子どもが主体的となり、自発的な学習が行われる時には、効果的な学習が一層活発となり、真の学習が生まれるのです。

親子には、一体的な緊密性があるため、ともすれば、親は子どもの学習を冷静に見る目を失いやすいものです。そのために、子どもの学業成績が、親の期待している水準に達しないと感情的になり、子どもの状態をよく考えずに、一方的に教え込む勉強を強いる傾向が往々に見られます。これでは、家庭学習は、子どもにとり重苦しい負担となってしまいます。そして、子どもが自発的に学習しようとする気持ちも潰れてしまいます。家庭学習においても、学校の学習同様、自発的な学習意欲が培われなければなりません。

ところで、子どもは、内に自発的な学習への気持ちを秘めていても、直ちに自発的に家庭学習に取り組むとは限りません。場合によっては、親は、自発性を出発点とする学習へ子どもを促し、導く努力をすることも必要です。そこで、自発的な学習意欲を、いかにして育てて行くかが問われることとなります。この点について、若干ふれておきたいと思います。

自発的な学習を誘うものは、まず、興味であることを忘れてはなりません。興味が持てなければやる気をなくし、結局学習は起こりません。子どもは、興味あるものを自発的に学習しようとするのです。興味は、子どもの能力に影響されるところが大きく、学年によっても異なりますが、子どもが既に知っていることと食い違う場面に出会うと生じやすいと言われています。

目標を成し遂げたい気持ちも、自発的な学習意欲を生みます。勉強の明確な目標を示してやり、それを達成した成功の喜びを味わえれば、学習意欲は一層高まるものです。過去の(これまでの)自己を挑戦の目標として、それを乗り超えれば、子どもは自分の進歩向上を直接に実感として体験し、自発的な学習もさらに動機づけられるでしょう。親に褒められるからというよりも、興味が湧くから勉強するというように、子どもの心の内から発する動機により学習が進むよう、子どもを促していくことが大切です。

子どもは、これまでの自分の経験、興味、要求、能力などによく当てはまる学習ができる時には、自発的に全力を出し切って学習するものです。それゆえ、自発的な学習を促すことは、個人差に応じた学習を強調することにもなります。実は、家庭学習では、親が適切な態度を取れば、学校の集団学習では不足しがちな、個人差に応じた予習も期待できるのです。そして、それは、やがては学校の学習をより一層中身の濃いものとしていくのです。

7 おわりに

家庭学習における親の役割を振り返ってみますと、これに親が関わり、行うことはいろいろあるように思われます。しかし、論じ詰めますと、親が家庭学習で果たす役割ははっきりしています。つまり、責任を見失ったような無関心さは慎み、誤った社会的、教育的時流に迷わされずに、家庭学習を人間教育の一環として受け止めます。家庭学習が、全人教育から離れ、逸脱して行くことがないよう、子どもの学習を積極的な関心を持って見守ります。必要に応じて、家庭学習が、子どもの自発的な学習意欲により、能率的に行われるよう正しい方向づけをします。これが親に課せられている家庭学習における役割であると言えましょう。

親がこのような役割を取れば、家庭において皮相的な目的に傾きやすい、いわゆる教科の学習に代表される知的な学習が、豊かな人間性を育む学習に高められていくことにもなるでしょう。総じて、家庭学習において、親はいわば聡明な相談者的な役割を果たすのが望ましいと思います。現在の学校教育で、ともすれば不十分になりがちな人間教育を全うする大きな仕事が、親にもあることを忘れてはなりません。

(『児童心理』第31巻 第1号、金子書房、1977・1 pp.58〜65)

第6章

学習意欲を育てる親の心得、その8か条

本当の学習は、意欲があってこそ進みます。親が子どもに正しい、
強い学習意欲を育てるポイントを挙げてみます。

1 学習意欲を育てる8か条

小学生の頃が学習期と言われますのは、この時期の特徴をよく表しています。小学校に入り、学校生活が繰り広げられるようになりますと、子どもの生活の場は急速に拡大し、経験も多彩になり、文字通り学習の機会が増えます。子どもは、学校に通い、知的、あるいは社会的な知識、技能、態度を身に付けていくように求められます。身の周りへいろいろ働き掛けようとする強い行動力、旺盛な知識欲を見せる、子どもたちの意欲的な姿から、学習がこの時期の子どもの成長に極めて重要な要因となっていることが分かります。

小学校生活を歩む過程で、子どもは遊びと仕事を分化させつつ、明確な課題意識と、〝堅実な注意と粘り強い勤勉さとを備えた自我の力〟を発達させているのです。この時期の子どもは、本来、勤勉に学ぼうとする存在なのであり、その学習意欲を育み、十分に発揮させるための配慮は、教師のみならず、親にとっても非常に大切な努めです。

学習意欲とは、積極的に考え、選び、決め学習していく力であり、学習意欲が漲っている子どもには、学習に際し、自ら立てた目標に対し、計画的に、ためらうことなく取り組み、自分の力で困難を乗り超え、その目標を成し遂げていく姿が見られます。そして、このような目標の達成は、子どもの学習意欲を、さらに、持続、向上させていきます。本来の学習意欲を右のように考えると、意欲的に学習する子どもを育てるために、親が心得ておくべきいくつかの条件を挙げることができます。

2 その一・心の安定を図ること

一般に、心理的な安定を欠いていますと、ものごとに気持ちを集中させて取り組めず、行動が混乱して、非生産的となります。子どもが、家庭において、不安や苛立ちの気持ちに襲われ、心の動揺に晒される状態に陥っていると、学習に対し意欲を持つ基盤が既に失われています。意欲的に学習のスタートが切れないわけです。例えば、子どもの働き掛けを、一方的に拒み、抑える親は、子どもの学習意欲を育て難いと言えるでしょう。

子どもの心が、和んでおり、落ち着いていれば、ものごとに余裕を持ち、注意を集中し、学習にバランスよく取り組むことができます。自分がどのくらいできそうかについて、実際の能力と余りずれることなく見通しを持つこともできるでしょう。したがって、子どもが、自ら妥当な学習目標を立て、その課題を積極的に達成しようと努力し、やりおおせたという実感を味わうことのできる結果に終わることが十分期待されます。

親が、子どもに学習意欲を持たせようと焦る余りに、子どもの心を鞭打ち、動揺させ、不安な心理緊張を生み出すような、失敗をほのめかす学習を強いますと、子どもは、学習不安を抱き、学習意欲を弱めるだけです。

3 その二・自主的な気持ちを育むこと

意欲の本質は、自己をコントロールし、自ら進んで、自分で決め、ことを行う点にあります。つまり、自律性、自発性、自主性は、意欲を支える大切な三本柱と言ってよいでしょう。学習意欲を育むには、これらの特性の働きを重視しなければなりません。

ところで、これらの特性は、子どもが、毎日の生活経験の中で獲得してくるものです。家庭の日常生活において、これらの特性を育むことを怠っていて、学習と意欲を燃やせと迫っても、それは無理でしょう。もちろん、子どもは未熟ですから、始めから自律し、自発し、自主的に行動することはできません。大人に依存しなければならない場合も多々あります。しかし、親が期待している水準に達しないというただその理由から、子どもの行動に対し、過ぎた保護や過ぎた干渉をしますと、子どもに自主的な気持ちは育ちません。したがって、学習に意欲を抱かせることが望めないのは、当然です。

学習意欲を育てるには、日常の生活全般で、子どものこれらの特性を大切に培ってやらなければなりません。基本的生活習慣のような、極めて日常的な行為で、子どもの自主性等を育むよう心掛けることです。あるいは、勉強の場合でも、やりぬけそうな目標を設けるよう助言し、他から強制されず、自ら目標を達成する経験を促すことです。自ら達成できたという経験が重ねられれば、それは、自ら行う気持ちを着実に定着させていきます。

自分でできる体験は、自分でしようとする気持ちを強めるものです。親が、わが子の失敗を避けたいがために、手を貸し、させる働き掛けに終始すれば、失敗の不安におののき、失敗から逃げるために親に頼る気持ちを、子どもに植え付けるだけです。

4 その三・興味を大切にすること

学習には、一定のことがらをものにするという目標があり、その目標に向かう活動を起こす状態、つまり、動機づけを欠かせません。子どもが、学習意欲を持つには、この状態にならなければなりませんが、動機づけには、子どもの内からの要因(興味など)によるものと、外からの要因(賞罰など)によるものがあります。自律的、自発的、自主的という学習意欲の本質的な特性を考えると、まず、子どもの内から作用する内発的な動機づけを重視したいものです。外発的な動機づけは、他律的なものでもあるからです。
子どもが興味を抱いていることは効率よく学習され、その結果、子どもの学習意欲は高まります。自発的な学習は興味があってこそ初めて行われると言ってよいでしょう。学習意欲は、知りたいという気持ちが満たされ、面白いという体験が実感される過程で培われていきます。ですから、現在、子どもが抱いている、また、持つことができる興味を大切にし刺激したいものです。

子どもには、成長してきている能力を自発的に使い、それに没頭する傾向があります。強い興味を示すことができることを成し遂げる能力を備えてきているのです。したがって、子どもが強い興味を見せる学習は、子どもに、その経験から着実に学ぶ準備ができており、極めて適切な時期に行われることになると言えるのです。そして、その成果は確実に定着し、その上に加わる学習ができるように役立つことになります。

教育の専門家である教師はもちろんのこと、親も、子どもが学習でどのようなことに好奇心を寄せ、興味を持っているかを、よく理解し、それらを大切にすることが大事です。子どもが示す好奇心に共感し、子どもが見せる興味に関心を寄せ、助言に生かすことです。興味に発する学習は、子どもに満足をもたらし、その結果高まる意欲は、学習全般に及んでいきます。

5 その四・自信を持たせること

既に述べましたように、小学校の時期における子どもの身の周りへの関わり方は、本来、勤勉であることをその特徴としています。しかし、勤勉な取り組みが必ず成功に終わるとは言えません。学習では、このことは特によく当てはまります。学習経験は、子どもの能力感と密接な関係があります。新しいことを学習する場合には、失敗はつきものと言ってよいと思います。もし、失敗、つまり、できなかったという体験をいたずらに繰り返せば、やる気は弱まり、失われます。これは、劣等感のなせるわざです。

したがって、学習に取り組んだら成功した、うまくできたという体験を実感する中で、子どもが学習に自信を抱くようにすることは、学習意欲を育む上で、非常に重要です。成功は努力しようとする気持ちを刺激するのです。ところで、できたという実感は、自分が目指した水準の目標に達した時に体験できます。とすると、子どもがここまでやりたいと考える目標が、子どもの能力にふさわしいものでなければなりません。子どもが自己の能力に沿う学習目標を立てるよう助言し、目標に達したら褒めることが大切です。子どもは、自信が湧き、次の学習も頑張ろうと努力に拍車を掛けるでしょう。

一方、子どもが失敗した場合、親はそれを小言で咎め立てしないことです。失敗の原因を気づかせ、同じ失敗を不注意に繰り返さない手立てを考えるよう促すことに心掛けましょう。よい結果のみを望むのが常である親は、子どもの失敗を慰めるよりも叱り、次の努力を励ますよりも手落ちを責めやすいものです。その結末は明らかです。子どもは、劣等感に悩み、学習意欲を低めるだけです。

6 その五・耐える力を育てること

学習には、新しい課題に臨み、解決していく側面がありますが、子どもにとってみれば、新しいものに取り組むということは、その向こうに目指す目標がある障壁を意味するとも言えます。この障壁をよじ登り、乗り超えていくには、かなりの頑張りが必要となる場合が少なくありません。たとえ、壁から滑り落ちても、めげずに、最終的には乗り超えていく気力がなくてはなりません。思うようにできなくても、その失敗に耐え、困難を克服していくだけの粘りがいります。

学習意欲を培うには、この側面を見落してはなりません。昨今の親の養育態度には、子どもの耐性の成長を阻む要因があります。例えば、過保護や過干渉がそれです。子どもが要求するがままになったり、要求を適度に満たし得ない経験を重ねれば、耐えて頑張る力は育ちません。

例えば、算数がよくできない子どもには、過保護に育てられた者が意外と多い事実は、その辺りの事情をよく物語っています。知識が論理的な層をなして構成されている算数で、学習意欲を失い、不振に陥る子どもは、学習のつまずきに耐えられず、投げ出してしまい、頑張れないため、算数の学習にもろくも挫折してしまうのです。

自ら立てた学習の計画を柔軟に遂行するには、困難に耐えて頑張る力が必要なのです。もちろん、自分の手に負えないことは認め、親に助言を求めることはあってもよいと思います。失敗を恐れる不安の余りに、煩わしく思うために、頑張れなくては困るのです。正しい自信に支えられた耐性を育むように心掛けましょう。

7 その六・自己責任性を培うこと

何ごとにでも、自分の努力でうまくできたと思えれば、やる気は倍加します。自分が精一杯勉強したから分かったという学習体験は、自分の努力ですればできるという自己責任性を子どもに生み出します。学習意欲を高めるには、このような自己責任性を具体的に体験していくことがとても大事です。

困難な学習に取り組んでいる時には、親の助力を必要とする場合もあります。子どもが自ら何一つ行うことなく課題が解決できるわけではありません。親は、自分の教え方が良いとか自分が教えたからできたというような、自己満足に浸る過誤を犯さないことです。子どもが、自ら努力した点を認めてやり、自分は努力すれば成し遂げることができる力を持っているという、自尊感情を育むように努めたいものです。

目に見える学習の効果は、本来、すぐには現れません。日々の努力の積み重ねが、徐々に成果を生んでいくのです。たとえ、親の期待に沿うものが出て来なくても、少しの進歩でも認め、要領が悪く無駄と思われる取り組みでも、じっくり見てやり、できているところは褒めるだけの寛大さが大切です。子どもが自分の努力で成功を導き得る体験を度重ねることができるよう、温かい配慮をするのです。

このような体験を重ねる過程で、子どもは自ら、自分が達成できると思われる目標、自分が望み、自分に意味のある目標を選び、目指す力を備えてきます。そのような自覚に基づく目標が達成できれば、意欲を燃やし努力することの意味が分かり、子どもは、失敗しそうな新しい課題にも、失敗を恐れず挑戦する気力を出すものです。自ら努力すればできるという気持ちが育てば、失敗の恐れを抱かず、高過ぎる目標に苦しむことなく、学習に積極的に取り組むことができます。一方、親に鞭を当てられるから学習するという体験は、自立的な学習意欲の成長を妨げます。

8 その七・学習の条件を整えること

最近の子どもには、宵っ張りの者が少なくないとよく言われますが、このような生活のリズムの崩れは、学習に大きなマイナスの影響を与えます。宵っ張りのため起床が遅れれば、大脳の働きも十分に活性化されず、学校における学習の身体的、心理的な条件はベストの状態になっていません。それにもかかわらず、とにかく学習に取り組まなければなりません。これでは、学習への動機づけは高まらず、学習内容の理解や定着などが妨げられます。学習に対する興味は刺激されず、勉強を敬遠する気持ちが生まれてきても仕方ありません。

学校で学習能率が上がらなければ、補習の意味でも、家庭学習に余儀なく負担がかかります。授業で生じている心身の疲労により、家庭学習の能率が悪くなり、宵っ張りに拍車が掛かり、その結果、睡眠が不足します。このように、生活のリズムに悪循環があっては、学習意欲は到底育ちません。就床及び起床の時間と学業成績との関係を調べたある調査では、早寝、早起きに努めている子どもたちに、学力をよく発揮しているものが多いことが分かっています。

余りに日常的なことであるので、見過ごされやすいのですが、子どもの生活のリズムは大切にしたいものです。生活リズムに乱れがない家庭生活を送っていれば、学習のための心身の条件は整いやすく、学習時間の計画的な配分もしやすいでしょう。したがって、学習の習慣や態度の形成も円滑に進み、学習の能率も上がります。必然的に、子どもは学習に意欲を持つようになります。

勉強机や椅子の高さ、勉強する部屋の採光照明、通風などの物理的な条件についても配慮して、学習の効率にもかなり影響すると思われる、子どもの生理的、心理的な状態を整えてやることも大切です。子どもが利用しやすい、興味を持ち、求めている、図鑑、辞典、辞書などの図書や、学習に必要な学用品等も、できる限り備えて、学習への取り組みの道づけをしておきたいものです。

9 その八・よき相談者となること

親が子どもの学習に直接関わるとすれば、それは家庭学習においてということになりますが、家庭における学習は、教師や学級集団という心理的な圧力(例えば、前者では成績の評価、後者では学習の競争など)を受けることのない、緊張の少ない個人学習という特徴を持っています。親は教育の専門家でありませんが、心掛ければ、このような家庭学習の特徴を生かして、子どもにきめの細かい助言ができるのです。それは、子どもとの間の温かい、時には厳しい、密な人格的なふれ合いを通じ、子どもの主体的な学習を支えていくことです。

学習は、子どもにとってみれば、成長を目指し新しい経験を試みる挑戦だとも言えます。このような挑戦で、子どもは、努力して成功し喜ぶこともあれば、失敗した痛手を癒やし、立ち上がっていかなければならないこともあります。子どもの学習で、より高きを望み、より成功を求めるのは、多くの親の偽らない心情でしょうが、親は子どもの良き相談者としての姿勢を忘れないようにしたいものです。

学習に取り組んでいる子どもの心に耳を傾け、思いやり、その努力を認め、達成を褒め、失敗については、小言にひとしい叱責に偏らず、解決への方向づけのある助言をします。そのような温かい、子どもの努力を支える関わりは、子どもに、能力にふさわしい自信を生み、学習意欲は順調に育まれていくでしょう。

親が子どもに学習意欲を燃やすことを求め、期待する以上、親自身も、日常生活でものごとに対し意欲的な取り組みをすべきだと思います。子どもは、親のそのような姿に、自ら学び取るものを見つけるはずです。親は、子どもの良き相談者であると共に、良き手本でなければなりません。

自分で選び、決め、行う自由、つまり、意志の自由は、人間を真の人間とするものです。人間の教育で最も重視されなければならないものの一つは、この意志の育成です。大脳生理学的な観点から見ても、小学生の時期には、思考、情操、意志の働きの中枢がよく育まれると言われています。したがって、親がこの時期に、子どもの学習意欲を培う関わりに努めることは、単に、学習において知識、技能、態度の習得の効率を高めることにとどまるわけではありません。子どもの、人間としての人格的な成長に極めて重要な意味を持っているのです。

健康な学習意欲を育てることとは、強固な意志、健全な自我の力を培うことであり、教育が担う基本的な仕事なのです。したがって、それは、親にとって、とても大切な役割であると言えます。親がその役割を全うするには、意欲が成長してくる心の機制を正しく理解し、それを、子どもとの関わりで生かさなくてはなりません。

（『児童心理』第39巻　第14号、金子書房、１９８５・11　pp.４９～５６）

第7章

勉強でやる気、努力、けじめを求める

子どもが勉強で努力するには、生活にけじめとやる気があることが必要です。それには親はどうあったらよいでしょうか。

1 急がず辛抱強く、自らやる気を引き出す

子どもの教育の実際が、「教育論」通りにならない場合は決して少なくないように思われます。わが子の教育となると、なかなか思うようにならない、難しいというのが私自身、一人の親としての実感です。

しかし、改めてよく考えてみますと、それは当然とも言えるようです。親になればこそ、わが子に望ましいこと、つまり、あるべきものを求めたくなるのですが、そのような親の思いには遠いわが子の現実の姿があるからそう期待するのでしょう。したがって、親がわが子の教育を心掛けるとき、理想と現実が一致し難いのが、むしろ自然なのかも知れません。

無論、親がわが子の教育に関して理想を抱くことは、大切です。ただ、わが子の現実の姿を余り考えることもなく、その理想へ追い立てることは、私は慎みたいと思っています。子ども自身が成長していこうとする気持ちをおろそかにするような気がするからです。

勉強は二の次のように、テレビを見たり、マンガを

読んだり、ファミコンに興じたりしているわが子の姿を目にとめると、勉強はどうなっているのかと気になり、時には叱りたくもなります。場合によっては、注意の言葉をかけることもありますが、楽しんでいることを一方的に中断させ、強制的に勉強に向かわせることはしないようにしています。この辺りの呼吸は、いささか難しいのですが、勉強へと急がさず、子どもが自ら勉強に取り組むまで、辛抱強く見守るよう、心掛けています。

勉強への取り組みは、その契機はいずれにしろ、子ども自らやる気を持って出発していることが大切だと思うからです。勉強するのは、他でもなく子ども自身ですし、子どもが、自分の可能性に自ら挑戦するのが勉強だと言えます。子どもが、自ら自分を磨く姿勢を培ってやりたいものだと願っています。

勉強は、子どもが自ら成長していくには欠かせない課題ですが、子どもは、このような課題を成し遂げようとする気持ちを本来持っているものだと、信じています。たとえ、その気持ちが生み出すものが、親の期待に十分沿うものと考えられなくても、成長していきたい気持ちはとても強いものであると思います。この子ども自身の成長しようとする心に、全幅の信頼を寄せることが大切ではないでしょうか。

子どもの成長の歩みは、親が望むほどに速くないかも知れません。わが子を見ていますと、いろいろ脇道に足を踏み入れているように感じられる場合も少なくありません。それをもどかしく思うことがしばしばあります。しかし、子どもには子ども自身のペースがあるものと受け止め、わが子の勉強の歩みを、焦らず見守ることに努めています。

このような待ちの姿勢でわが子を眺めていますと、成長する姿が見えてきてうれしいものです。親の喜びが、子どもと接する態度に自然と表れているのも一因なのでしょうか、自らやる気が、わが子に少しずつ育ってきているように思われるのです。そう言えば、私自身も親から勉強をするようにと言われた記憶がほとんどありません。それでも、自分から勉強をしていたようです。

2 結果より努力が大事と心掛けさせる

子どもが勉強して、よい結果を得るならば、それは親にとっても大変喜ばしく思われます。子どもがそのように頑張ることを、親として望みたくも思います。しかし、いつでもそのように勉強の成果が上がるわけではありません。もう少しと言いたくなる成績を取ってくることもあります。時には、小言をこぼしたくなるのも、親の自然な気持ちでしょう。

そんな時は、子どもは自分の結果をある程度気にしています。ですから、その訳を知らないまま、むやみにわが子を叱らないよう気を付けています。勉強の成果は、すぐ現れるものではありません。子どもが自分なりに努力を続けていれば、いつか、それにふさわしい花を咲かせることでしょう。もちろん、美しく、大きく咲いた花は、いずれの親にとっても期待に応えるものでしょうから、愛でるに価します。しかし、たとえ細やかに咲いた小さな花であっても、咲かせる努力があってこそ開花したのです。その美しさは、大きな花に決して劣りません。わが子なりに頑張って咲かせた花は、健気に見えてきます。

わが子の勉強に関しては、私はこのように、努力こそ尊いものだと考えています。ですから、勉強では、結果よりもそれに至るまでの努力を大事にするよう、わが子に心掛けさせたく思っています。子どもは、いわゆる勉強により、新しい知識や技能をものにし、賢くなっていきますが、勉強で努力する経験を通して、わが子の人となりが作り上げられていくことを大切にするよう、努めている積もりです。

「人生の質は、どれほど努力したかで決まる」と言う言葉がありますが、勉強は、この努力する心の営みにとって、最良の機会になるものだと思います。わが子が勉強をそのように受け止めてくれることを、そして、自分の人生を大切に生きてくれることを、願っています。

このような思いから、わが子の勉強については、まず努力に目を向け、認め、その不足に対しては、静かに子どもなりの反省を促し、時には今後の姿勢を考えるよう仕向けています。親の欲目でしょうか、わが子は、親から自分の努力を認められ、勉強への取り組みに意欲を見せてきているように思えるのです。

3 よく遊び、よく勉強するようにけじめを付ける

毎日、生き生きした生活を送るには、けじめが大事です。けじめのある生活には、新鮮な息吹が絶えず漲っています。子どもの毎日の生活がそのようであれば、勉強にも活力があふれてきます。

勉強に気をもみながら遊び、遊びを気にしながら勉強をしていては、いずれにも身が入りません。いたずらに時間が立ち、いい加減に時間を費やすだけで、生活の張りが失われます。そんなわけで、本当に勉強するではなし、心から遊びに夢中になるではなしの状態に、子どもが陥ることは避けるように努めています。勉強と遊びのけじめが大切なことを、わが子に話しています。

子どもの生活から遊びを奪えば、本来の子どもの生活は無くなります。自分が子どもであった頃を思い起こしますと、わが子の遊びたがる気持ちもよく分かります。子どもに、遊びたい、そんな気持ちが満ちている時は、存分に遊ばせることが大事です。人間はある活動に満足できれば、それとは別の活動に心を向けていくものです。一つのことに思い切り打ち込むことは、他のことにも打ち込む構えを生み出すことでしょう。

一方、子どもの心の吸収する力には、目を見張るものがあります。それゆえ、ものごとを系統的に学ぶ勉強は、もちろん、子どもの成長にとても大切な役割を担っています。したがって、子どもが、遊びにとめどなく流されることは望ましくありません。日常の生活の中で子どもが自ら進んで、遊びから勉強へと切り替えていく体験は、と

ても重要であると思います。このような節目を大事にするには、生活に計画性が求められます。

それで、わが子には、自分なりに一日の時間の使い方を工夫するよう助言しています。子どもが考えた時間の使い方については、たとえ拙くても、できるだけ尊重するように心掛けています。親として、修正を求めたい気持ちに駆られても、わが子の考えをできるだけ大事にしています。

よく遊べるなら、勉強にも力を傾けることができるだろうと、わが子を信ずることにしています。親の気持ちが分かっているのか、わが子はよく遊びますが、勉強への切り替えも、自分でするようになってきました。決して、よく勉強しているわけではありませんが、どうやら子ども時代の特権を享受しつつ、それなりに勉強しているようです。

4 自分を正しく大切にが生活信条

「やる気」「努力」「けじめ」のいずれにしろ、勉強でわが子に求めるものは、特別のことではありません。私の子どもたちは、ごく普通です。けっこう親の手を焼かせ、子どものことで一喜一憂することなどしばしばです。したがって、勉強に関して、わが子に望むことは、このように、極めて当たり前のものとなります。

私は、日常の生活では、基本的なことが大事であると考えています。「やる気」「努力」「けじめ」も、この考えに基づいているわけですが、それは、子どもが自分を正しく導くことになるものと思っています。私自身も、自分を正しく大切にすることを、生活信条としています。

「自分の人生という土地を精一杯耕す」なら、そこには、自分を成長させる喜びがあります。「自分を磨く姿勢」を忘れなければ、明るく輝く人生を生み出すことができます。私は、わが子がささやかでも、そんな充実した人生を送ってくれたら、と常々願っています。ですから、子どもが、自分の生活に誠実であり、勉強にも真摯であって欲しいものと望んでいます。

わが子が、自分の可能性を、自分で探り、見つけ、自分の力で自分なりに、正しく伸ばしていってくれるなら、親としてそれに優れる喜びはありません。それは、子どもが自分を大切にする生活に努めることを意味しますし、そのような生活を送るように心掛けるなら、少しでも社会に役立つ人間に成長していくものと信じているからです。

私は、わが子に勉強においても、こんな人生の生き方を学んで欲しいと思っています。子どもの自ら成長する力への親の信頼が、わが子に懸ける願いをきっと可能にしてくれるものと思います。

（『月刊ＰＴＡ』第３巻　第１号、草隆社、１９８９・１　pp.１４〜１７）

第８章

宿題の本来の役割について

宿題の本来の役割を正しく理解して、その取り組みを促せば、子どもの学習に大きな効果が生まれます。

1 宿題とは何か

宿題についてのいわゆる是非論は、宿題の在り方をどう捉えるかにより左右されるところが大きいように思います。そこで、「宿題の本来の役割」について少し考えてみることにします。

宿題は、子どもに、教師が学校で前もって示しておき、家庭でさせる課題としての勉強だと言えます。つまり、宿題は、教師から子どもが与えられる課題であり、次の学習に備えて、学校の学習を補うために、家庭で行われる学習だと言えます。

このように、宿題が一つの仕事、言い換えますと課業であることは、子どもの心の成長にとって大きな意味を持っています。遊びと仕事の違いを比べればよく分かりますが、一般に仕事では、少なくとも一定の目標を目指し、それを達成するために活動が行われます（遊びは必ずしもそうでない場合もあります）。したがって、課業である学習では、子どもは一定の目的を意識して活動することを求められているわけです。

このことは、当然、宿題にも当てはまります。子どもが宿題という課業を自ら経験することにより、何をしなければならないとする義務意識や責任感、目標を目指して励む行動力が培われるわけです。この宿題の成果についての評価が適正でないと、その作業が形ばかりのものに流され、親が子どもの肩代わりをする結果になりかねません。これでは、子ども自身の課業としての、宿題本来の意義が失われてしまいます。しかも、この好ましくない傾向は、従来、宿題批判の対象の一つとなっています。そのようなわけで、この宿題の誤った扱い方は努めて避けなければなりません。

2 宿題が持っている役割

もともと、学校でなされるはずの学習作業やその指導の一部を、家庭に持ち込むものが宿題ではありません。学校でのやり残しを始末するために、家庭に持ち帰る学習ではないのです。宿題には、学校での学習を補助し、これから行う新しい学習に備える役割があります。そして、そこには、学習（特に教科学習）を能率よくすることが図られているのです。

学習が能率的に行われるには、子どもが学習した内容がより速くしっかりと定着し、より長く保持され、他の学習にも効果的に活用される必要があります。いわゆる復習は、このような学習の能率化を進める、よく知られ行われている一つの学習の方法だと言えましょう。もちろん、子どもが学習内容を確実にものにする方法としての復習が、すべて宿題という家庭学習に課せられてしまっては誤りです。しかし、宿題が復習の働きの一部を担うことは、それが過度に流れない限り、教育上とても大切です。

この場合、言うまでもありませんが、子ども自らの復習が行われて初めて、宿題が本当に生きます。もし、親が宿題を代行するようなことがあれば、宿題本来の役割を無視することになります。しかし、時折、親が子どもの宿題を請負うことがありはしませんでしょうか。

予習は、これから始める新しい学習が効率よく行われるためのウォーミング・アップとなる点で大切であり、ここに予習としての宿題の役割も考えられます。子どもが、学校で次々と直面する新しい学習に対し、意欲を燃やし、関心を高め、好ましい積極的な姿勢を取るいわゆる動機づけにおいて、宿題は大きな役割を持っています。したがって、宿題が、子どもの学校における学習への取り組みの意欲を弱め、心の動揺を生み、子どもにとって過重な負担と思われるものであれば、本来期待されるはずの役割が失われていることになるのです。

復習が、子どもの日常の生活の実際をよく考慮された上で、宿題として与えられ、それが子どもの自主性に基づき、自らの意識的な努力で取り組まれるなら、学校の学習も、より着実に安定したものとして子どもに習得され、それは、新しい学習への、正しい動機づけを生み出す予習につながっていくことになります。

このように、宿題は、適切に行われるなら、復習と予習の意義がよく生かされ、その役割は十分に発揮されます。しかし、子どもの家庭教育や家庭生活全体が、宿題として与えられる教科の家庭学習が多過ぎるための犠牲になることは好ましくありません。宿題は、あくまでも学校の学習を積極的に補うことにとどまるのが望ましいと思います。もし、学校で手の届き得ない学習が、宿題の形を取って与えられるということになれば、それは、単に不備を補うという意味で消極的な学習になってしまいます。子ども自身の自発性が大いに働いて、子どもの能力に応じ、学校の学習の一層の充実が期待できるという、積極的な機能が宿題に与えられるのが良いと思います。親は、本来宿題はこのような観点に立って出されるものであることを、正しく理解していることが大切です。

3 宿題にある独自性

宿題が、学校の学習と密着する関係を持っていることは当然ですが、学校における学習の単なる延長ではないという独自性を認めたいものです。学校の学習は、一般に、子ども相互の間に生ずる直接的な競争を伴っている、その意味でも心理的な緊張のある集団学習です。したがって、学校の集団学習では不十分になりがちな、個性に応じた学習を、宿題を含む家庭学習に望むこと(子どもがその能力に応じた宿題を与えられるなど)もできます。そこで、この宿題の独自性を生かすためには、子どもの競争意識をあおり立て、時には劣等感を植え付けることにもなるような宿題は避けたいものです。

家庭学習と言えば、教科学習の復習や予習などと考えられやすいのですが、このように家庭学習を狭い意味で認識しますと、前にもふれましたように、家庭が学校教育の下請をしてしまう危険性があります。そして、宿題もそのような考えの下で扱われる恐れがあります。家庭教育には、学校教育ではともすれば不完全となりがちな人間教育を全うする独自の仕事があります。それゆえに、家庭における子どもの人間形成のための時間(家事の手伝いの時間など)が、あまりに宿題のために削られては、正しい宿題の在り方ではなくなります。宿題が、全人教育を目指す「教育」の目的に沿うものである以上、それは、家庭教育全体のバランスを崩さないものでなければなりません。

以上のように考えますと、日常的と言ってよい宿題も改めて正しく認識され、適切に扱われる必要があると思われます。特に、宿題への親の関わりは、人間教育の一環である宿題の役割が十分に発揮されるよう、宿題の仕方の助言や励ましの程度にとどめられるのがよいと思います。そうすることで、好ましい学習習慣も作られ、責任感ある態度やものごとに積極的に努力する能力が育まれるのです。

最近は社会文明の高度な発展に伴い、一般に学校教育に関し、知識や技能の習得が重視される傾向もなくはありません。その典型的な例が、学校の学習に一部取り入れられてきているコンピュータ化です。このような時期にしっかり対応し、宿題の本来のあるべき姿を改めて考えてみることは、子どもの教科の学習を豊かな人間性の教育に結び付ける上からも、意義のあることと思います。

（『青少年大阪』第１６５号、大阪府青年問題協議会、１９７１・8　p.２）

第9章

父親と子どものコミュニケーション

父親不在がよく問題にされ、父権の回復が重要であると言われます。
そこで、父親と子どもの心のふれ合いの大切さを考えてみます。

1 父親は「いない」のか

最近、父親なき社会という言葉をよく耳にします。父親不在ともしばしば言われています。ダメおやじとらく印すら押されている向きもあります。近頃の家庭における問題の実情を示していると思われます。

もちろん、親あっての子どもですから、父親はいるわけです。しかし、子どもの健やかな成長にとって必要な父親が、子どもの心の中にしっかりと父親としての座を占めているかどうかということを考えてみる時に、「大丈夫だ」と自信に満ちた答えが出る家庭はどのくらいあるでしょうか。残念ながら余り多くないのが現実のようにも考えられます。

家庭にあっての父親の存在について懸念の声が聞かれるのは、子どもが自分の人格を作っていく上で、父親という心の栄養を欠かすことができないからです。言うまでもなく、母親という心の栄養は非常に大切ですが、それだけでは栄養が偏ってしまいます。「母と子が手を取り合って父を無視」していては、子どもに問題が生まれる恐れがあります。例えば、登校を拒む子どもの家庭では、父親の存在感が薄い場合が少なくありません。本来のあるべき父親が子どもの心の中にいないと、子どもの心の強さがよく育たないのです。

では、子どもに存在感を与える、本来のあるべき父親とは、どのような姿として捉えられるでしょうか。「岩を砕く波のような心強き人」なのでしょうか。ある調査によると、子どもたちが心に描き、望んでいる父親の像は、力強い人、厳しい人であり、母親が「雪を溶かす大地のような心広き人」と歌われてもいますように、優しい人、温かい人であるのと対照的です。このように、厳父慈母は、子どもたちが時代を問わず求めているあるべき親の姿だと言えましょう。

父親は、子どもにとって、超えようとしても超えられない、しかし超えたく思う、力強く、厳しい存在であると受け止められている時に、「いる」と思われるのです。温かさ、思いやりも、子どもから父親にも求められますが、この力強さ、厳しさは、父親に求められるものなのです。このように、父親のあるべき姿を考えた時に、今日の家庭において、果たして父親は「いる」と言えるでしょうか。その答えとして、「いる」より「いない」を選んだ方が、実情とのずれが少ないように考えられます。

ところで、子どもにとっての父親がいないということは、いくつかの状況があります。まず、父親があるべき姿を見失ってしまっている場合です。物分かりのよい、優しい、弱い父親の例がそれです。次は、父親があるべき姿を理解していても、子どもとの関わりを避けている場合です。さらに、父親があるべき姿で子どもと接しようとしても、そうする機会を捉えることのできない場合もあります。

2 父親と子どもの対話はなぜ必要か

父親があるべき姿で日常子どもと関わりを持たないことは、子どもの成長に欠かすことのできない、父親と子どもとの真のコミュニケーション、つまり、対話が行われないことを意味します。忙しいの一言で、父親が子どもとの対話を逃げていては、子どもにとって父親がいないことになります。それは、子どもが自分の人格を作り上げていくのに大きなマイナスになります。

父親は、一家の主人として、家族が安心して生活できることを保障する重要な責任を担っています。父親は、頼もしい屋台骨として、家庭生活のためのしっかりした基礎を作っていく仕事をしています。このような父親が確かにいるという現実感があれば、子どもは、自分の家庭に対し全幅の信頼性を寄せることができます。

一方、父親は、家庭のいろいろな問題について決断、解決し、家庭生活の方向を定めていくという大切な役割を果たしています。そのような父親と心からの関わりができれば、子どもは、家庭で安心して生活することができます。

父親が、情熱を燃やし、自分の目標を目指し、家庭のため、あるいは社会のために、一生懸命仕事に取り組む姿は、子どもが、自分を発揮し、社会に役立つ人間に成長していく上で無くてはならないモデルとなります。父親には、子どもに、大人としての人間の生きざまを示し、生き方を教える、モデルとしての仕事があるわけです。

しかし、このような意味で、父親が子どものモデルとされるかどうかは、父親と子どもの関わり方によって大きく左右されます。子どもが、父親と互いに分かり合える対話を交わしてきていれば、子どもは、きっと多くのものを学び、取り入れます。子どもは、父親を進んでモデルとします。プラスの感情を抱くことのできる父親の考え方や行い方を自分のものとすることは、子どもにとってとてもうれしいことであるからです。

子どもに父親の存在感があるとすれば、子どもが、男性としての父親の役割を正しく受け止める機会に恵まれているからでしょう。本来の父親は、ものごとを全体の成り行きから捉え、長い目で見ようとします。その場限りの感情に迷わされず、筋を通してものごとを考えます。僅かなことでは決して動ずることなく、ものごとをきっぱり決めます。社会を代表する目をもって、ものごとに積極的に取り組みます。

父親は、男の子にとって男性としての確かな自分を作り上げていくための手本であり、女の子にとっては、望ましい男性というものを知る見本となります。

これらの点について考えてみましても、日常、父親と子どもとの間で心から理解し合える対話が交わされる必要のあることが分かります。

3 父親は子どもとどう対話をしたらよいか

ある調査の報告では、子どもたち（一五～二四歳）が父親と話さない理由の大部分が「話す機会がない」と「話すことがない」となっています。この結果には、話し合う時間を、あるいは話題を共に持つことができない父親と子どもの実際の姿がよく示されているように思われます。仕事に多忙なため、家にいる時間が少なく、子どもと接する時間の余裕を失い、わが子の寝顔を見るのが関の山であっては、家庭教育の柱としての父親の役割を果たすことができません。

しかし、いわゆるゆとりは与えられるものではなく、自ら生み出すものであるということを忘れてはなりません。父親が子どもと心の内を交わし合う対話が、子どもの成長にとても大事であることを思い起こし、わが子と接する時間を作り出すよう心掛けたいものです。その気になるなら必ずできます。子どもと話し合うことに、父親としての喜びを見つけようとする心構えが肝心なのです。仕事に疲れ、忙しさのためにして、知らない間に、子どもと対話することが避けられている場合もなくはありません。

とは言うものの、多忙な仕事に取り組んでいる父親には、子どもと接する物理的な時間を多く取れない現実があります。しかし、そのような時間の少なさについての心配はいりません。子どもが、父親と心を交わし合えたという実感を味わうことができれば、たとえその時間が短くても、心理的には父親と共にいるという気持ちに満たされた時間となります。父親と子どもの間で交わされる何げない言葉掛けでも、すばらしい対話になるものなのです。仕事に忙しい父親ほど、子どもと顔を合わせながら、僅かな時間でもよいから言葉を交わし合うようにしましょう。

子どもが父親と「話すことがない」ということは、子どもが父親に話しかけ、話し合い、分かり合えると思うことができるような、親と子に共通な話題を見つけにくい状況があることを示しています。子どもは、自分なりの物の見方を持っていますし、また、それを作り上げていこうとしています。父親にも揺るぎない価値観があります。父親が自分の確固たる価値感を持つことは、家庭教育の責任を大きく担う上で非常に重要ですが、そのために、子どもの物の見方を受け止める気持ちを失わないようにしたいものです。

父親が、自分の価値観と異なる子どもの物の見方に敏感となり、それを理解していくだけの心の広さは、父親が、子どもと心の対話を交わし、深めていくために欠かすことはできません。父親には、自分が慣れ親しんできた見方と違う見方で周りを見直す心の余裕が欲しいと思います。父親にそのような気持ちがあれば、子どもは、「分かってもらえる」「話せる」という実感を持ち、父親との対話を求めてくるでしょう。

4 どのような対話が望ましいか

父親と子どもが、心を開き、心を交わし、心から分かり合える話し合いができる時に、本当の対話が行われていると言えます。そして、そのような対話から、子どもが自分の成長に必要な滋養分を、十分吸収できるならば、理想的な家庭教育になります。

父親と子どもとの間で本当の対話がなされるためには、まず、両者の間に信頼関係ができていなければなりません。信頼できる関係がなければ、心を開いて話す気持ちになれないからです。父親が、子どもとの心からの対話を求めるなら、この信頼関係を大切にすることです。

父親が子どもの立場に立ち、子どもの感じ方や考え方を理解するように努めるならば、この信頼関係は必ずでき上がってきます。子どもが自分について感じ考えていると同じように、父親がわが子について感じ考えていることが子どもに分かれば、父親が自分を心から理解していてくれると、子どもは実感できるからです。

子どもが話そうとしていることに耳を傾けて聞くよう努めることは、父親が子どもと対話をするのに、とても大事です。子どもをしつける役割を担っている父親は、あるべきことを子どもに言って聞かせることに慣れており、あるがままのことを聞くことが一般に苦手です。聞く耳を持たない父親には、子どもは話しかけてきません。

心から耳を傾けて子どもの話を聞くということは、子どもの心を大切にし、子どものことに関心を持っていることになります。子どもの言葉に含まれている本当の気持ちを聞くことにもなります。父親が聞くことを大切にすれば、子どもは父親に心からの対話を求めてきます。子どもの話には心を集中させましょう。

もちろん、父親が子どもの話に耳を傾けているだけでは対話になりません。頷くなどで「聞いているよ」と子どもに伝え（よく聞いていれば、自然と頷くものです）、「もっと聞かせて欲しいな」などと話すことを促し（子どもと心からの対話に心掛けていれば、子どもをよく理解しようと、このような言葉掛けが自ずと出るものです）、さらに、子どもの話を聞き、父親として分かったことを子どもに伝えてやるようにもします。父親が子どもとのこのような関わりを心掛けるならば、父親と子どもの間には、隠し立てのない、思いやりのある、心温まる対話が生まれてきます。それは、互いに心にしみる、とても望ましい父親と子どもの対話であると言えます。

父親が親の権威に誤って拘りますと、威圧的な態度で子どもに話しかけることになります。それでは、父親が投げるボールはどんなボールでも受け止めよ、というようなものです。子どもの手にボールを任せ、いつ、どんなボールを投げてよこしても、しっかり受け止めることのできる名捕手である父親ならば、子どもと本当の対話ができるでしょう。子どもは、自分を大切にしてくれるそのような父親を尊敬し、日々の対話を通し、父親から、人生の生き方、人生を生きる力を学び取っていきます。

（『月刊ＰＴＡ』第1巻 第1号・創刊号、草隆社、１９８７・6 pp.３０～３３）

第10章

子どもの個性を育てる親

子どもの成長にとって、個性の発揮はとても大事なことです。
子どもに真の個性を育てるには、親としてどうあるべきでしょうか。

1 親が育てる子どもの個性とは

「個性」という言葉は、別にま新しいものではありません。日常の生活でよく使っています。「この子はとてもよい個性を持っている」「あの子の個性は何か鼻につくところがある」「最近の子の個性はどうも希薄になった」「子どもの個性の芽生えをもっと大切にしなければならない」「子どもの個性を伸ばすしつけが必要だ」「現代社会では子どもの個性が育ちにくい」等々、例を挙げれば切りがありません。

子どもの個性と一口に言えば、それだけで何となく理解できているかのように思われますが、子どもの個性について論ずるとなりますと、事情はそれほど簡単ではありません。子どもの個性を話題とする場合、これらの例からも分かりますように、いろいろな見方から個性を捉え考えています。「子どもの個性」という言葉を、気軽に使い慣れていますが、それは何かと問いますと、実は様々なニュアンスを含んでいる言葉のようです。

ここで「個性論」を繰り広げる積もりはありませんが、「子どもの個性を育てる親」について考える場合、親が育てる子どもの個性のその「個性」とは何かという問いかけが、改めて一応必要のように思われます。過日、大学生(国立教員養成大学の2年生—35名)を対象に、「個性に関するアンケート」を実施してみましたが、その結果の一部を参考にして、話を進めてみようと思います。

まず、「個性とは何か」との問いに、自由記述で回答を求めたところ、23％の「分からない」を含め、厳密には、百人百様とも言えるほどの、個性に関する考えが見いだされました。このように、各個人が理解している個性の意味は、一般的には非常に多様であって「どのような親が子どもの個性を育むのか」という問題について、読者の皆さんに考えていただくためにも、ある程度その意味するところを明らかにしておくのがよいと思われます。

ところで、「あなたに個性があると思うか」と、回答者にいささか自我の関与度を高める直接的な問いを発してみると、「あると思う」54・8％、「余りあると思わない」28・9％、「分からない」16・3％となり、さらに「あなたの親しい友人に個性があると思うか」と問い重ねると、「あると思う」65・9％、「余りあると思わない」23・7％、「分からない」10・4％という結果が表れました。

自己の個性の有無に関する意識がほぼ二分されるのに対し、多数の者が、親しい友人に自己にはない特性として、個性を見ているのです。つまり、この調査に表れた限り、日常の生活で具体的に理解されている個性は、他を引きつけ、他を退けない、個人の望ましい行動的な特性(能力、性格など)であり、その価値を備えている独自性が強調されているわけです。

一般に、個性は「個人に備わり、その個人を他の個人と異ならせる性格」あるいは「一人ひとりの人間を他の人間から区別する個々の特性すべて」とされていますが、それはとても包括的で、没価値的です。こう考えますと、運動能力があること、神経質なこと、あるいは特殊な才能があること、学業が振わないこと、などの特性が子どもに見られれば、それはみな個性となってしまいます。

個々の子どもが個々の子どもであるわけは、それがどんな特性であれ、個性を持ち合わせているところにあるのでしょう。しかし、子どもの個性を育てるという以上、その個性は、単に独自性にとどまらず、さらにある意味で価値を備えていなければなりません。

子どもの個性の成長を促し、培う営みは、子どもの持ち味の一方的な強調に終わらず、子どもの人格全体の発達をもたらし、当の子どもとその子どもが生活している社会全体に幸せを生み出すことになることが大切です。このような意味で、「子どもの個性を育てる親」を考えるべきだろうと思います。

2 親は家庭の個性教育を守れ

子どもの個性の成長が、家庭における親の養育の在り方によってすべて左右されるわけではありませんが、それから大きな影響を受けることは否定できません。ですから、「子どもの個性を育てる親」が問題となるのです。

ところが、いつの世の中においても、家庭教育は、時代の思潮(考え方)や社会の体制(在り方)と無関係ではあり得ません。そして、子どもを養育する親の態度にも、これらの家庭教育の背景となる要因が反映してきます。例えば、物質文明の急速な発展や消費経済の高度成長は、自然破壊から精神軽視の風潮を一部に生み出し、やがてそれは、子どもの個性をなおざりにすることにも連なっていきます。

また、保育の全面的な社会化を唱える一方的な主張(乳幼児期の子育ての多くを保育施設に任せようとする考え)は、一歩誤れば、極めて重要な、早期における家庭の個性教育を、親に放棄させる危険をはらんでいます。さらに、しばしば問題とされる、ベルトコンベア化されたかの観がある、画一的な学校教育の在り方(すべてとは言いませんが)は、この時代のすう勢に従い、わが子だけはバスに乗り遅らせまいとする親たちの現れることを許しています。

ここで、先の調査を再び取り上げてみます。「あなたの親は、あなたの個性を伸ばすように育ててくれたと思うか」という問いに対し、「育ててくれたと思う」32・6(38・5)%、「育ててくれたとは余り思わない」31・1(34・1)%、「分からない」36・

3(27・4)%(括弧外の数値は父、括弧内の数値は母についての結果を示します。以下同様です)のような、家庭の個性教育における親の実像が得られました。もちろん、子ども自ら個性を培うべきであり、親がいろいろ働き掛けるべきでない、という親の考えもあることでしょう。しかし、自分の子どもに、その個性を伸ばす教育をしたと思われている親は3割強にしか達せず、子どもの個性を育むように努めたと思われない親が意外と多いことに驚かされます。

一方、「あなたの親には個性があると思うか」という問いには、「あると思う」54・8(49・6)%、「余りあるとは思わない」24・4(25・2)%、「分からない」20・8(25・2)%の回答が得られ、ほぼ5割の親が、子どもにより個性を認められていることになります。つまり、個性ある親が、子どもの個性を伸ばす家庭教育を行うということは、必ずしも成り立たないのです。

調査によれば、大方の予想を裏切って、親が個性的であることが、子どもの個性を伸ばす家庭教育の実践を保証することにならないものと推定されるのです。それが、子どもの個性の育たないことにそのまま連ならないにしても、ここに、家庭に期待できる個性教育にのしかかり、それを押しつぶさんばかりの社会の重圧を感じないわけにはいきません。

くもの巣のように張り巡らされたマスコミ網に代表される巨大な情報社会は、そこに住む人間に画一的な生活様式を取るように迫るでしょうし、価値観が激しく揺れ動く社会では、親の教育観もそのあおりを受けずには済まされないでしょう。現在の社会の動向は、各家庭の持ち味を生かし、子どもの個性を培うよう家庭教育が行われることを難しくしていますが、反面、それと同時に、子どもの個性教育の大切さを強調する声を高めることにもなっています。

このような社会にあっては、子どもの個性を育てる営みの砦は、まず家庭に置かれるべきだと思います。集団教育に重みがある学校とは異なり、家庭では親子の情緒的な結合の中で、きめ細かい教育が浸透し、個を十分に生かす教育が行われる可能性が大きく残されています。この意味でも、現代の親たちは、情報社会の魔力に毒されることのないよう、個性教育を守る最前線の旗手でなければならないと思います。

このような役割を全うするには、親は、時の流れに簡単に押し流されることのないしっかりした教育の信念と、社会のすう勢に軽々しく迎合しないはっきりしたしつけの方針を堅持しなければなりません。それは、世代の差異や社会の変化に対し柔軟に対応できない、特異で頑迷な養育態度にこだわることではありません。ものごとの皮相(表面の見掛け)に惑わされず、いつの世代やいかなる社会にも通ずると思われる基本的な価値観を、自己の信念の中に持ち、それを家庭教育に生かしていくことです。

子どもは、このような家庭教育(しつけ)を経験しながら、時代の風潮や社会の動向にわが身を委ね、個性を失って漂うことのないよう、人格の中核を作り、個性を発揮していくでしょう。

3 子どもの脱個性化に加担しない親

各々の子どもが個である限り、それぞれの個性を持つのが本来であり、「個性があるか」という問いは、一見愚問に思われますが、個性が希薄化していくことが指摘される現在、この問いは一種の逆説となるでしょう。次の調査例は、この事実をそのままはっきりと示しています。

「現在の子どもたち(小・中学生)には、一般に個性があると思うか」と問いかけたところ、「あると思う」17・8%、「あるとは余り思わない」34・1%、「分からない」48・1%という結果になりました。その理由としては、均一化された社会の中で、誤った能力主義や知育偏重の教育にあえぎながら、一方では、同じベルトコンベアに安住して、型にはまった考えから抜け出ることができず、自らを創造し新しいことに挑戦しようとする意欲に欠け、個性を十分に成長させる機会を見失う傾向に、ともすれば陥りがちな、現代の子どもたちの憂うべき一面が指摘されるのです。

それゆえに、「個性のある子どもになるよう教育することは大切であると思うか」という問いには、「大切であると思う」71・1%、「大切であるとは余り思わない」7・4%、「分からない」21・5%の回答によって、当然ですが、子どもの個性を伸ばす教育の重要性が強調されているのです。

本来、個性的な存在であるべき子どもたちが、個性の根を自由に張らせ、成育させ得る栄養のある大地を奪われ、芽生え成長してくる個性を踏みつける無謀とも言える外部の力を跳ね返す努力を怠り、時には偏った個性を作り上げていくことに、現代の社会の歪みが強く影響していることは疑えない事実でしょう。しかし、このような社会の好ましくない働きに対して、加担していないと言える親は、果たしてどのくらいいるのでしょうか。

確かに、個性の成長に対する責任は、社会や親のみに帰せられるものではなく、子ども自身にも、その個性を生かす努力は必要です。しかし、未熟でこれから成長していく子どもに対する、親の大きな影響を考えますと、親は、子どもの個性の成長を阻む力に、自ら迎合し、あるいは心なしにも毒されてはなりません。規格化を求め画一化を迫る巨大社会の情報に圧倒され、それを性急、無批判に受け容れ、家庭教育に励んでも、個性のない魅力の欠けた規格人間に子どもを仕立て上げるだけです。

現代の社会では、情報は一方的に、また執拗に家庭に押し寄せてきます。そのような情報を、ただ危険に思い、拒否すればよいというわけではありません。子どもの個性を育てる賢明な親は、多くの情報を子どもの在り方に照らし、自分なりに十分そしゃくしてしつけに生かす、心の余裕と知恵を持っていると思います。自分の行動基準が脆弱であり、思考や判断に弾力性が欠ける人間は、自ずと他に権威を求め、他者の指示を仰がなければ行動できません。現在、家庭における個性教育に重要なことは、親自身が自分を冷静によく見つめ、他者に盲従しないしつけの信念を身に付け、家庭教育をすることです。

親のこのような自己に対する姿勢は、子どもの個性を尊重し、その独自性を損なうことなく開花させる、現在最も望まれている家庭教育にふさわしい親を生み出すもととなることでしょう。

4 子どもの個性が育ちにくい社会

これまでに取り上げました調査結果では、現在の子どもたちの個性が薄れてきている傾向を示しており、また、そのような個性の希薄化の進行を加速させる危険性を潜めている、親の養育態度あるいは社会的な背景を指摘するものであったと言えます。社会の時流に、人間の規格化、画一化を引き起こすすう勢があっても、ともすれば日常性に埋もれてしまい、それを余り意識しないことは往々にしてあります。このような社会の動向に染まりやすい親は、子どもの個性を見落としてしまうでしょう。家庭教育に関わる社会の動向に対して、親が賢明な目を向ければ、子どもの個性が伸びやかに成長する可能性は大いに高められるはずです。

実際、「現在の社会は個性ある人間を求めていると思うか」と問うと、「求めていると思う」28・9％、「求めているとは余り思わない」40・0％、「分からない」31・1％と答えが得られ、改めて「現在の社会では個性ある人間が育ちにくいと思うか」と尋ねれば、「育ちにくいと思う」66・7％、「育ちにくいとは余り思わない」14・1％、「分からない」19・2％という結果です。現在の社会の実態は、個性ある人間が余り求められず、育ちにくい環境とみなされていると言えましょう。

マスコミによる情報の氾濫、日常生活のオートメ化、詰め込み教育や受験競争、教育の均一化、個を軽視する誤った集団主義等々は、個性が育ちにくい土壌を容赦なく生活環境の中に運び込んできます。現代の親たちは、子どもを取り巻くこのような環境を、子どもの個性を育てる営みとの関わりで、どの程度はっきり認識しているのでしょうか。

5 子どもの個性を育てる親

「個性喪失」が危惧される時代は、裏を返せば「個性復興」が強調される時代でもあります。このような時代にあって、子どもの個性を育てる上で、親が非常に重要な役割を担っていることは既に述べてきました。親は、個性の画一化を迫る社会の潮流から個性の教育を守らなければならず、まして、その加担者になるようなことがあってはなりません。

個性が子どもにふさわしい成長を遂げるか否かの責任が、すべて家庭教育の在り方のせいとされるわけではありませんが、親の養育態度の影響には非常に大きいものがあると言えます。各々の子どもが持っている、個性を伸ばす権利を尊重し、その個性を育む役割をはっきり認識することは、親に課せられた個性教育の出発点です。

民主主義が定着したかに思われる現在、このような子どもの基本的人権を尊重することの必要性を述べることは、余りに常識的かもしれません、しかし、子ども自体をなおざりにし、己が一方的に期待する個性像を子どもに押し付け、個性を育てているものと錯覚している親は、決して少なくないように思います。だからこそ、真に子どもの個性を育てる親は、子どもの個性の尊重、つまり、家庭教育の原点につき、自ら絶えず問いかける親であると言えます。

子どもの個性を育てるには、まず、個性の芽を見いださなければなりません。親は、日常子どもの言動をよく観察し、子どもの能力や考え方、感じ方、行動の仕方を捉える直観力を身に付けることが必要です。それは、子どもの健やかな成長を願う親に決して難しいことではありません。

子どもの自発性を大事にし、いろいろな活動や経験の場を子どもに与えるなら、子どもの個性はどこかに自ずと姿を現してくるでしょう。そして、親が子どもの心に共感する、つまり、子どもの心の動きに目を向け、その訴えに耳を傾け、子どもの気持ちを思いやることに心掛ければ、子どもの個性の芽は萎むこともなく、生き生きと膨らむはずです。

子どもの個性の伸長を助けるためには、個性が成長する適切な土壌が考えられなければなりません。それでは、子どもの要求が自由に発揮されるように、親はできるだけ機会を与え、環境を整えればよいのでしょうか。簡単にそうとは言えません。例えば、文明の発展は、厳しい自然に対する人類の挑戦の結果であると言えます。満ち足り、厳しさが欠けた環境では、新しいものを生み出す生産的、創造的な活動はそれほど期待できませんし、子どもの積極的な生活意欲を失わせます。

膳立てのそろったレディーメード・パッケージ文化を子どもに与えることが、決して子どもの環境を整えることでありません。むしろ、個性を培う意味において、子どもにある程度の不足の厳しさのある生活の場を与え、子どもがその中で自ら工夫し、主体的に自分の生活に取り組むよう仕向けることが大切です。そのような経験を通して、子どもの個性を積極的に伸ばすことができます。

しかし、子どもの個性の成長は、それほど短時日に成し遂げられるものではなく、また、それぞれ独自の速さで進みます。他の子どもと比較する余りに、その成長を待ち切れず焦ってはなりません。やがて実る時期をじっくり待つ心のゆとりが欲しいものです。この耐える力に欠ける親は、焦りに負け、他の子どもとの比較を通し、子どもに求めることができない個性を求める矛盾に陥る危険を潜ませています。

個性の教育と言うと、子どもに何か特定の個性を見つけ、それに磨きをかけ、際立ったものに作り上げることが思い浮かばないでもありません。例えば、特殊な才能を教育するように、個性を育てる営みには、このような一面もあります。しかし、個性教育はそのように狭く限られません。子どもの持ち味を十分生かし、その子どもや社会に幸福をもたらすことが、大事な目標です。

したがって、本当の個性の教育を目指す親は、特定の個性を際立たせることに熱心になる余りに、子どもの他の諸特性を犠牲にしない親です。子どもの全人的なバランスを常に考え、個性を育てる営みの本質を的確に意識し、子どもの発達を促す親です。他の子どもから区別する特性が個性である以上、個性というと個人の間の差異に目が向けられやすいものです。しかし、個々の子どもの成長の過程をよく眺め、子どもの個人内の差異の中に個性を認め、その伸長を助けることが重要です。

真に個性のある子どもとは、他を否定することなく自己を生かし、己の独自性を見失わない子どもです。また、他者に盲目的に同調しない、強靭な自己力を作り上げていく子どもです(この自己力とは、自己の要求と他者の要求を調和させて満たすことのできる力です)。そのような子どもは、家庭教育にはっきりした目標を持たず、社会の時流に浮動し、しつけの主体性を失った親から生まれるはずがありません。

子どもの個性を育てるには、子どもを信頼し、その個性を尊重し、個性を共感的、直感的に見抜く力を親が備えなければなりません。さらに、親自身が自分を信頼し、周りにいたずらに迎合しない確固とした教育信念を抱き、家庭教育の責任を自覚して、柔軟性のあるしつけの実践に努力することが大切です。

最後は、もう一度先の個性に関する調査結果を引用しておきます。

「親は子どもの個性を育てるべきだと思うか」と問えば、「育てるべきだと思う」71・1%、「育てるべきだと余り思わない」14・1%、「分からない」14・8%と、個性の教育を担う親の役割が主張され、「あなたは自分の個性を伸ばすべきだと思うか」の問いには、「伸ばすべきだと思う」69・6%、「伸ばすべきだと余り思わない」5・9%、「分からない」24・5%となり、個性の伸張を図る意義が強く認識されていることが示されました。ところで、現代の親たちは、これらの主張や認識に答えるために、子どもの個性を埋もらせず、あるいは歪めることなく、その望ましい成長を促し助ける努力を、十分に果たしてきているでしょうか。

（『児童心理』第28巻　第7号、金子書房、１９７４・７　pp.４９～５４）

第11章

中学生のこの頃と大人の務め

中学生の頃は問題に陥りやすい時期です。
そのような中学生に対して、大人として果たすべき大切な務めがあります。

1 中学生に見られる問題性

現場の先生方のある研究の集まりで、現代の子どもたちは、五無主義、つまり、無気力、無関心、無責任、無感動、無作法が特徴だと報告されたということです。次代を背負って立つ子どもたちを、そのように考えなければならないとすると、いかにも情けない思いがします。こんなはずではなかったという気持ちにもなります。われわれ大人が、一生懸命に手塩にかけて育てた子どもたちに、そのようなレッテルを簡単に貼り付けることには、少しばかり抵抗を覚えます。

しかし、教育相談に訪れる中学生たちに直接会い、その心の問題に接していますと、中学生の年頃は一般に問題の多い時期であるにしても、現代の子ども像に関するこのような指摘を手厳しすぎる批判として、すべて否することはできないように思われます。新聞などマスコミにも、大きな教育問題として取り上げられてきています、登校を拒む、親や教師に暴力を振るう、いじめに耽る、あるいは非行に走る子どもたちの心の病には、今日の社会的な風潮に喘ぐ、現在の中学生の問題が、濃縮されて姿を見せているように考えられるのです。

例えば、有名高校進学を目指していたA男(中2)は、身体が太り、体育の時間に他の生徒たちに伍して走ることができなくなり、それのみで将来の希望を見失い、登校をもう半年も拒んでいます。B子(中1)は顔のニキビを級友に笑われ、それをきっかけに3か月も登校することができず、悩み、家に閉じこもったままです。C男(中3)は転入した学校で、自己紹介の際、緊張のあまり吃り、クラスの忍び笑いに自尊心をいたく傷付けられ、登校を拒否する結果となっています。

いかにも些細と思われる失敗や一時的な身体の状態を、自己の人格全体に及ぶ致命傷とばかりに受け取り、いとも簡単に打ちのめされている耐性の脆弱さが見て取れます。

D男(中3)は、友だちとのけんかを不当に非難されたとして先生に殴りかかり、鼻骨を折るけがをさせる暴力を振るい、E男(中3)は、授業中に私語していたことを咎めた先生に怒り、椅子を振りかざし、攻撃しています。F男(中2)は、怠け休みを改めるよう忠告した先生に腹を立て、首を締めるという無謀な行為に出ています。そして、これらの暴行を制止しようとする生徒がいません。

自分の非をたしなめられたにもかかわらず、先生の助言や指導を素直に受け入れることができず、批判、非難だと曲解し、怒りの衝動をコントロールすることなく、爆発させています。余りに稚拙で、正に、エンジンあってもブレーキがきかない暴走車です。

G子(中3)は、H子(中2)が目立ちたがり屋であることが気に障り、むかつくと息巻き、安全剃刀の刃をH子の口にふくませ、両頬を連打するという、正視できない陰湿なリンチをしていました。I男ら(中3)は、クラスの無口で気弱なJ男を標的とし、悪罵嘲笑を浴びせ、寄ってたかって、身体を殴る、蹴るの暴行を加える傍若無人ぶりでした。

不特定多数の力を欲しいままにし、無抵抗の弱者を徹底的に飽くことなく痛め付け、その苦しむ姿を見て面白がる最近のいじめには、人の心の痛みを思いやる、人間として欠くことのできない優しさなど一片の欠けらすらないように思われます。都教委の調査によれば、東京の公立中学校の約85%で、いじめが発生しており、府教委の報告では、調査対象となった大阪府下の中学生の約60%が、いじめたいと思ったことがあると答えています。昨今の中学校における子どもたちの心の荒みを示す、憂うべき現実が明らかにされています。

中学生を中心とした非行は、依然として跡を絶たず、万引、自転車盗、オートバイ盗など、罪の意識に乏しい問題行動がその大半を占めている一方、シンナーなど有害な薬物の乱用に陥り、若い心と体が蝕まれるに任せている、意志の弱い子どもも少なくありません。

2 問題を生む心の病理

中学生を、このような問題行動を示す危険な状態に陥れている原因として、家庭の養育やしつけ、学校における教科指導や訓育に対する、今日的な社会状況の影響が、しばしば指摘されてきています。例えば、物による要求の満足へ簡単に流されやすい現実、学歴偏重の風潮に根付く乱塾受験体制、野放しとも言える俗悪なＴＶ番組や雑誌の氾濫、人間性を軽視した嘲笑文化の渦などが挙げられます。

また、家庭における子どもの数が減る傾向に加えて、家事の便利化に拍車が掛かり、以前にまして、母親に、生活時間の余裕が生まれ、子どもへの手のかけ過ぎが見受けられる反面、厄介な年頃の子どもの養育から逃れ、家庭を出て趣味に楽しむ傾向も少なくありません。

これらの状況には、子どもの心に不健全な歪みを生み出す危険性が潜んでいます。欲しければ、物がすぐ手に入り、満腹になりやすい日常性に浸っていれば、要求が満たされない状態に耐える力や、待って要求を満たそうとする気持ちが成長しません。物を努力して手にする喜びも体験できず、物を大切にする心が育ちません。

塾に通わされ、不当に激しい受験勉強に駆り立てられれば、子どもは、友だちを蹴落としても己の成功のみを求める、冷たい利己的な人間へと変貌していきます。子どもの心の成長に欠かせない遊びの時間も奪われ、健全な友人関係を通して培われる、協調の精神や思いやりの心が育ちません。偏差値的な輪切りによる進路指導を余儀なく受ければ、勉強から落ちこぼれ、劣等感に悩まされ、学校生活を疎ましく思うようになります。

一方的に放映される軽薄なＴＶ番組やおびただしく出版される不良雑誌の洪水を被れば、子どもの規範意識は薄れ、正しい価値観が学ばれません。過ぎた保護や干渉に見られます、家庭における、親の子に対する濃密な関わりからは、健康な自制心、自立性や責任感の成長を望むことができません。豊かな感性の芽生えや感情の育ちも期待できません。

情緒が未熟である、困難に耐え頑張る力に欠ける、自らの目標を目指し己の責任でやり遂げようとする意欲が弱い、他人の立場を思いやり協調する心がよく培われていない等々の問題性が、今日の中学生に大なり小なりあるとしても、むしろ当然の結果なのです。そして、中学生のこのような心の今日的な病理性が、自分についてのはっきりした意識を持ち難く、心理的に浮動する年齢的な特徴と相互に影響し合う時に、いわゆる問題行動に陥っていく場合が多いものと考えられます。

しかし、中学生の心の病理性には、最近の大人たちの利己的な身勝手さ、楽を求め省力化に励む安易な生活観、他人のためになる行為に対する消極的な姿勢などの、人間として社会生活を送っていく上で決して好ましくない傾向が見え隠れしている、とも思われるのです。中学生の問題行動が多発する現状に対する対策に慌てる前に、大人は、知らない間に昨今の社会的な風潮に染まっている、己の日常の生活態度を自ら戒めなければならないと思います。

3 中学生に対する大人の務め

親や教師にとって、子どもに対する最も大切な務めは、子どもが健全な人格を培っていくことを支えることです。家庭、学校を問わず、教育が究極に目指すところは、子どもの個性を生かし、バランスの取れた人格形成を促し、有能な社会人として成長していくことを助けることにあります。そして、そのような人格は、社会の要求に調和させて自分の要求を満たしていくことのできる、基本的な行動の様式です。

この意味で、現在の中学生（もちろん、中学生にとどまるものではありません）に対する人格教育は極めて重要です。いわゆる問題行動は、人格形成の失敗や挫折の表れであると言ってもよいでしょう。問題行動に陥り、心の内面で苦悩している子どもたちは、不幸にして、その成長の過程で、年齢に不相応な、健全さを欠く行動の仕方を身に付けていく状況に追い込まれてしまったのです。大人は、その責任から免れることができないという事実を、まずは謙虚に受け止めるべきでしょう。

心の病を問題行動で表している子どもに対しては、教育的には否定されるその行動の表面的な問題性に目を奪われ、一方的に批判的な感情を抱いてはならないと思います。問題行動で訴える、子どもの心の深刻な葛藤と、それを生み出した状況を、正しく捉え、温かく理解し、十分に取り除く、指導や助言を行うことが大切です。

それには、子どもとの心のふれ合いを欠かすことはできません。子どもが、考え、感じていることと同じことを、大人がその子どもについて考え、感じていると、子どもが心にしみて感ずることができるような、いわゆる共感的な心の交わりが重要なのです。そして、それは、子どもの立場に立ち、同じ人間として子どもの心を理解しようと努める時に初めて可能となります。大人のそのような温かい思いやりこそ、子どもの落ち込み、荒んだ心を癒す最高の良薬となります。また、それこそ、子どもの心にも思いやりの気持ちを芽生えさせるものです。

医療では、身体の健康の向上による病気の予防の大切さが強調されますが、子どもの教育においても同じです。子どもとの日常の関わりの中で、「頭」の指導よりも、まず「心」の健康を高める人格の教育を重視したいものです。正しく自制し耐える力、他者の気持ちを大切にし思いやる愛他の心、自己の個性を発揮し生かす意欲、ものごとに素直に感動する豊かな感性を、子どもに育むことが、親や教師など大人に課せられた教育の仕事なのです。

子どもが、大人に「愛され、受け容れられ、認められている」と心に響くように実感できる時は、子どもは情緒的に健康な状態にあると言われます。大人が、そのような心の関係を子どもとの間に生み出すことを大事にし、健全な人格のモデルとなるよう行動することは、地道ではありますが、現在の中学生たちの問題を根本的に解決する道に繋がると思います。特に、子どもの教育に直接携わる親や教師は、子どもの心を大切にし、正しい生きざまを子どもに示すことを心掛けるべきです。

（『厚生保護』第36巻　第9号、日本更生保護協会、１９６０・9　pp.３１〜３４）

第12章

「子どものため」は親のエゴ？

子どもを学習塾に通わせるのは親のエゴでしょうか。
通塾の問題点にもふれて、親の気持ちに迫ってみます。

1　はじめに

塾は、本来「子弟を教授する私設の学舎」であり、子どもの健全な成長を促すという、教育の本質的な働きを発揮するものであるなら、学校や家庭における教育を助け、補う、積極的な存在として、その社会的、教育的な意義がむしろ評価される営みを果たしているものとなります。それにもかかわらず、いわゆる塾の問題につき、しばしば論議が繰り返されるのはなぜでしょうか。

ある調査によると、学習塾へ通う子どもは、小学校中学年で約30%、高学年では約50%に達しています。塾を学習塾に限らず、そろばん、習字、音楽、運動などの塾を含めると、通塾率は小学校中学年以上になると90%前後であり、この通塾率は急激に増加の一途をたどってきています。今や通塾は準義務化している現実があり、それ故、塾が子どもの教育に及ぼす影響の大きさを軽視できない状態になってきているのです。

2 塾志向がより強まる現実

これまでにも、教育の社会的風潮が乱塾、狂育時代などと、いささか皮肉まじりに捉えられたこともありましたが、学習塾の増設や通塾する子どもの増加の傾向には、依然として根強いものがあります。塾による学習を望む、あるいは望まされる親や子どもが増え続けている現象を認めないわけにはいきません。

文部省による平成2年度教育費調査は、親が子ども一人にかけた年間の教育費のうち、学習塾や家庭教師にかかる費用が前年度に比べ、幼稚園から高校までの全校種で軒並みに20％以上増えていることを明らかにしています。学費、学用品などの学校教育費への支出が横ばい、減少の傾向にあるのに比べ、親の教育熱を示すと思われる家庭教育費は13％前後(小学校で8.8％、中学校で17％)も伸びて、特に、家庭教育費の中でも、学習塾、家庭教師の費用の急激な増加が目立っているのです。

このようにかさむ教育費の大半が、学習塾費などへの出費によるものであるという実情は、親が(もちろん、子どもも)塾志向をますます強めてきている状態を裏書きする客観的な証拠となるものと言えます。

子どもの通塾と勉強についての自己評価に基づく学業成績との関連については、学習塾の場合、学業成績ごとの通塾率の間にはほとんど差がなくなってきている様子がうかがわれます。自分は勉強が「できる」あるいは「ふつう」あるいは「できない」と思っている子どもたちそれぞれが塾に通っている比率は、いずれも40〜50％にまで増加しています。

学習塾には、いわゆる有名校受験を目指す子どもたちが集まる進学塾と、学校で習った内容の補習を求める子どもたちのための補習塾の二つのタイプがあります。学業成績についての自己意識のいかんが通塾に余り影響していない事実は、これら二つのタイプの学習塾が、親や子の求めに応じ同じ程度盛んになってきていることを示しています。つまり、受験を目指すには学校の授業だけでは物足りなく思う子どもだけでなく、学校の授業のみではよく分からず困っている子どもも(あるいは、むしろその親たちが)、学習塾による指導を頼ってきているのでしょう。

多くの親が、したがって、多くの子どもが学校における学習以外に、さらに塾での指導を受けることに当然のように傾斜していく塾志向が、余りにも強まりつつある現実を冷静に受け止めるなら、何らかの問題性があるように思われます。

わが子の進学受験に備えるにしても、あるいは、わが子の学習からの落ちこぼれを防ぐにしても、公的な教育の機能を果たす学校にそれを任せることに、不安、不満、さらに、不信を、さまざまな程度にしても意識している親たちが存在していることは確かです。また、そのような親たちの気持ちが、子どもの通塾加熱に反映していることも事実です。

3 子どもの通塾に拍車を掛けるもの

子どもたちの通塾が、異常と思われるほどの盛況を極めるに至った現実が問題視され、文部省により、全国的な規模で塾の実態調査が行われたことがありました。それは、調査を通して、受験体制や学校教育の在り方を考えることを目的としていました。このことからも分かるように、学習塾が増える一途をたどり、親が子どもを通塾させようとする傾向に拍車を掛けるものの一つとして、依然としてとどまることを知らない進学受験競争の過熱化という事実を、残念ながら改めて認めないわけにはいかないのです。

学校の勉強が「よくできる」のに、学校の授業だけでは不足だと言わないばかりに、遊び盛りの小学生が、授業を終えると次は学習塾へと足を向けるのは、言うまでもなく、有名校を目指す受験戦争で勝者となるためである場合が大半でしょう。それゆえ、進学塾が発展します。遊びが楽しくてたまらない子どもたちが、そのような目的意識を自ら進んで抱くようになるとは考えにくいのです。その背後には、わが子を有名校に進学させ、その成功をひそかに誇りに思いたい親の気持ちが働いている場合が少なくありません。

学校の勉強が「よく分かっていない」「よく分かるようにしたい」ため、わが子を通塾させる親たちが塾を志向する動機は、それなりに適切と思われます。しかし、その動機を強めているものを探ってみますと、現在の学校教育に対する必ずしも妥当と考えられない不満が潜んでいるように思われるのです。

高校進学率が優に90％を越える昨今の教育事情が、子どもの学業成績の出来具合に対する親の神経を過敏にしていることは否定できません。子どもが小学生の時、既に40％を上回る親が、わが子の大学進学を望んでいるという進学熱を示す報告もあります。このような現状の中にあり、子どもの学力不足を過剰に意識する親が、子どものために補習塾を必要とすれば、子どもの将来を見込んでのあるいは目の前の子どもの現実を解決する力を、学校教育に求めることに不安があるからでしょう。

このような学校不信感を親に生み出す事実が、学校教育の場に実際存在しているか否かは別として、そう思う親たちがいる現実が、子どもの通塾に拍車を掛けている大きな要因の一つでもあるのです。

右に述べた状況が、世を上げての塾通いと形容できるほどの社会的な風潮を作り出し、この社会的な風潮が、親の塾志向、塾信奉を一層強めていることも確かです。身の周りの多くの親たちが子どもを塾に通わせていることを知れば、通塾というバスにわが子を乗り遅らせまいと、親が思っても不思議ではありません。わが子にとっての通塾の意味をそれほどはっきり意識することなく、安易な同調性から、また他の親たちとの競争意識から、子どもに塾通いを促す場合もあるでしょう。

4 子どもを塾に預ける親の気持ちとその問題

子どもを学習塾に通わせる親は、もちろん、それが「子どものため」になると考えているからでしょう。しかし、そのような親の気持ち（エゴ？）に何も問題はないのでしょうか。

まず、「子どもが望むから」通塾させている親は少なくありません。子どもが塾に通いたがり、友だちも塾に通っているから、などの理由で、子どもの通塾に賛成している親が、必ずしも塾の内容をよく知っているとは言えません。子どもが通塾を望む動機をしっかり確かめていない向きもあります。塾に通わせておけば、時勢に遅れず何となく安心できるという親の気持ちが、そこに見え隠れしているのです。

このような親の気持ちには、子を塾に預けることにより、わが子の勉強に関して抱いている漠然とした不安を解消しようとしている節があります。それでは、通塾が、子どものためであるという意識が薄れ、子どもの勉強に与える意味などは見過ごされやすいでしょう。

親が「勉強を見なくて済むから」、子どもを通塾させている場合もあります。予習、復習は、家庭学習の大切な内容であり、それについて、親が子どもを援助すべきところもあります。子どもが、よい勉強の習慣を身に付け、勉強する意欲を培う上でも、親が家庭で担う役割があります。しかし、親がそのような心の負担を負わなくてもよいから、子どもに塾通いをさせるということは、子どもの家庭学習につき、取らなければならない親の責任から逃れることになりかねません。

親が子どもの家庭学習で果たすべき仕事を、いとも簡単に塾に任せてしまおうとする姿勢には問題が残ります。そこには、便利さ（塾は営利のためもあり、サービスを大いに発揮しようとする場合もあります）にむしばまれている親の怠慢な気持ちがあると言っては過言でしょうか。この批判は当たらないというわけでもないと思います。

家庭での勉強を介し、親子の間に生ずる心のふれ合いには、塾では得られない大切なものがあります。例えば、不必要な競争にあおられることなく、意欲を持ってものごとに取り組む習慣が育まれます。子どもを塾に預ける親は、大切な家庭の教育的な営みをも塾に売り渡してしまうほど塾を信頼しているのでしょうか。

子どもに通塾を促している理由に、「学校の授業についていけないから」を挙げる親もいます。学校の授業をよくこなしていない子どもの姿を見て、学校で不十分な勉強や悪い成績を気にした時に、当然のように子どもの塾通いを思い付く親の発想には問題があります。

学校ではなく、まして家庭でもなく、ただ塾には子どもの学業上の問題を解決してくれる絶対的な（?）力があるという誤信が、親を塾志向に追いやっているのです。塾がそのような力のあることを標榜するのは、その存在理由から当然です。子どもの勉強の困った問題については、本来学校に相談すべきではないか、親自身が努力すべき打つ手がないか、まず考えてみる必要があると思います。

5 塾を過信する親の気持ちとその病理

「学校の勉強だけでは不十分だから」子どもに塾通いが必要だと考える親の気持ちには、学校への不信感と同時に塾に対する過信ぶりが顔をのぞかせています。現在の学校教育には、親に批判されるような問題点が少しもないとは言えません。しかし、親が、誤った進学受験競争の渦に巻き込まれてしまいますと、学校教育に対する不満は不当に拡大されます。

学校には、子どもの健全で全人的な成長の助成を使命とし、そこに生きがいを感ずる教育プロの教師がいます。そこでは、子どもがバランスの取れた成長を遂げるよう学習プログラムが用意され、熱心に教育が営まれています。

親が、そのような学校教育に不満を抱き、けげんもなく塾教育を頼みとすれば、子どもにとって、通常明らかに無理と思われる勉強のスケジュールを、受け容れさせるような誤りまで犯しかねません。それは、塾の指導方針を絶対視し、過信しているからでしょう。

親が子どもを通塾させる理由の中には「受験のための勉強ができるから」と、はっきり受験準備を挙げるものもありますが、それは子どもを進学塾に通わせている親の自然で当然の気持ちのようです。しかし、この親の気持ちにも病理性がないとは言えません。子どもが激しい受験戦争に勝ち残るには、塾に通うことが必須で欠かすことのできない前提だと、無条件に信じ込まされている様子があるからです。

これらの親たちは、塾では、学校の勉強より多くの進んだ内容を教えてもらうことができ、しかも、それが子どもに確実にものにされると一方的と言えるほどに期待しています。塾によっては、このような親の願いに応ずるために、いろいろな受験資料などを提供します。親子共々、それに一喜一憂させられることはよくあることです。個々に、受験プロの指導にただ従うのみの姿があります。わが子の学習についての親の主体性が見当たりません。親は、知らない間にエゴで歪んだ教育過熱化に加担しているのです。

このように述べてきますと、塾教育は問題であるという印象を与えかねません。本稿のテーマから、塾過信(?)に走る親の気持ち、エゴに潜んでいると思われる病理性を指摘してきたために、塾をかなり批判するかのような結果になりました。しかし、塾教育そのものが全面的に否定されるわけではありません。現実には、塾が子どもの教育機関として、いずれにしろ大きな役割を果たすまでになってきているからです。

親には、子どもを通塾させることで、例えば、きめの細かい個人指導、個性を生かす助言、塾の教師との人格的なふれ合い、勉強による精神の鍛錬などを期待する気持ちもあるのです。これらの親の期待には、現在の学校教育で一層望まれると思われるものが反映していると言えます。したがって、ここで留意すべきところは、親が子どものためだと錯覚し、塾を過信するがゆえの病理(問題)に子どもを追い込むことなく、通塾を通学に相乗的に生かすよう心掛けることです。

6 おわりに

「はじめに」で述べましたように、塾が本質的な教育の機能を発揮するなら、子どもの通塾の動機が本来の学習意欲に発するものであるなら、学習塾は、子どもの健全な成長を助けると言う積極的な意味を持つ存在となります。言うまでもなく、学校は一貫してそのような存在であり続けてきているわけです。

子どもが学習塾に通うことが問題になるのは、親が「子どものため」としながらも、その実は、親自身のエゴの誤信により、あるいは、是正されなければならない社会的な風潮に溺れた考えに基づいて、子どもが通塾を強いられていると思われる場合です。

塾教育が過信されるならば、正しい知性に導かれた子どもの教育は見失われます。塾学習を見直し、家庭学習を単に肩代わりするものでなく、学校教育とよく補い合う機能を発揮するものとして塾教育を捉える姿勢が、親にとり重要なのです。

（『児童心理』第46巻　第13号、金子書房、１９９２・10　pp.４３～５０）

第13章

甘えとしつけ

子どもが幼少の時期に、養育者により甘えが過不足なく満たされますと、
子どもの自律性が健全に育つことが期待できます。

1 はじめに

近年、家庭における教育力が低下していることがしばしば問題視されています。それは、現在の子どもたちの人格の基礎作りの弱さにも垣間見えるところであるとも言えます。家庭教育では、子どもが成長して社会生活をしていく上で必要な行動の仕方の基本を、まず子どもの身に付けさせるために努力が傾けられています。その中核の一部として自律性の獲得を挙げることができるでしょう。

このことは、言い換えますと、他者の要求をよく考えながら自己の要求を満たす力の土台を育むことが、特に幼少期における家庭教育の重要な課題であることを示唆しています。幼児期における子どもの愛着、甘え、依存などの人に対する行動は、この時期の発達的な特質を示しているともみなせますが、子どもの養育に携わる者が、これらの行動に対してどのように対応していくかは、しつけの問題と大きく関わっています。ここでは、「甘えとしつけ」というテーマで、この問題

にアプローチを試みてみることにします。

2 愛着と甘え

愛着に関する考え方によれば、幼少期における子どもの「愛着」行動は、文字通り無力で受け身の存在とも言える乳幼児が、生きていくために取る早期の人に対する行動です。それに応ずる子どもにとり身近な人(養育者)の日常的な関わり方は、子どもの人格が培われる上で非常に大切な条件となります。なぜかと言いますと、この時期の相互に関わり合う人間関係を巡って生ずる対人的な作用が、基本的な信頼感を生み出す過程で大きく影響するからです。

この時期にふさわしい愛着行動に関わって、子どもが生存していくのに欠かせない養育者(通常は、特に母親)より、子どもが示す基本的な要求を、一貫して適度に満たす対応がなされれば、子どもは養育者(最初の他者)を心から絶対的に信頼する経験を日々重ねることとなります。この信頼感は、子どもが将来、社会生活を送る中で生ずる、いろいろな対人関係で欠かすことのできない信頼感の基盤となるのです。

「甘え」は、対人関係で、自己が相手に自己の要求を満たす行為が生ずることを期待して相手に接近する行動だ、と言われています。人は、他者との心のふれ合う温かい関係がなくては、一般に健全な人格を培うことが難しいのです。したがって、甘えはこのような意味で、温かい人間関係を生み維持する上で大切な対人行動であり、子どもが養育者に信頼して向ける甘えへの対応が、養育者から適切に示されるか否かは、子どもの人格の形成に重要な意味を持っています。

子どもの愛着行動への養育者の対応は、子どもに養育者に対する甘えが生ずることを促す要因ともなりますが、甘えの内容が子どもの要求、期待を一方的に、また濃厚に満たすように扱われることは、子どもに過ぎた依存の態度を生み出していく結果となり好ましくありません。養育者が、子どもの甘えに過剰とも言える満足を与えますと、その場限りにおいて、それ自体はしつけに見られるような波立つ心の緊張を子どもとの間に生みませんから、このような甘えへの対応は養育者にも心地よいのかも知れません。しかし、そのような甘えの満足は、子どもの養育者(他者)に対する過ぎた依存を助長する危険を潜ませています。

3 甘えと依存

既に述べましたように、「甘え」では「他者が自己に与えることを期待し、他者を頼る」態度が取られるわけですから、そこには「依存」に通ずるところがあります。子どもには、自己の要求を満たして生きて行くには自己に頼りないところが多々あるために、子どもは、養育者に頼らなければなりません。依存しなければならないのです。ですから、依存という対人行動は、特に、幼少期においては日常的なものとも言えます。

人は本来孤独であることはできませんから、依存は、いつの時期でも欠かせない対人行動ですが、幼少期の一方的ともみなせる依存から独立を目指して、次第に依存から脱皮していくところに人格の成長を見ることができます。もちろん、人間関係において完全な心理的独立は通常はありません。

そのような人格、つまり、一方的な依存に頼らない人格の育ちには、依存に終始せず、自分から独りでものごとを行おうとする、やる気が生まれることが必要です。甘えが限りなく満たされていると思われるほどの生活の状況は、過ぎた依存の生活を続けさせていることになり、子どもの人格の成長に問題を生みます。人は、結局はものごとを自分自身で選び、決め、行い、その結果については自分が責任を取る者へと成長していかなければなりません。

甘えが漂う依存に満ちた生活環境は、外部の他者から加わる圧力から保護されている楽園だと言えますが、それは、子どもが生きていく現実とは大きく異なります。子どもは、他者により満たされる甘えへの誘惑に溺れたままで、依存を適宜に独立へと切り換えていく道を歩まなければ、自己力の弱い人格の持ち主となってしまいます。

子どもにとっては、甘えを満たされることは必要ですが、養育者がそれを過ぎて満たしますと、依存からの適度な脱却が妨げられ、自己力、つまり、自己の要求を他者の要求と調和させて満たすことのできる自己の力の育ちが阻害されてしまうのです。

甘えが過分に満たされ、依存一方という生活の状態に身を置いていますと、他者のことを考えに入れて自己を抑制するという、現実の社会生活の上で極めて大切な経験がなされないからです。

したがって、本来の子どもの養育では、子どもが年齢を加えるに伴い、依存（甘えを満たす）と独立（甘えを抑える）の相互の度合いを変化させる、つまり、養育におけるいわば子どもの要求を保護し抑制する心の働きのバランスを、発達的に、改め変換していくことが大切であることが指摘されています。

4 依存と自律

「愛着―甘え―依存」という対人行動は、特に、幼少期の子どもが備えている独自性であると言えます。そして、それは、この時期の子どもの発達的な特質によるものです。誕生したばかりの子どもは、いかにも無力な存在です。子どもは、このような状態で生を享けながらも、相応の力を出して生きていこうと努めています。社会の中で生活していくための能力を、発達の可能性として多く潜めているものの、それらを適切、十分に働かせるまでに至っていません。養育者は、この無力性（特に、早期にあっては）ゆえに、子どもの成長を多々支え援ける機会に直面することになります。

ところで、最近、子どもの心の育ちが懸念されている現実には、実はこの子どもに対する養育者の支援の実際に問題があるためだと言っても決して過言ではありません。

子どもが無力な存在であることから、身の周りの具体的、日常的な養育環境による影響が過大になりやすいことに気を付けなければなりません。子どもにそのような特質があるために甘える子どもの要求や心情に、養育者として、何に、どの程度応えていくかという養育の在り方が問われることとなるのです。子どもが本来目指している健全な心身の成長が、養育者の未熟な自分本位の満足による見掛けの養育に阻まれてはならないのです。

養育者の真の務めは、自分自身相互に成長を遂げていこうとする子どもたちに対し、その成長の可能性を現実のものとしていくことを促す働き掛けにある点を、はっきりと認識したいものです。しかし、最近の家庭における実態はどうでしょう。本来のしつけが見失われ、子どもの依存を過ぎるまで許し、あるいは、その反動として余りに抑えますと、子どもは、その結果、依存性を不要にまで増して成長し、いわゆるインナーチャイルドを持ち込む大人になる道をたどることとなります。それでは、他者の心情を思いやり自分の行動を律する力は、子どもに芽生えてきません。

子どもの依存したいという気持ちが、どのように満たされていくかということには、子どもの自律する心の育ちに大切な関連があるのです。現実の社会生活を送るには、適度に他者の要求を入れて自己の要求を満たす力、つまり、自律性の育ちを欠かすことはできません。子どもが、社会の中でよく生きていく力を自ら培うには、他者の要求と自己の要求を調和させて満たすよう、要求の相互的な充足の経験が重ねられなければならないことは、既に述べてきています。それは、自己中心的な気持ちを卒業していく、いわゆる脱中心化という心の成長でもあるわけです。

5 自律としつけ

子どもが「自律性」をものにしていくことは、幼少期の子どもの重要な発達課題と言われています。それは、その後の子どもの人格の成長が円滑に進むことになるからです。この自律性は、しつけで育まれることが多く、生きる力の育ちでも重要な部分となります。社会生活では自己を制御する力は欠かせません。

ところで、「しつけ」とは、社会の中で生きていくために必要な心情、態度、行動を、日常の生活経験を介して、積極的に子どもの身に付けさせる養育の行為を指しています。それが現在の家庭でいかにも脆弱化し、それをもたらす現代の社会的な風潮や環境があることは、衆知の事実であるとも言えます。家庭は社会の中にあり、したがって、このような現実に家庭の教育力が害されているのも当然です。

社会生活では、子どもの自己の要求の一方的な満足は許されません。他者が自己の要求を満たすことを妨げるからです。ここに、子どもが自律する力をものにするよう促す子育て(しつけ)の役割の意義があります。しつけは、社会生活を健全に送るために必要とされる基本的な行動の仕方のいわば中核となるものを、子どもが身に付けることをねらっている点で、家庭教育の重要な部分を占めています。本来、自己中心的な子どもに自己の要求を制御する力を育むのが、しつけの大きな役割となっているのです。

子どもに「していけないことはしない」「しなければならないことはする」心の働きを堅実に育てることがしつけの基本です。子どもの日常の生活では、そのような体験のできる具体的な機会は少なくありません。そこに耐性と愛他性の育ちが期待できるからです。耐性とは、要求が満たされない状況に適切に耐える力であり、愛他性とは、他者の気持ちを心から思いやりその心情を、さらに、行動にすることができる力です。

この両者は、人が健全な社会生活を送るのに基本的で、欠かすことのできない人格の特性です。幼少期のしつけで重要な課題となる自律性の獲得は、この二つの人格特性を培うことに他なりません。自律性が健全に育つ中においては、子どもが互いに個性を尊重し伸ばすことや、互いの要求を認め受け容れつつ満たすことが重視されているからです。したがって、子どもの自律性の育ちにひ弱さが見られるのは、家庭におけるしつけに今日的な危機があることを示しているとも言えます。

6 基本的な生活習慣と生きる力

最近、家庭の教育力の低下が危惧されています訳は、このように自律性、あるいは耐性や愛他性の育ちの脆弱さが、現在の子どもたちにしばしば見いだされることによることが多いからです。

幼少期のしつけの主な対象は、いわゆる基本的な生活習慣(食事、睡眠、排泄、着衣、清潔)を形成することであり、それは文化適応とも言われています。一定の社会文化の中で適切に生きていくために、基礎的な生きる力を身に付けることを意味しているからです。この生活習慣の形成に関わるしつけの基本は、自己中心的に思いのまま行動しない力を、日常の生活で子どもがものにしていくことを目指しています。

子どもをしつける家庭は、子どもが生き方を学ぶ最初の学校であり、温かい心のきずながある中で、経験が繰り返され習慣が出来上がっていくという特質を備えています。そのため、養育者が子どもに対して保護と抑制の働き掛けを適度にすれば、子どもは、過ぎて甘えず、依存することなく生きる力の重要な一部となる自律性を身に付ける機会が生まれます。基本的な生活習慣がよくしつけられれば、子どもは生理的に安定し、心理的に自立する経験に恵まれます。

ところで、幼児の生活能力(仕事の能力、からだのこなし、ことばの表現と理解、集団活動、自己統制、自発性で捉えます)についての調査によりますと、生活能力の発達と基本的な生活習慣の出来具合との間には、かなり密接な関連があることが分かります。例えば、自己を統制する力の育ちには、基本的な生活習慣が大きく関わっているのです。ここでも、子どもの人格の重要な部分の成長に、基本的な生活習慣のしつけが極めて大切な役割を果たしていることが分かります。

幼少期は、子どもにとって人格の基礎を培う、大切な時期である、ということを正しく理解し、子どもの「甘え」と養育者の「しつけ」の在り方について省み、改善に心掛けることは、現在の家庭教育における重要な課題となっています。

（関西福祉科学大学心理・教育相談センター紀要　第４号、関西福祉科学大学心理・教育相談センター、２００６・10　pp.４５～４８）

第14章

子どもの成長と「叱る」「褒める」について

親、教師が子どもを外発的、他律的に「叱る」「褒める」は、子どもが自ら「叱る」「褒める」ことができるよう、内在化の歩みをたどることが大切です。

1 はじめに

子どもの人格が健全に成長するように支援することは、特に、発達期における教育の重要な目標です。ここでは、この時期の教育を進める中で、子どもに対する「叱る」「褒める」の関わりについて、その課題を若干取り上げてみたいと思います。

親、教師が、子どもを叱る、褒める理由は、子どもが社会生活をしていく上で、望ましいことを行い、望ましくないことは行わない、つまり、社会的な生活規範を教え育てるためです。子どもは、そのような社会に生きる力を自分のものとする必要があり、親、教師の働き掛けから学び習おうと努めます。

叱る、褒めるは、本来このように、親、教師が教える側にある一方、子どもが学ぶ側にある相互的な人間関係の中で行われる、文字通り日常的な教育の営みです。子どもは、叱る、褒めるの働き掛けを、親、教師から受け、健全に自律する人間へと成長を遂げていくのですが、その失敗は教育相談の対象ともなる適応の障害とみなされます。

2 人間関係における信頼と尊重

親、教師が子どもを叱ったり褒めたりするのは、子どもが行動を向上させることや改善させることを期待しているからですが、その向上や改善の主体はあくまでも子ども自身です。親、教師が強いて求めても、子どもがその気になりませんと、真にそのような成長は創り出されません。その結果、親、教師の子どもの成長を願う気持ちが満たされないことにもなり、時によっては、強制の叱るや過剰な褒めるが不適切にも加重されていく事態が生じます。

親、教師の子どもに対する叱る、褒めるという言葉掛けで、本来目指されている成果が生み出されるには、まず、それが、子どもの心に響き入るように伝わらなければなりません。子どもに、親、教師の言葉を、心から耳を傾けて聴く気持ちがあれば、子どもは、親、教師が叱る、褒めるの助言を適確にしっかり受け止めます。心から聴こうとする構えが生まれていてこそ、心に響き、しみ入るように伝わるのです。

そこで、叱る、褒めるを与える親、教師と、それを受ける子どもとの間の人間関係の内実が、問題となります。その内実とは、親、教師と子どもとの間に生まれる相互信頼と相互尊重です。言い換えれば、両者の間に心が真に温かくふれ合い、しみわたるよう通い合う、心と心の関係が生まれ、深められており、その状態が常に、さらに、深化を続けていることです。

親、教師と子どもとの間で、このような信頼と尊重の心情が着実に根付く人間関係が育ち強められている状況があれば、子どもは、親、教師に対して、積極的に自ら素直に心を開き、安心してありのままの心の内を見せてきます。子どもは、率直な自己の開示と伝達に努めようとするのです。その結果、親、教師が子どものありのままの感情や思考を子どもの立場から分かり受け止めること、いわゆる共感的な理解と受容が可能になるのです。

そして、この子どもの自己開示・伝達と、親、教師の共感的な理解・受容が、相互に働き合えば、心の温かいきずなは、強いものとなっていきます。それは、教育相談でも欠かすことのできない、基本的で理想的な状況であるのです。

このような人間関係の質的な成長の過程では、親、教師と子どもとの間に一層安定した信頼と尊重の心情が育まれてきます。子どもは、親、教師を過ぎて依存することなく、ひたむきに心の係留するところとみなし、大切に思うようになります。したがって、子どもは、親、教師のことばを、真に心から聴こうとする心情に満ちています。親、教師の助言を聴き入れようとする気持ちがあふれていますから、親、教師が子どもを叱る、褒めることばは、子どもの心に正に響き、入っていくのです。

一方、親、教師が、子どもを心の底から信頼し尊重していますと、子どもが訴える感情や語る思考をありのままに理解しようとします。したがって、親、教師は、その時々、子どもがどのような気持ちから、どのような行いをし、またしようとしているかが誤りなく分かります。親、教師のその理解がそのまま子どもに伝えられますと、子どもは、親、教師が自分を心から思いやり、分かってくれていることが真に実感できます。子どもが親、教師に日々求めてやまないものこそ、この実感なのです。それを経験できる子どもは、親、教師の叱る、褒めるに込められている気持ちを進んで受け入れます。自分を心から分かっていてくれる人の気持ちを、受け容れ自分のものとすることは、満足を生むからです。

一般に、個人の行動の根底には、要求を満たすという心理的な機制があり、子どもも自分の要求を満たすために行動します。したがって、親、教師の叱る、褒めるが、共感的な理解と受容を実感的に伴うものでありますと、叱る、褒めるの助言は、子どものものとされ、行動に生かされるのです。この共感的な理解と受容を求める要求は、特に、発達期にある子どもにとり、極めて重要で強い基本的な要求であるからです。

3 叱る、褒める「こと」と「わけ」

このように、親、教師と子どもが相互信頼・相互尊重を築き、高め、深めていく人間関係にあることは、親、教師の叱る、褒めるが、子どもの心に強く働くように与えられるための第一の欠かすことのできない前提条件となるのです。

親、教師が子どもを叱る、褒めるのは、既に述べましたように、親、教師が本来担っている重要な目標を達成するためです。子どもが社会に役立つ人材となり、社会で生きることを支援するために、子どもが自己の要求を社会の要求に調和させて満たしていく力、いわゆる自己力を自ら培うことを促すために、親、教師は子どもを叱る、褒めるのです。

親、教師は、子どもを叱る、褒めるに際して、子どもの何を、何のために、どのように叱り、褒めるかについて、正しく認識していなければなりません。それは、叱る、褒めるが、子どもの心にどのように響き、しみ入るかを決めるからです。子どもの心が、親、教師の言葉掛けに仮に響きやすい状態であっても、響かせ方を誤り、それがしばしば繰り返され日常化しますと、子どもの人格の成長に歪みが生まれてきます。それでは、親、教師が子どもを叱る、褒めるの目的にかないません。

叱る、褒めるの実際を考えてみますと、親、教師は「何を」、つまり、叱る、褒める「こと」を大方はっきり意識しているものです。それは、親、教師が、子どもに日常そのように行い、そのようになるよう望んでいるものと直接関わっていることが、何をだからです。

しかし、この何をの意識が余り前面に出過ぎますと、叱る、褒めるを介して子どもに与えることが強調されやすくなり、子どもが、この何をどのように受け止めているかを知ろうとする、親、教師の構えが弱くなります。そこで、親、教師は言うことを聞かせようとする気持ちに傾きやすく、そのため、親、教師からの期待が一方的に子どもへと掛けられることにもなります。それでは、親、教師の叱る、褒めることが、子どもの思いとずれる状況が生まれ、子どもの心によく響かず、しみ込み難くなります。

そこで「何のために」、つまり、叱る、褒める「わけ」が「こと」に先んじて、親、教師に適確に意識されていることが重要です。親、教師が、子どもの行いで、子どもに対する思いが満たされない、あるいは、満たされた時に生まれる感情に駆られ、親、教師が、子どもを叱り、褒めることになりますと、それは、親、教師の気が済む、また満足できるから子どもを叱る、褒めるということになります。

もちろんこのような感情は、生身の人間である親、教師の心に生まれて来ることはありますが、子どもを適応上の問題に追い込まないためには、親、教師は、賢明な大人としてそれをコントロールしなければなりません。感情でものを見る目が歪んでいる状態が親、教師に存在していますと、子どもの健全な人格形成の歩みを妨げる恐れがあります。

言うまでもなく、親、教師が、子どもを叱り、褒めるわけの本質は、既にふれてきましたように、子どもが社会に生きていく人間として必要な能力や特性を学び、成長を促すところにあります。

親、教師が、この本質を明確に意識した心の基盤に拠り、子どもを叱り、褒めるなら、その内実は、子どもの心を積極的、生産的に揺さぶり、子どもに自省心や有能感を生むものとして内在化されていきます。子どもの心の中に、安定したその居場所ができるとも言えます。そこには、自尊感情が培われ高揚する機会もあり、子どもが不適応に陥る危険が予防されることにもなります。親、教師が、子どもの健全な人格の成長を真に熱く思い、叱り、褒めるのであり、それは、子どもの自ら成長していきたいという強い基本的な自己成長の要求に応える、ふさわしい働き掛けとなっていくからです。

親、教師は、未熟な子どもの行いに改善や向上が生まれるように叱る、褒めるのですから、その成果がより速く現れることを期待している一面があります。そのため、効果的な叱り方、褒め方は、親、教師にとっては大きな関心事です。しかし、それに重きを置き過ぎますと、叱る、褒めるが策をろうする誤りに陥り、その本質が見失われることとなります。そこには、子どもの行いを一方的に強いて変えようとする気持ちが働きやすくなりますから、親、教師の叱る、褒めるは、子どもの心を打ちません。子どもの心に響きません。したがって、子どもの心にしみ入りません。

4 子どもの立場を思いやると「叱る」

「叱る」とは「咎め、戒める」ことを意味します。親、教師が子どもを叱るのは、子どもの行いのある面が「取り立てて気になり」、それを「教え諭して、禁ずる」ことが、子どもの人格の成長にとり大切だと考えるからです。子どもは、心身の発達が未熟であり、それは子どもの発達的な特性です。したがって、社会生活の規範や親、教師の価値観から外れた行動をしても、それに気づかないことがしばしばあります。そのため、子どもの成長を願う親、教師は、当然、子どもの行動を放置せず、叱らなければならないと思い、叱ります。

一方、子どもにとってみますと、「叱られる」は、したくてした行動や、しようとする気持ちが否定され、禁じられることを意味します。それは、要求の満足が阻まれるわけですから、要求不満という心身に緊張が生ずる状態であり、適切に解消されなく持続しますと、やがては不適応の状況に晒され、人格の形成が円滑に進まず挫折する危険性もあります。

しかし、この「叱る」が、子どもの心身の発達の程度や性格の特性などにふさわしく与えられ、理解されて受け容れられますと、子どもには、自己の思いのままにならない要求不満の状況に耐える力である耐性が培われます。要求の満足を適切に抑制するこのような耐性の育ちは、子どもが人格を健全に形成していく上で、極めて重要です。子どもの行動問題が、この耐性の脆弱さによることが少なくない現実があることは、決して見逃せません。

叱る技術より叱る心が大切であることは、既に述べましたが、とは言いますものの、より適切と思われる叱り方はあります。例えば、まず、分かりやすく、簡潔に叱ることです。叱る本来の目的は、子どもが、自己の人格を培うのに適切でない行動を自分の意志で抑制することができるようになることにあります。したがって、この抑制すべき「こと」と「わけ」につき、静かに子どもが納得できるように説明し、明快に戒めることが大切です。その際、咎め立ては長々とせず、手短に淡々と、適確に注意するよう心掛けることです。

このように、過誤を犯した子どもの立場を、心から思いやり叱れば、子どもは、親、教師のその温かい思いやりを実感し、叱られることで、子どもの心はいたずらに動揺しませんから、落ち着いて親、教師のことばを受け容れ、自発的に内在化できます。

次に、感情に流されず、怒らず、しかし、厳しく叱ることです。叱る対象となる子どもの行動は、親、教師にはもともと認め難いものです。叱っても、行動が改まる兆しが見えませんと、問題の即時解消を子どもに求める気持ちが強いほど、苛立ちを覚え、腹立たしくなることもあります。

しかし、親、教師は、その自分が抱く不満の感情をできる限り抑制し、子どもの行動自体を叱るように努めるべきです。子どもは、親、教師のそのような寛大な対応に温かく包み込まれ、心は和らぎ安定していますから、親、教師の叱る助言でも進んで受け容れることができます。

一方、叱るには、子どもの行動を批判するニュアンスがありますから、叱り方によっては、子どもの心がひどく傷付き、痛手を負う、危機的な状況に見舞われることもあります。それゆえに、親、教師は、叱る子どもに修復ができなくなるような心的な外傷を与えないよう、十分に配慮すべきです。子どもは、親、教師という自分にとっての重要な人に愛され認められたいのです。自分を肯定することを促される助言を喜び、より一層の成長を目指す意欲を燃やしますが、自分を否定することばには、心を傷付けられやすいのです。したがって、子どもを叱るに際しては、子どもの心を不当に傷付けず、叱ることに気を付けたいものです。

そこで、子どもを他者の前であからさまに叱責したり、子どもの人格全体を非難するような誤りに陥らないことです。もし、そのような誤りを、不注意にも繰り返し犯せば、子どもの心は痛く傷付き、成長を目指す力は萎み、親、教師に対する敵意さえ生まれます。子どもに対し、叱り、抑制を求めるものは子どもの行動自体です。子どもが感情を抑圧せず、自発的に表現できるように導き、受容的に理解するよう心掛ければ、子どもの心は傷付きません。

しかし、親、教師がその都度叱るだけにとどまっていては、子どもの成長を促す助言として十分ではありません。叱られることにより、その程度はさまざまでしょうが、場合によっては、叱るが、親、教師からの愛情を失うかも知れないという不安を子どもに生むからです。子どもを叱っても、補う関わりが大切です。厳しく戒めても、子どもが改善に努めたところを適確に認めれば、親、教師の助言を自分から進んで大切にすることに、子どもは心からの喜びを感じます。

親、教師が、叱るにより、子どもに今後取るべき行動の方向を示唆しますと、子どもは、自分から行動を改めて行く手掛かりを知ることができ、それに取り組む努力がたとえ僅かでも、温かく見守ってもらえれば、子どもは、行動の改善に努め、より望ましい行動を自分から生み出していくことに意欲を燃やします。叱られても認められていることが分かるからです。

いずれにしろ、叱るに当たっては、叱られる状態にある子どもの立場を、正しく、温かく思いやり、戒めることが肝要です。そのように叱れば、子どもの心の琴線は、必ず成長への音楽を奏でるものです。

5　子どもの気持ちに共感すると「褒める」

元来、褒めるの「ほ」は穂で、秀れていると認めるという意味を持っています。「祝う」「ものごとを良しと評価し、それを行う者にその気持ちを伝える」ことが、褒めることです。親、教師は、日常のいろいろな生活場面で、子どもの行動を「良しと認め、その気持ちを子どもに伝える」、つまり「褒め」ます。

それは、親、教師が、子どもの成長を願い教育する日々の営みで、子どもの心身がより一層発達することを望み、働き掛け、その現実の子どもの成長に、子どもを育むことの喜びが実感できるからです。そして、そのような親、教師の気持ちは、ごく自然な心情です。

子どもに期待される成長像には、親、教師が理想とする子どもの姿が反映します。この理想には、親、教師が抱く価値観が大きく働きますが、時代の社会的な思潮も影響します。また、この成長像は、子どもの未来に目を向けて抱かれる面を潜めていますから、時には、子どもに大人の姿が偏って映し出されることもあります。

ですから現実の子どもは、それぞれの年齢のレベルで特有の能力や特性を形成していくものであるという視点を軽視し、子どもをよく理解しないと、親、教師が子どもに求める成長像は、実際に具体的に表れ難い抽象的な像として一人歩きを始めます。それでは、親、教師が褒める機会は必然的に減り、仮に褒めても、心の底からの喜びを子どもに生みません。子どもの心に響かず、しみ入りません。親、教師は、現実の子どもの姿をよく見据えて、子どもに成長することを期待すべきです。

親、教師が、子どもの成長を正しく褒めるなら、子どもは、自分から成長を目指し進んでした行動やしようとする意志が評価され、認められるわけですから、成長したい、認められたいという、強い基本的な心理社会的な要求を満たすことになります。したがって、子どもは、真の達成感を味わい、有能感を持つことができ、自尊感情は高まります。さらに、成長を求める意欲は一層強まり、日々の生活は極めて充実したものとなります。

ただ、褒めるには、一般的に気に止めなければならない重要な視点があります。褒めるには、評価することが先行しますが、その評価では、一定の規準に照らし、対象の価値が定められます。正しい評価がなされるには、評価の対象を、冷静に客観的に捉える必要があります。したがって、正しい評価とは、相対的に言えば冷たい理解を目指しているのです。そのために、評価を前提とする褒めるでは、ともすれば、親、教師は、子どもを冷たく理解する機会に晒されます。

もし、親、教師が正しく褒めるだけに偏った、冷たい客観的な理解に陥りますと、その褒めるは、子どもの健全な人格の成長を妨げることにもなりかねません。このような冷静な目だけでは、親、教師と子どもの間に、温かい心のふれ合いが生まれ難いのです。

そこで、親、教師が、褒めるで子どもの人格の健全な成長を促すには、共感的な理解を大切にする必要があります。目の前にする子どもとの間に温かい心のふれ合いが生じ、育まれ、子どもは自分の行動に対する親、教師の褒めるに、成長の喜びを感じ、一方的な拍車を掛けられることなく、さらに成長を目指すことができるようになるからです。

ところで、叱る場合と同じように、褒めるでも、子どもの成長を真に思う心が重要です。効率の大きい褒め方を求めるあまりに策に溺れますと、褒めてもその効果は表面的で、子どもの心に入りません。褒める喜びをその場的に求める親、教師の気持ちが、子どもを褒める真の目的を曇らせてしまうからです。もちろん、望ましい褒め方はありますから、それを心して褒めるは、子どもの成長のために活用したいものです。

褒めるに当たっては、まず、子どもをふさわしく褒めることです。子どもの行動の真価を温かく認め、その気持ちを子どもにも理解できる範囲で伝えるのです。子どもの行動の事実が、具体的に、正しく、温かく評価され、それが子どもに分かるわけですから、そのような褒めるは子どもの心に自然に受け容れられ、実感を伴って納得されます。

親、教師が、子どもの行動の本当の価値を誤りなく認めることは、子どもを心から尊重することを意味します。それは、心に響く思いを子どもに生みます。子どもは、自分を大事に受け止めてくれる親、教師に、進んで心のふれ合いを求め、信頼を寄せます。自分が信頼できる親、教師に褒められれば、子どもには揺るぎない自信が芽生え育ちます。成長を目指し生きる意欲も高まり、その目標に至る道を、子どもは前を向いて歩むことに努めます。

また、子どもを適時に、適確に褒めるように心掛けます。親、教師は、子どもに日頃あるべきことを求め続けがちになります。そのため、それに沿わないことに対することを、一般的に敏感に捉え、叱ることが多くなりやすいのです。しかし、成長に望ましい子どもの行動は、その都度、時を捉えて、できる限り褒めるように努めたいものです。それは、時を経ることなく、子どもの行動を、今、直接、具体的に評価し、認め受け容れることですから、子どもの喜びも大きくなります。

ただ、褒める対象となる子どもの行動は、親、教師が期待しているところに沿うよう、子どもが成果を上げた行動となりやすいものです。成果を上げるに至るまでの行動の過程の評価は、褒めるの背景に押しやられる傾向があります。本来、努力を続けることが成果を生むのであり、子どもの真の成長は、そのような努力に拠るところが大きいのです。したがって、子どものひたむきな努力を心から共感して温かく思いやり、褒めるのが大切です。

親、教師にそのように褒められれば、子どもは心を打たれる力強い真の支えを得ることができ、ものごとの成果を生み出す過程の大切さを身をもって学びます。失敗にもめげず、自信をもって、より一層の成長を目指し、努力することに心を傾けます。そして、自分が潜めて持っている能力や特性を、自分から進んで現実に発揮していきます。この、潜在性の顕現化こそ、心身の成長の重要な側面に他なりません。

個々の子どもが、自分の個性を他者のそれを尊重しつつ伸ばしていくなら、それは子どもの成長にとり望ましいことです。子どもが、自分の独自性を、成長を目指し、自分と他者を生かし適切に発揮していくことになるからです。そこで、子どもの個性を重視し、褒めるを心掛けたいと思います。その子どもらしさを捉えて褒めるのです。子どもの行動に見られる達成のレベルが、他者のそれより相対的に低くても、子どもが自分からやり遂げることを評価し、その子どもなりの主体的な成果を尊重し、認めるのです。

子どもは、自分らしさをよく理解され、励まされますから、喜んで心を開き、親、教師の助言を聴き入れます。さらに、自分の独自性を発揮し、新しい未知の世界での行動にも自発的に挑み、自分の生活を積極的に創り出していきます。この子どもの姿こそ、褒めるが本来目指しているものです。

子どもがものごとに取り組む時には、子どもなりに心配、ためらい、焦り、喜び、楽しさなど、いろいろな感情を体験しています。そのような子どもの心の状態をよく思いやり褒めるなら、それは、文字通り子どもを共感的に理解することになります。その際の褒めるは、子どものその時の心情に合致していますから、子どもの心にそのまま受け容れられ、成長のための糧となります。

自分に対し心から関心を寄せ、評価し認めてくれる親、教師が身近にいることを実感できれば、愛されたい、認められたいという、特に、発達期にある重要な基本的な要求が満たされ、子どもの心は充実したものとなります。それは、適確な自己評価、自己肯定の気持ちを子どもに生み出しますから、子どもの成長への意欲は無理なく鼓舞されます。

以上のような褒めるには、親、教師が子どもの気持ちに共感して褒めるよう努め、子どもを心から大切にしようとする思いが、一貫して満ちています。子どもは、褒められるにより、身近な重要人物である親、教師に対して抱く信頼と尊重の気持ちを、さらに深め、褒めるの本来の内実を自分のものとして成長を遂げていくことができます。

6 叱る、褒めるの内発化と自律化

親、教師が子どもを叱る、褒める人間関係は、外部の他者である親、教師が発する叱る、褒めるが、子どもの行動を律するところから始まり、教育が進められる関係です。子どもは、親、教師の叱る、褒めるにより、自分の成長に望ましい行動をするように強化され、望ましくない行動をしないように抑制されます。そこで、この叱る、褒めるは、そのままである限り、子どもにとっては、外発的であり、他律的なものです。

子どもは、叱る、褒めるで、親、教師に制御されていると言えます。

子どもの人格が健全に本来の成長を遂げて行くには、もちろん、この外発的で他律的な制御を、一方的に受ける状態にとどまっていてはなりません。子どもが成長するということは、親、教師の支援を、発達の水準に応じて適当に受ける中で、自ら生きる力を培うことを意味しているのです。

それは、子どもが、日常の生活で、できる限り、自分の責任で、ものごとを自分で決め、自分で行う力を身に付けることです。さらに、言い換えますと、子どもが、自発的に自己決定し、主体的に自己指導に努め、積極的に自己責任を取る能力を、年齢の段階に応じて次第に獲得していくことです。特に、早期における子どもの発達的な特性は未熟であり、依存的なところにありますから、叱る、褒めるは、子どもの人格の成長に伴う重要な心理臨床的な課題を抱えているのです。

右に述べましたように、叱る、褒めるは、親、教師により子どもに与えられるという外発的・他律的な源を持っています。しかし、そのような叱る、褒めるは、子どもの年齢の水準が高まると共に、より内発的、自律的なものへと変わっていかなければなりません。親、教師による叱る、褒めるは、子ども自らによる叱る、褒めるに変わっていく必要があります。つまり、叱る、褒めるは内発化し、自律化する歩みをたどるべきです。

親、教師は、子どもがこの叱る、褒めるの内発化・自律化を進めていくことを支えるという重要な役割を担っています。そのような叱る、褒めるの内在化、言い換えますと、子どもの行動の他者制御から自己制御への切り換えは、子どもの年齢に応じて徐々に行われるのが至極適当なのです。この切り換えで急に逸れば、時には心理臨床的な問題を生むことにもなります。子どもと親、教師の間に信頼と尊重の人間関係があれば、親、教師の叱ると褒めるは、円滑に子どもの心に内在化します。子どもが自分から成長する力を備えているということを信頼する親、教師は、子どもが自ら行動を律することを促し、支え、見守ることができ、子どもの未熟さゆえの失敗には寛大であるからです。

7 おわりに

親、教師が、外からの叱る、褒めるを介して他律的に教えようとすることを、子どもがしっかり受け止め学んでいけば、それは、親、教師にとっては大きな喜びであり、子どもには自分が成長しているという証しを実感させます。

しかし、子どもは元来自ら成長を目指す存在だという本質に沿いますと、親、教師による外からの褒める、叱るは、子どもの内からの自律的なものとなるように内在化されるのが重要なのです。子どもの心に響く叱り方、褒め方は、正にそれを志向しており、それを可能にします。親、教師が、心から子どもの立ち場に立ち、真に子どもを共感的に理解するように子どもに関われば、その働き掛けは、子どもの心に響くに違いありません。
それは、親、教師の叱る、褒めるが着実に内在化し、子ども自身のものとなり、子どもに堅実な自律心が育つことを意味します。そこには、子どもの健全な人格の成長のための重要な心的基盤が形成されていくという、発達的な事実が存在しているのです。親、教師の「叱る」「褒める」は、発達の途上にある子どもの人格形成に欠かすことのできない心理臨床的な課題でもあるのです。

（関西福祉科学大学心理・教育相談センター紀要　第8号、関西福祉科学大学心理・教育相談センター、2010・10　pp.139〜146）

第15章

子育ち、子育て、親育ち

日々の生活で培われる「耐える力」と「愛他の心」は人格の基とも言えます。
大切に育てたいものです。

1 子育ちと子育て

今日の社会では「福不可受尽(福受け尽すべからず)」という戒めはとても大事だと言う人がいます。人は幸せが続きますと、その楽しみを欲しいままにしがちですが、それでは、瞬く間に幸せの源泉は枯れ果ててしまいます。現在の社会の実情には、それがそのまま当てはまるように思われます。

このような現実については、子育ての危機的な状況という見方もあります。最近の子育ちの姿には、人格の育ちのひ弱さがしばしば認められますが、そこには、このような社会の現実が反映してくるように思われるからです。

ところで、いわゆる子育ては、大人(大抵は親)が子育ちの支援をすることを意味し、子育ちとは、子どもが大きく成長していくことには間違いありませんが、その本質をよく理解するよう努めることは、子育ての責務を担っている大人の大切な課題となります。

本来の子育ちは、子どもが親から受け継ぎ潜在させている成長の可能性を、日常の生活環境の中で、自己を生かし社会に役立つ人格が生まれるよう現実のものにしていくことだと言えます。この子どもの生活環境の中でも、家庭や学校における日常的な状況が、子育ちに極めて重要であることは言うまでもありません。子どもの成長に対し、身近な大人(親や教師)が関わる、言い換えますとこれらの大人が作り出す心の環境の在り方が、極めて大きな影響力を持っています。これから成長を遂げていく、心身共に未熟な子どもは、その未熟さのために、身近な大人に頼らなければならないからです。幼子の育ちは親次第と言われますのは、このような事情を端的に物語っています。したがって、子育ちを促す子育ては、人生でもとてもやり甲斐のある仕事になるのです。

育ちがひ弱だと言われる子どもの人格それ自体は、子どもが、自分の要求を身の周りの社会が求めるところにうまく合わせ満たしていく行いの仕方(態度や能力)であると言えます。最近の子育ちの問題は、このような人格が、子どもの年齢相応に育ってきていない現実にあるのです。特に、幼い時期の子どもが要求をどのように満たしていくかという経験は、子どもの人格の土台作りが進むことを意味しており、それゆえ、この時期に行われる子育ての営みは、子育ちの命運を握っていると言っても、決して過言ではありません。

最近の子育てでは、特に、大人の大切な責務である親の養育の働きに不足や過誤があることについての懸念が、しばしば訴えられています。子育てにおける親育ちの必要性が強調されているわけです。

2 子育てにみる親育ち

当然のことながら、子育ては、家庭生活でかなり重みを持つ営みになっています。そのため、子どもの育ちに気になるところがある時には、その問題の程度によっては、子を思うがゆえに、親が担う子育ても苦渋に満ちたものとなりがちです。しかし、この子育ての苦悩は、親育ちが生ずる大きな力として働くのです。そして、そのような親育ちによって、子育ての不安は克服されていきます。

次に紹介するある母親の手記は、わが子の子育てに苦しむ中で、親育ちを遂げていった親の姿をよく示しています。筆者が教育相談に応じた算数に学習障害のある小学生の母親による手記です。

この手記は、「母さん歩こうよ。走ってばかりいると疲れるよ。母さん止まってよ。このきれいな花なんていうの。あなたは、私に何度となくこう言ったでしょう。私はあなたの心を聴く耳を持っていなかった。ただ、前の方ばかり見ていて、足元の美しい小さな花も、あなたの笑顔さえも見つめていなかったのではないかと、今頃になりようやく気づき始めた。私は〝愛する〟という、あなたにとって一番大事なものを忘れていた。もっともっと広い心で包んでやっていたら、あなたの柔らかい、温かい心が寂しがらずに済んだのに…あなたは、いろいろなサインを送ってくれました。気づかずにごめんなさい。でも、今振り返ってその小さな出来事を大切にしまっておくために書きとどめます。…こんな心の貧しい母にあなたが贈ってくれたものは、なんて多いのでしょう。…あなたが私にくれた"心の贈り物"…」というプロローグで始まっています。

このプロローグには、我が子の障害の改善に焦る余り、子ども自身の成長の歩みを見失っていたことに、子どもの姿を通して気づき、子育ちに何が大切か分かるに至った母親の心の軌跡が語られています。そして、手記では、子育ちと子育ての回想を通して、子どもの生きざまを優しく見つめて描きつつ、エピローグへと筆が進んでいます。

「私は、始めこの手記に、〝わすれもの〟と題を付けました。…我が子の良さをすっかり忘れていた。…でも、よく考えてみると、忘れものではなく、あなたが私に贈ってくれた心温かな〝おくりもの〟であることに気づきました。よい母でもないのに〝母さん〟と呼んでくれ、その上、こんなに沢山私の心を優しくしてくれるメッセージを贈ってくれた心優しい私の子どもに、〝ありがとう〟を。そして、私の心の優しさが乾き始める時に、あなたの贈り物で心を潤そうと思います。…あなたのことで悲しくなったこと、つらかったこと、やけになったこと、そんな思いも一杯あります。でも、振り返ると、一つ一つがとても大切なことなんです。母さんには…」

学校というわば義務的な指導、学習の一面を備えている枠に一方的に捕らわれ、どこか違うと思いながら悪夢にうなされているように、子どもの学業の不振を責め、学業の成績を上げるように子どもを追い立てていた母親は、苦しい子育てを続ける中で、「…私の子には教えたい。自分にふさわしい学力でいい。もっと大切なのは、人を愛する心、自然を愛する心だと…」という、子育てではとても大事な考えを抱くことができるようになるまでに、自分育ちをしています。そして、「…私が悩んだのは長男を〝落ちこぼれ〟にしてしまったことでした。いろいろなことを試みたのですが、ますます深みにはまっていく一方でした。そんな折…小林教授にお逢いすることができ、お話を重ねて行くうちに、私自身が変わっていくのに気が付き始めました…」と手記が結ばれています。

3 耐える力と愛他の心の育ち

親育ちを生む子育てであっても、昨今の社会情勢には、依然として健全な子育ちを阻むところがあるように思われます。それは、今の子どもたちの現実の姿に見え隠れしています。子どもの人格の育ちには、気になるところが少なくとも二つあります。どうものごとに耐える力が弱く、何となく他者を思いやる心が薄いように感じられます。

「したいことはする。したくないことはしない」は、確かに自己主張ではありますが、それに終始していては、現実の社会の中で生活していくことはできません。「したくても、していけないことはしない。したくなくてもしなければならないことはする」心が培われ、力が身に付いていくことは、社会に生きる子どもとして成長していくのにとても大切なのです。今の子育ちではこの辺に問題があるようです。

この「耐える力と愛他の心」の育ちに見られる歪みの訳にふれることは別の機会に譲るとして、子どもに耐える力や愛他の心を培う子育ての在り方について、そのポイントを二、三挙げてみます。

まず、子どもとの心のきずなを大事にします。家庭にあっては、親と子が共に過ごす時間を大切にし、心のふれ合いを生み、深めます。心から耳を傾け、子どもの気持ちを子どもの立場から思いやり受け止めるように心掛けるなら、それは必ずできます。そこには、心が通い合う信頼関係が生まれてきます。子どもは、親を心から信じて頼り、心の和らぎを実感できます。子どもは、安心し、やる気を漲らせ、ものごとに積極的に取り組むようになります。

次に、耐える力を育むことですが、ままならないのが実際の世の中の常であり、子どもが社会で生きていく以上、自分の要求が満たされ難い状況に耐えることも必要です。他者を意に介せず、自分の要求をそのまま満たし続けることは、他者が要求を満たすことを阻み続けることになるからです。そこで、要求を互いに満たし合うこと、言い換えれば、要求を互いに抑え(耐え)我慢し合うことが求められるのです。

子育てでは、このような耐える力を培います。そのためには、子どもの年齢相応に要求(〇〇したい気持ち)が満たせない経験をさせる、要求を待って(時間を置いて)満たす機会を与える、できそうな目標に向かって頑張りやり遂げるよう促す、早く諦めず壁を乗り超える努力をするよう仕向ける、自分で決め、できる経験をするよう支えるなどを、子育てで配慮したいものです。

一方、愛他の心も、人と共に生きていく上で極めて重要なものです。それは、他者を心から大事にする真情であるからです。現在の社会的な風潮には、この愛他の心がなおざりにされやすい傾向があり、懸念されるところです。愛他の心は、子どもが幼い頃からしっかり育んでいきたいものです。そのためには、子どもに正しい温かい愛情をかける、子どもの気持ちを心から理解するように努める、大人自身が思いやりのある行いをするように心掛ける、力で押し切るしつけは厳に慎む、思いやりのある行いをするよう子どもに促すなど、について気を付けます。

4 子育ちと子育ては自然に

子育ては、親育ちも生まれる、子育ちを支援する営みですが、子どもと日常関わりが繰り返される中で、大人(特に親)が、その目的をそれほど意識することなく自然に行われている場合の方が実は多いのです。ですから、日常的な何げない大人と子どもの関係の在り方が、子育ちの上で大切な働きを持っているわけです。そのような子育て、さらには、子育ちの姿を次に挙げ、本稿を閉じることとします。

夏のある日の昼下りでした。疲れに暑さも手伝い、栄養ドリンク剤でも飲もうと思い、私が駅の売店に立ち寄ろうとした時のことです。四歳ぐらいの男の子が、口が大分渇いていたのでしょう、ジュースを買って欲しいと母親に盛んにねだっていました。

私は、子どものことが少々気になり、その様子をしばらく見ていましたが、母親の宥めに、子どもがやっと納得したように見受けられましたので、ドリンク剤をつい買ってしまいました。ところが、大変困ったことが起こってしまったのです。「おじちゃんも買ったから、ぼくにも買って。ジュース飲みたいよ」と、その子どもが、またねだり始めました。そして、買ってもらえないとなると、大声をあげ泣き出しました。せっかく宥め我慢させたばかりなのに困ったという当惑の気持ちが、母親の表情から十分うかがい知れ、私は大いに気が引ける思いがしました。

しかし、母親の子どもへのその後の対応(子育て)に非常に感心させられ、心を打たれました。ジュースをどうしても買って欲しいと、ねだって泣き続ける我が子に「お家を出る時飲んできたばかりでしょう(ジュースを飲みたがる子どもの気持ちをたしなめています)。おじちゃんは疲れているからきっと飲みたいのよ(他者を思いやることを現実に教えています)。あなたもおじちゃんみたいに欲しいのね(子どものその時の気持ちを、しっかり思いやっています)。じゃあ、買ってあげるけど、おばあちゃんのお家に行ってから飲むのよ。それでいいのね(子どもの今飲みたいという要求をそのまま受け容れていません)」と言って聞かせ、子どもに納得させた上で、「あなたの欲しいジュースを買いなさい、これお金よ(子どもに買うものを、自分で選ばさせています)」と、ジュースを買わせていました。子どもはうれしそうに買ったばかりのジュースの入ったポットを手にし(子育ち)、母親と手を繋ぎ電車に乗って行きました。

この母親は、子どもが今置かれている状況をよく捉え、子どもの要求（ジュースを欲しがる気持ち）を思いやりながらも、それを全てすぐ満たすわけでなく、一部を受け容れ、子どもの心を思いやる気持ち（愛他の心）を自らの行いにより示しながら、要求を時間を置き満たすように促し、子どもが自分のかなり強い要求でも一時抑え満たす行い（耐えること）を、身に付けるようにしつけています。

　母親が、子どもの気持ちを子どもの心の中にそっと入って（大人がドリンク剤を買うのを見れば、さぞかしジュースが欲しいだろうと）子どもの心を受け容れていますから、そこには、我が子を心から思いやる、厳しくも優しい気持ちが働いています。そのように思いやりをかけられれば、子どもにも母親の気持ち（ジュースを今飲みたい気持ちを我慢して欲しい思い）を分かろうとする心が芽生えてきます。子どもは、このような経験を重ねながら、他者を思いやる心を育みつつ、自分の気ままな要求を適切に抑える力を培っていきます。人格の核ともなるこの「耐える力」や「愛他の心」は、本来、日々の生活の中で自然に育まれていくべきものなのです。

（『柏原の教育―特集〝青少年の健全育成〟』第23号、柏原市教育研究所、２００３・３　pp.４〜７）

第16章

家庭教育と学校教育

子どもの教育には家庭と学校の連携は欠かすことはできません。
両者がそれぞれの役割を正しく認識して協力し合うことが大切です。

1 はじめに

過日、新聞の投書欄で「〝しあわせ病〟今の子どもたち」という記事を目にしました。50歳代の小学校の教師が投書されたものでしたが、現代の子どもたちの姿の一面がまことによく捉えてあり、さすが日頃子どもによく接している教師の観察は的を射ているなと思ったことでした。その一部を紹介しますと、

「いつも満腹やる気がない
エンジンあってもブレーキない
責任持つことしたがらない
温室育ちで耐える力ない
いつも夜更かし朝起きない
手を掛け過ぎて自立がない
注意されても聞く耳ない
物に毒され心育たない
刺激多く感動しない
…

こんな子どもが年々増えるばかりで、学習の能率も悪

く、もう学校だけでは手に負えなくなってきました」、というわけです。

以前に、ある市で行われた教研集会で、現代の子どもたちは五無主義（無気力、無関心、無責任、無感動、無作法）に浸っていると報告されたこともありました。

もちろん、現代の子どもたちをひとくくりにまとめ、簡単に問題とすることは単眼視的で誤りでしょうが、これらの厳しい指摘には、親、教師共に頷かないわけにはいかない面があることも確かです。

しかし、現代の子どもたちが、自ら進んでこのような問題性を身に付けてきたわけでもありません。子どもたちが成長してきている現代の生活環境の中に、これらの改善が必要な人格的特徴を生み出す作用が働いているからです。家庭や学校における教育の営みの本来の目標は、子どもたちが将来社会に役立つ有能な一員となるよう、その成長を促すことにありますが、現代の子どもたちの姿は、このような大切な教育目標の達成を阻むものが、子どもたちの周りに存在していることを示しています。

2 子どもにとっての教育

子どもは、周りからの働き掛けにより、また、周りへの働き掛けにより、自ら潜在させている可能性を現実のものへと顕在化させていきます。これが子どもの成長する姿です。子どもが備えているこの潜在的な可能性の大きさは、個々の子どもによって異なりますが、その顕在化は、どの子どもも十分に促されなければなりません。それには、子どもの周りの親や教師の適切な働き掛けが不可欠であり、子ども自身も積極的に周りへ働き掛けていく必要があります。

言うまでもなく、子どもが子どもたるゆえんは、発達の途上にある未熟な存在であるところにあります。未熟であるので、潜在させている可能性を正しく顕在化させていく仕方をよく知っていません。したがって、この潜在的な可能性の顕在化は適切に道づけされなければなりません。子どもにとっての教育とは、自己の成長の可能性を現実のものへと発現させていく上で、正しい水路へ導かれる、あるいは、それを示されることです。

このようなことはよく分かっている、わざわざ指摘され、認識を促されるまでもない、と思われる方も少なくないでしょう。何もそこまで言ってもらわなくても、子どもたちの心身の健全な成長を助成するという大切な仕事を実践する責任を担っている以上、そのようなことは当然よく理解していると、言われる向きもあることでしょう。

しかし、いろいろな心の問題に悩み、苦しみ、不適応の状態に陥っている子どもたちの教育相談が後を絶たない現実に度々直面しますと、子どもたちに対する家庭教育や学校教育の在り方に歪みが感じられるのです。

家庭教育や学校教育は、子どもが成長する上で欠かせない重要な経験を、いろいろ多く与えていく場になっているはずです。子どもが健全な人格を形成していくために必要な心身の栄養を、程良くブレンドして与えていく役割を果たす仕事を担っているはずです。両者とも極めて日常的に反復される経験の場を作る営みであるだけに、その本来のあるべき姿、つまり、家庭教育や学校教育の原点が、親や教師の意識からかえって薄れがちになる危険性があるように思われる、と言っては過言になるでしょうか。

子どもの成長に対し信頼を失ってはなりませんが、現代の子どもたちの姿を批判的に捉える指摘を示され、また、現実に心の問題に苦悩する子どもたちが少なくないことを目の当たりにしますと、改めて、現在の家庭教育や学校教育を考え直さなければならない思いがするのです。

既に述べたところですが、子どもは、親の適切な養育を欠いては健全に成長することはできません。教師の正しい指導がなくては、その潜在的な発達の可能性を十分に顕在化させ得ません。親や教師の子どもに対する関わり方が、その成長にとても重要な意味を持っている事実は、繰り返し何度でも強調される必要があります。

子どもが内在させている、成長を目指す自発性を決して軽視してはなりません。しかし、例えば、登校を拒む子どもたちに典型的に見られますように、本来なら、相応に顕在化が期待できる可能性を持ちながら、順調な成長が阻まれる事態が増えてきている今日的な状況は、何を意味しているのでしょうか。その答えは言うまでもありません。

成長を目指す子どもの人間性に、直接に働き掛けていく、非常に重要で尊厳な仕事を、自らの意志で求め担っている親や教師として、現代の子どもたちに見いだされる問題性を考える時に、これまでに実践されてきている教育とは、子どもにとって何であるのか、果たして、教育が目指す本質的な目標が達成されるよう、正しく努力されているのか、改めて問い直す、自己に対する厳しい反省や批判が必要であることが痛感させられます。

3 家庭教育が果たす役割

親になることに比べ、本当に親であることは難しいとよく言われます。つまり、人はそれほど考えることなく家庭教育の担い手となりますが、その担った親と言う役割にふさわしい働きを実際に成し遂げ、課せられた責任を全うすることはなかなか容易ではありません。教育相談に取り組む経験を重ねていますと、子どもが不適応に苦しむ問題を生み出した張本人として親が非難されても致し方がない多くの事例を介して、正しい家庭教育の担い手となることが、親にとって、極めて重大で、また困難な仕事であると、痛切に考えさせられます。

ところで、子どもが生まれ育つ、あるいは産み出され育てられる家庭という生活の場には、「子どもが、人との関係を初めて学ぶ場所であり、情緒によって強く結ばれている人間関係の中で、同じことを余り意識せず、繰り返し経験していく」特質があり、「子どもの基本的な要求を満たしてやり、外の社会から加わる圧力を防ぐ(防御)一方、社会が認容する仕方で行動するよう子どもに働き掛けていく（抑制）」機能が備わっています。

家庭にあるこれらの特質と機能は、そのまま家庭教育のそれに反映します。家庭教育は、子どもの心の作りや働きが明瞭な形を取らない時期から、養育を通して、子どもの基礎的な人格形成を促し、社会的な人間に成長するための基本的な方向づけをしています。「三つ子の魂百まで」であり、家庭教育は、子どもに、人格の基盤を作り上げていく、第一次的な社会化の体験を与える仕事を受け持っていると言えましょう。子どもが、健全な自我の力を備えた社会的な人間として成長を遂げていく上で、欠かすことのできない基礎工事をする役割を果たしているのです。

家庭教育の仕事が、典型的に行われる具体的な場としては、いわゆる基本的な生活習慣を子どもに学ばせていく機会が挙げられましょう。日常的な行動の様式を身に付けさせる、家庭のしつけがそれですが、この最も家庭的な仕事で、最近の家庭教育は、正しくその機能を発揮しているのでしょうか。子どもたちの現実の姿を目にする限り、家庭教育が責務として果たさなければならない、この極めて基本的な機能が十分に作用しているとは、残念ながら言い難いのです。

基本的な生活習慣は、子どもが社会の一員として生活していくために必須な、最も基本的である行動規範ですが、このような生活習慣の獲得を促す家庭教育の実際の過程で、子どもの心の作りや働きに、どのように大切な変容を生み出していくことになるのかについて、正しくはっきりと認識していることが重要です。それは、家庭教育は、その機能が日常の家庭生活の中にいわば埋め込まれていることを特質としているからです。

家庭教育の一環として行われる生活習慣のしつけで、子どもは、自己の個人的な要求を社会が期待する要求にうまく合わせて満たしていく自我の力を獲得していくのです。自己の要求を満たす場合に、他者の存在を考える、つまり、社会的感情を大切にする心を育てていくのです。個人が持っている要求の構造(作り)と身に付けている要求の満足の仕方(働き)に見られる独自性は、その個人の人格とみなせますが、家庭教育はこの人格の形成の基礎工事を行っているのです。

子どもは、幼いほど生のままの要求の即時満足を自己本位的に求めます。要求の満足を延ばす力は弱く、他者の気持ちを思いやる感情は十分に育っていません。この耐える力と思いやる感情は、平和な社会生活を維持するのに欠かせないものです。これらの心性は、まず、家庭生活の中で育まなければなりません。子どもの潜在的な成長の可能性が現実のものとなる顕在化は、耐える力と思いやる感情が培われる中でこそ、初めて適正に促されるのです。最初に挙げた現代の子ども像は、この重要な人格の側面が健全に育っていない事実を思わせます。現代の家庭教育で改善が必要である問題点を表しているとも言えましょう。

4 学校教育に期待されるもの

この頃は、あまり口にされなくなりましたが、「荒れる中学」という言葉が、正に日常的に使われる傾向が最近までありました。しかし、学校にうまく適応できず、教育相談に訪れる子どもの数は一向に減っていません。このような現実がそのまま学校に問題があることを示しているとは言えないにしても、現在の学校教育が悩んでいる一面を垣間見せていると言えましょう。子どもの成長にとって望ましくない、物質文明に毒されている社会のすう勢、家庭における本来の教育機能の弱体化に、学校教育が揺さ振られている事実も無視できませんが、学校に関わる問題に、学校教育の責任がないわけではありません。

親が親であることが難しいということは、教師が教師であることにもそのまま当てはまるように思います。例えば、学校不適応に陥っている子どもたちに対し、現場で熱心に指導が行われているにもかかわらず、なかなか子どもたちの問題の改善に繋がらないのはなぜでしょうか。教師の間には、非力に嘆き、原因を子どもが育ってきた家庭や、子どもを取り巻く社会のせいにしようとする傾向があります。学校教育が悩まなければならない状況は、何を意味しているのでしょうか。学校教育の担い手である教師が、自ら教育の姿勢や実践を問い直さなくてもよいのでしょうか。学校教育とは何かという問いかけは、自明的なものと思われているだけに、取り挙げられる必要があるのです。

「うちの学校は有名高校への進学率がよい」と口にし、学校の水準の高さを無意識のうちに誇ったり、「生徒の無気力や無責任な態度を生む原因は親のせいだ」と単純に家庭を非難しようとする教師を、自己の指導能力や教育実践を自ら省みる謙虚さが欠けていると批判しては言い過ぎでしょうか。決して、現在の学校教育に対する信頼を失っているわけではありません。信頼を寄せているからこそ、昨今の教育の在り方について猛省を求めなければならない場合もあるように思うのです。

学校教育が多くを占める主な活動は、子どもが社会の有能な一員に成長していく上で必要な知識や技術を、予め綿密にプログラム化されたカリキュラムに拠り、心理的な力動が複雑に働いている集団の場で、教師が子どもに教授し、子どもが教師から学習するという形を中心に展開されています。つまり、文化の伝達が、非常に明確な意図に基づき、知的な方法により公式的に行われています。家庭教育において、親が子どもに行う文化の伝達が、情緒的な結び付きが濃い日常生活の中で、基本的な行動規範のしつけを介し、むしろ非公式的にまた無意識的に行われているのと対照的です。

現代の学校教育は「知性を開発し、個性の伸長を図ると共に、民主的な人格を陶冶する」という目標を掲げ、その目標を達成するための努力を重ねているはずです。それにもかかわらず、学校を拒む子どもたちが生み出される実態に直面すると、実際の学校教育自体に改善を必要とする一面がないとは言えないのです。

学校教育における子どもの経験を形式的に捉えますと、知的な側面が際立っており、それが知らぬ間に知育偏重に傾く危険性を潜ませていることは確かです。しかし、このような組織的で知的な生活経験は、子どもの知性の成長を助成することに合せて、一定の目標を目指し、自発的に自分を制御して行動する力を子どもに育むものです。また、家庭とは異なる集団的な特質を持っている学級の一員となる経験は、自由、対等な人間関係を繰り拡げる中で人格形成を行う、第二次的な社会化の体験を可能にします。

つまり、子どもが学校教育の場に入っていくことにより、「有意的な学習の向上（知性の開発）、義務意識の形成（意志の育成）、社会性の成長（利他的行為の涵養）」などが期待できるのです。学校教育に求めることができるこのような機能が、現場における教育の日常的な実際で、どの程度明確に意識にとどめられ、実践に生かされる努力がなされているのでしょうか。

学校教育では、教師と子どもの間に人格的な接近を求める人間関係の成立が欠かせない前提となります。日常の授業では、知的な活動の指導が前面に出ます。そこで、経験や知的な能力では子どもに完全に優越している教師は、その権威に頼る指導へ無意識的に傾く恐れがあります。教師が、余りに権威に立つ指導に出れば、自分が考える鋳型に入らない子どもの側面を受け容れ難くなります。教師は、子どもがより進歩することを期待する立場にあるために、子どもに対し評価的な（良し悪しで、ものごとを見る）態度を取りやすく、子どもの行動を許容する範囲を狭める傾向もあります。

教育では、教育者と被教育者の間の人格的な結び付きが前提となる要件であるのに、教師の子どもに対する受容や許容が不足すれば、両者の人格的な結合は生じ難く、できたとしても希薄になりやすいのです。自分の気持ちを理解し、受け容れてくれないと感じられる教師に、子どもが心を開いて人格的な接近を求めるはずがありません。

最近の学校教育で問題となると思われる側面をあえて取り出せば、いわゆるカウンセリング・マインドが不足しがちな点にあるのではないかと考えられます。その原因をここで詳しく述べる余裕はありませんが、子どもを、未熟で感情に揺れ動く生身の人間として、理解し、思いやる心が、教師に欠けがちであると思うのです。それでは、学校教育の本来の機能を十分に発揮させる基盤を失っていることになります。

5 家庭教育と学校教育の連携

子どもの潜在的な可能性が十分顕在化するように働き掛け、社会に役立つ有能な人間に成長するように人格形成を促すという、大きな役割を、家庭教育と学校教育は共通に担っているわけですが、既に述べてきましたように、両者にはそれぞれ独自性があります。その独自性が両者の間で互いに補い合うように発揮されてこそ、子どもの人格形成は順調に進みます。

そのためには、家庭教育と学校教育の連携を欠かすことはできません。親と教師が、子どもの健全な成長を助成するために、互いに連絡を取り合って、それぞれの教育的な営みを行うことが必要です。親が授業参観や学級懇談に出かけ、教師が家庭訪問する機会などは、家庭教育と学校教育の連携を高める大切な契機となります。

ところで、家庭教育と学校教育が連携を密にするということが、自己の怠慢の穴埋めをするために相手に寄り掛かるものとなってはなりません。例えば、親が、言葉遣いや挨拶などの日常的な行動様式のしつけを、安易に教師に期待したり、教師が、不手際でやり残した指導内容の学習について親に下請けさせることをもって、家庭教育と学校教育の連携と錯覚するなどは、大きな誤りです。子どもを教育する営みにおける自己の役割の肩代わりを求めるような、見掛けの連携に陥る誤りを犯してはなりません。

家庭教育と学校教育が正しい連携を強めるには、両者がそれぞれの果たすべき役割をしっかり認識し合い、相互に欠けるところを相手に求めることです。相互の独自性を生かし相手と協力することです。

家庭が、子どもに基本的な生活習慣をしつける役割をしっかり果たし、子どもの年齢にふさわしい自律的、自立的な行動様式を身に付けさせていれば、また、活動の「発着地」として、子どもが心身の疲れを癒やし活力を満たし補う機能を発揮していれば、学校教育は円滑に進められる基盤を持つことになるでしょう。学校が、その教育活動により、適正に子どもの知性を開発し、意志の育成に努力していれば、家庭教育の営みの一部を他に託すことの必要性に親は駆られなくてもすむでしょう。

家庭教育と学校教育は、相互に委ねるべきところは委ね、求めるべきところは求めるように連携を図るべきなのです。子どもの健全な成長を促すために、その「固有な営みを並行させるだけでなく、(連携を図ることにより互いに)連続する関係に置き、そうすることにより、それぞれを補強し」、外部の環境の有害な作用から子どもを守る大切な仕事を果たさなければならないのです。

なお、「子どもが学校に通うということは、「家庭と学校の二つの世界に適応」していかなければならないことを意味しています。家庭教育と学校教育の連携を欠くために、両者の隙間が大きくなれば、子どもの心理的な緊張が高まり、心の負担は増えます。子どもの成長にマイナスとなるこのような体験を、子どもにさせてはなりません。教師は、子どもがどのような家庭教育を受け育ってきているかについて、よく理解しておかなければなりません。親も、学校の教育方針をしっかり捉え、家庭教育と矛盾させないように努める必要があります。

6 おわりに

家庭教育にしろ学校教育にしろ、それを担う親や教師にとっては、毎日繰り返される極めて日常的な営みであるだけに、その本来の目標がともすれば、親や教師の意識の座から外れやすいものです。「子どもの素朴な被暗示性(他者の影響を受けやすい特質)」は、親や教師の子どもに対する関わり方が、その成長を大きく左右する事実を示唆しています。親や教師の個人的な特性が刷り込まれることすら予想されます。

一方、親や教師は、「権利の原理」により自己の役割を果たそうとするが余りに、子どもの本質的な姿を見失い、正しい教育の営みができなくなる場合もあります。これらの点については、よく認識しておきたいものです。

家庭や学校における教育という仕事は、親や教師に課せられた、子どもとの人格的な結合の上に立つ、尊厳さを備えた人間的な営みです。親や教師は、その営みの中で、子どもに進歩するための努力を促し、向上する行動の変容を期待します。子どもの被影響性の大きさを指摘するまでもなく、このような役割を果たす立場にある以上、親や教師は、自分自身も成長することに努めなければなりません。教育という土地を、正しい知性、堅固な意志、豊かな感情をもって、精一杯耕す努力をしなければなりません。親としての、教師としての人生の質は、自分に課せられている役割に対して、どれほど努力をしたかにより決まるものだと言えましょう。親や教師が、自らたゆまず成長を目指す「人格という種子を播き」、子どもに自己をよりよく生かす「運命を収穫」させたいものです。

（『中学の広場』第22巻 第1号、大阪府公立中学校教育研究会、1984・7 pp.4～11）

第三部 教師

第1章

幼児教育に求めるもの

幼児期の教育では、子どもに自他を生かす心の芽生えを促し、
知、情、意のバランスの取れた心の成長を大切にしたいものです。

1 情、意、知のバランスを

以前に、高校生を対象とした新聞に一文を寄せる機会がありました。その折に、「愛他の心、克己の力、創造の意欲」を学校生活で自ら培うことを期待したいとする主旨を述べた覚えがあります。最近の子どもたちの姿を見るにつけ、そこに何か物足りない、ひ弱さを感じていたからです。

このような子どもたちの気になる姿を目にしますと、改めて、幼児期の教育のあり方やその重要性を強く意識させられます。大人が行う教育という営みは、言うまでもなく、子どもの全人的な成長を助成することにあるわけですが、その仕事を全うしてきているかについては、大人には自省すべきところが多々あるように思われるのです。

「三つ子の魂百まで」の諺を上げるまでもなく、身の周りの子どもたちに気なる姿が垣間見られる一因は、残念ながら、早期からの、子どもたちの生活経験のあり方に求めることができるように考えられます。

そこで、幼いナイーブな子どもたちの生活に、大きな影響を意図的に与えておられる現場の先生方に、日常の保育実践で是非心掛けていただきたい願いがあります。それは、子どもたちに成長を望むとき、幼児教育の本質あるいは目標を、常に問い続け、しっかり見据えているということです。極めて根本的な事柄は、それがために、日常的な営みの中に埋没してしまいやすいものです。

本文の表題を「情、意、知のバランス(知、情、意ではなく)」としましたが、幼児教育の基本的な本質を、発達的な視点からこのような順序で位置づけたく思っているからです。ここで「・」は「→」として表せば、私が現在の幼児教育に寄せる思いを一層はっきり示すことになります。

最近の幼児を見掛けますと、ともかく、「知」識はあっても、感「情」が未熟気味で、「意」志が脆弱と思われる子どもたちが少なくない現実は、大変気にかかることです。このような「知、情、意のバランス」の崩れは、子どもたちの早期からの生活経験における偏りにも端を発していると推測するのは、思い過ごしでしょうか。

幼児期の教育においては、まず、幼い子どもの心に、温かい、優しい、感受性の豊かな「情」を、子どもたちとの心のふれ合いの中で、しっかりと育んでやりたいものです。子どもたちの美しく澄んだつぶらな目は、その確かな芽生えを見せています。

次に、自分の気持ちを適度に抑制する力、つまり、自制の心の芽生えを促してやりたいと思います。幼い子どもには、その心性ゆえに、自制は難しい課題です。しかし、そのために甘やかすことなく、この自己抑制できる「意」の力を培うことは非常に大切ではないでしょうか。他者を考え自己を発揮する自我の力を、子どもたちが自らものにしていく生活経験を大事にしたいものです。

このような「情」と「意」にしっかり支えられてこそ、「知」は健全な知性として、幼い子どもたちの心の中で成長していくことでしょう。

（『阪私幼だより』第76号、大阪市私立幼稚園連合会、1993・5　p.1）

2 愛他の心を培う

教育が担う大切な仕事は、子どもに健全な人格を育むことです。子どもが人間らしさを培っていくことを助けるところにあります。この人間らしさの基盤となるものは何でしょうか。それは愛他の心です。心から他者に共感し、心を込めて他者を思いやり、大切にする精神に他なりません。

ところで、現代の子どもたちの姿を見ると、この愛他の心の育ちにひ弱さが感じられます。例えば、学校で子どもたちの間に、いじめが依然として減らない現実があります。相手が弱い存在であるがゆえに痛めつけるいじめの行為には、愛他の心など全くありません。この事実をどう受け止めたらよいでしょうか。

人は、社会生活を営む上で、正に、その文字の形通りに互いに支え合って生きていかなければなりません。それこそ本来の人間らしさであると言えます。他者の立場から、他者を温かく理解し、自己を正しく見つめ、互いに信頼する機会に恵まれることにより、愛他の心は育まれていきます。

幼い子どもには、自己と他者がまだよく分かれていないため、自己中心的なところが多々あります。しかし、幼い子どもでも、心の温かいふれ合いを大事にしようとする愛他の心の芽生えはあります。この心の優しさの芽を大切に育てて行きたいものです。

そのために、われわれ大人が、子どもとの心のふれ合いを大事にし、子どもの心を子どもの立場に立って思いやることに努めなければならないと思います。子どもは、大人に自分を本当に分かってもらえたと思えるときに、温かい心の交流を実感できます。この実感できる心のふれ合いこそ、愛他の心が限りなく湧き出す泉なのです。

子どもの人格教育という重要な仕事に携わる者として、日頃子どもの気持ちを心から理解しようと努めているか、子どもが温かい心のふれ合いを実感できる関わりをしているかについて、常に自ら問いかけ、省みることが必要でないでしょうか。

（『大阪市幼児教育センターだより　あゆみ』第46号、大阪市幼児教育振興協会、1994・3　p.1）

3 自他を生かす心を育てる

幼児期における教育が担う仕事の重要な目標は、言うまでもなく、人格の基礎作りにあると言えます。では、この人格をどのように捉えたらよいでしょうか。日常の生活は、一般に自己の要求を充足させていく過程であるとみなせます。そして、そのような生活を営む中で、子どもの人格は培われていきます。したがって、人格の形成とは、端的に言いますと、この要求の満たし方を学び身に付けていくことになります。

子どもは、一定の文化を持つ社会の一員として成長していきます。そのような社会の成員となるためには、自分の要求を思うままに満たしていくわけにはいきません。社会の生活様式に従い、他者の要求を大切にしなければなりません。自他の要求を相互に尊重し、充足していく力は、社会生活を円滑に営んでいくために欠かすことはできません。

幼児教育にとって大切な課題は、正にこのような力の基礎作りにあると思われます。そして、これこそ人格の基盤を築くことであると言えます。近年「生きる力」の教育の重要性が強調されますが、この「生きる力」は「自他を生かす力」とみなせます。子どもが自己を主張し、発揮して生きていくことは非常に大事ですが、それは他の子どもの場合にも同様にできなければなりません。社会の一員となるためには、自己の要求や可能性を互いに生かし合うことが求められます。そこで、「自分を生かす」と共に「他者を生かす」力が「生きる力」の本質になると思います。

幼児期における教育の根本的な目標は、このような「自他を生かす力」の基礎を育むことにあると言えましょう。

そのために、保育者としてどのような視点を持つべきでしょうか。その一つは、子どもの自律性の育ちを大切にすることです。その二つは、愛他性を育むことです。他者を思いやり、それを行いに示す心性は、幼い時期から培われていきます。

この自律性と愛他性を人格の基礎と位置づけ、日常の保育実践の中で育成を図っていきたいものと思います。


（『大阪市幼児教育センターだより　あゆみ』第62号、大阪市幼児教育振興協会、１９９８・３　p.1）

第２章

上手な褒め方、叱り方

褒める、叱るの助言を、子どもの成長のために生かすには、
心から子どもを思い、心のふれ合う人間関係を大切にすることです。

1 「褒める」「叱る」のわけと働き

「褒める」あるいは「叱る」は、大人が子どもを教え育てていく上で日常的に用いる方法です。しかし、その日常性に流され、本来の目指すところが見失われてしまう恐れがなくはありません。

改めてひもといてみますと、褒めるの「ほ」は「穂」で秀でていると認める意味を持ち、「祝う」「ものごとをよしと評価し、それを行う者にその気持ちを伝える」が褒めることです。一方、叱るには「咎める、戒める」の意味がありますが、咎めるとは「気にかける」「取り立てて、気にする、言う、問いただす、非難する」ことであり、戒めるは「教え諭す」「過ちのないよう注意し、用心させる」「禁止する」「縛る」ことを意味します。

そこで、日常の指導で、褒める、叱るが適切な意味で生かされているかが問題となります。

教師が教育の対象である子どもを、時には褒め、時には叱るのはなぜでしょうか。言うまでもなく、教師が担っている重要な目標を達成するためです。子ども

が社会に有用な人となるよう成長していくことを助けるために、子どもが、自己の要求を社会の要求に調和させ満たしていく態度や能力を、自ら育んでいくことを支えるために、教師は、子どもを褒める、あるいは叱るのです。

このような指摘には、余りにも一般的だというきらいもありますが、しかし、それは欠くことのできない、極めて根本的な前提なのです。つまり、実際の教育の営みに際して、褒める、あるいは叱る場合、教師は、「子どもの何を」よりも「子どもを何のために」という視点を、自己の意識の中へ明確に位置づけておく必要があります。単に、教師の願いを満たすことを褒め、教師の思いに沿ないことを叱るのではありません。そのことが、子ども自身の健全な成長にとり、積極的な意味をいかに持っているかという認識が大切なのです。

次いで、褒める、叱るの根本的な前提が教師に正しく把握されていても、その助言は、子どもにとり、文字通り実感的に受け容れられ、心にしみ通り、さらに、行動化を促すものでなければなりません。つまり、子どもが、教師に、褒められ、あるいは叱られることにより、望ましく行動する意欲を鼓舞され、自己成長を着実に遂げていく結果が生み出される助言でなければなりません。

ところで、一般に、個人の行動の根底には要求を満たすという心理的な機制がありま す。子どもは、その時々に高まっている、いわゆる基本的な要求を満たすよう行動します。したがって、教師に褒められ、あるいは叱られる経験を通し、子どもが、この基本的な要求を適切に、つまり、合理的、現実的に満たすことができて、初めて、教師の褒める、叱るの助言が、子どものものとなり、行動に生かされるのです。

それゆえ、教師としては、このような心理的な機制を正しく働くように生かして、子どもを褒め、また叱ることが必要です。褒められたいから、あるいは叱られたくないから、ただそれだけで、教師の言葉に仕方なく従うよう、子どもを追い詰める結果となっては誤りです。褒める、叱るのいずれであろうとも、他律的である教師の助言が、子どもの内面で自律的な性質を帯びてこなければなりません。

「上手な褒め方、叱り方」を具体的に挙げるとなりますと、いろいろな場合が考えられるでしょうが、ここでは、そのポイントと思われるところを、以下に若干述べることにします。そこで、上手な褒め方、叱り方をどう捉えるかですが、前者は「より望ましい褒め方」、後者は「より正しい叱り方」と位置づけて論じたいと思います。教師の子どもに対する関わりで、褒めるは本来望ましいことですが、叱るはともすれば誤られやすいからです。

2 より望ましい褒め方

まず、子どもを「ふさわしく褒める」よう心掛けたいものです。子どもの行いの真価を認め、その気持ちを、子どもにも理解できる範囲で伝えるのです。子どもの行いの事実が的確に評価され、それが分かるわけですから、そのような助言は、子どもに実感を伴って受け容れられ、心からの喜びを生みます。

教師が、子どもの本当の値打ちを誤りなく認めることは、子どもを適切に尊重することです。子どもは、自分を大事にしてくれる教師に、進んで心のふれ合いを求め、信頼を寄せます。信頼できる教師に褒められれば、自信が育ち、意欲も高まります。

子どもの「今を褒める」ことも大切です。教師は、子どもに絶えずあるべきことを求めて関わっていますから、それからずれることには鋭敏であり、気に掛けやすい傾向があります。したがって、日常の指導で当たり前のように思われても、良いことはその時々に褒めるようにすることです。教師がそのように心掛けても、褒め過ぎにはなりません。

子どもが、時を経てよりも今を認められるなら、その肯定的な評価は、直接的、具体的であって、納得されやすく、心に響きしみ入るものになります。子どもは、教師の温かいまなざしを感じ、自尊心を強め、自己にふさわしい成長を目指す意欲を燃やすでしょう。

「その子らしさを褒める」ことは、個人差を大切にし、個性を伸ばそうとする教育のねらいに沿うものです。他者と同じようにしてうまくできることよりも、子どもが心から望み、独自に自らやり遂げることを評価し、子どもなりの成果を、他者と比較することなく認めることです。

それは、子どもの個性を重視し、主体性を尊重することになります。子どもは、このような助言で自分の行いを支持されれば、自己の創意を生かし、新しい未知の世界での行動に積極的に挑戦していくことができます。その緊張感は、子どものやる気を刺激する力となります。

子どもがものごとに取り組む時には、子どもなりに、心配、ためらい、焦り、喜び、楽しさなど、いろいろな感情を体験しています。そのような子どもの心の状態をよく「思いやり、褒める」ことは、子どもを共感的に理解することになります。子どもの立場に立って子どもを認めることになるのです。

このような助言は、その時の子どもの心の状況に合致しており、したがって、子どもに自然と受け容れられ、成長のための糧となります。自分に対し、心から関心を寄せ認めてくれる教師の存在を実感できたとき、子どもの心は充実したものとなり、それは、子どもが正しく自己評価、自己肯定をすることができるようにします。

教師は、もちろん、子どもが課題で成功することを期待しますが、当の子どもがその期待に沿わず失敗することもあります。それが子どもというものです。しかし、失敗しても、咎めず「努力を褒める」ことです。子どもの真の成長にとって大切なのは、失敗にもめげず、ものごとに取り組んでいく態度であるからです。

子どもは、このような支持を得ることにより、自己の努力に自信を持ち、成果を上げることよりも、それを生み出す過程の重要さを身をもって学びます。そして、自分に潜在している能力を、自ら進んで発揮していくのです。

3 より正しい叱り方

教師は、子どもの行いが人間的な成長に望ましくないと思うから注意し、その行いの方向づけを子どもが自ら変えるように促すのです。したがって、それが「分かるよう叱る」ことが肝要です。それには、子どもが抑制すべき事実を正しく捉え、その誤っている点のみをなぜいけないか分かるよう具体的に説明し、子どもが理解できるように注意することが大切です。

このように気になることを叱るなら、子どもは、その戒めを、自分のためのものだと納得し、自分が大切にされていることを知り、心は安定します。それゆえ、自己を見つめ、どうすべきかが分かり、自己責任を取るようになります。子どもを叱るねらいはここにあるのです。

子どもは未熟ですから、大人である教師に気になることを多々しでかします。しかし、子どもの気にかかることが不満だといって、否定的な小言を長々と浴びせてはなりません。非難の言葉は心に深く残りやすいものです。それでは、子どもは、自分は駄目だと決め込み、やる気を失います。

叱るなら、「簡潔に叱る」ことです。要点を押さえ、分かりやすく明快に注意を促すのです。子どもは、いま過ちと分かる行いに限られて、それを淡々と指摘されて戒められるだけですから、教師から拒否されたと感ずることはほとんどなく、自己否定に陥りもしません。心を外に開く余裕を十分に残していますから、教師の叱る助言は、抵抗なく受け容れられます。

人間は、だれしも、相手が期待から外れる行いを、それもしばしば見せれば、不満や苛立ちを感ずるものです。しかし、子どもがそのような行いを示したとしても、教師は自己の不満をあからさまにぶつけてはなりません。子どもを思うが故の不満から怒りを覚えても、衝き動かされてはなりません。

難しいけれど、「怒らず叱る」のです。個人的な悪感情を抑えきれず怒鳴れば、子どもは、教師を恐れても尊敬しません。落ち着き、静かに、厳しく、しかし、子どもを思う温かさを失わず、戒めるよう心掛けたいものです。そのような教師の寛容な思いやりに、子どもは必ず応えます。子どもは、教師の言葉をしっかりと内面化させていきます。子どもは、教師に愛され、認められたいのです。自己の肯定を促される助言に喜び、一層の成長へと意欲を高めますが、自己の否定を示唆する言葉には、一時的であっても心を傷付けられやすいのです。したがって、子どもに助言するに際しては、不当に「傷付けず、叱る」ことに留意しましょう。

人格への批判、人前での恥、押し付けの説教、力による脅威などの圧力に頼って咎めるなら、子どもの心は痛く傷付きます。成長を目指す力は萎み、教師に対する敵意さえ生まれます。過ちの事実を叱っても、その時に子どもが抱く感情を理解し、受け容れるよう努めるなら、教師のこの温かく包み込む愛情により、子どもの心が傷付く恐れはなくなります。

しかし、教師が、その時々に叱るだけにとどまっていては、子どもの成長を促す助言としては不十分です。叱られることにより、場合によっては、それが、教師からの愛情を失うやもしれないという不安を生むからです。子どもに対し、「叱っても補う」関わりが大切になります。厳しく戒めても、改めたところは正しく認め、良いところは褒めれば、教師の助言を自ら進んで大事にすることの喜びが実感されます。

取るべき行いの方向を示唆してやれば、子どもは、行いを自ら改善していく手掛かりを得ます。それに取り組む努力を温かく見守れば、子どもは、一層の成長に努めるでしょう。叱られても認められていることが確かに分かるからです。

日常の教育指導では、教師の褒める、叱るの助言が、子どもに自然と受け容れられるのが望ましいのです。そして、それが、子どもの人格の健全な成長に役立たなければなりません。そのためには、欠かすことのできない大切な基本的な条件があります。それは、子どもの自ら成長していく力に対し、教師が全幅の信頼を寄せることです。

このような信頼があってこそ、子どもの気持ちを心を傾けて聴き、子どもを心から尊重する態度が教師に生まれます。教師のそのような態度が実感できれば、子どもは教師に尊敬の念を抱くようになります。そこには、子どもと教師の間に心が深くふれ合う温かい人間関係が醸成されてきます。

この人間関係があってこそ、子どもは、教師の「褒める」「叱る」の助言を、押し付けと受け止めず、自ら求め、行動の大切なよりどころとして内面化していくのです。

（『児童心理』第46巻　第2号、金子書房、１９９２・２　pp.５１～５５）

第３章

子どもの個性を理解できる教師

子どもは「個性を理解できる」教師を求めています。
そのような教師であるためには、どのようなことが大切であるか考えてみます。

1 子どもの個性の理解は教育の出発点

学校における日常の教育の営みが究極的にねらうところは、言うまでもなく、子どもに調和の取れた全人的な成長を促すと共に、子どもの個性の最大限の伸長を図ることです。それは、教育実践の場で、個人差に応じた指導の重要性が主張されるゆえんでもあるわけです。

例えば、教科の指導、学習過程で適性処遇ということが問題になります。この場合の適性とは、特定の学習指導効果に関係する個々の子どもの特徴で、子どもが学習する内容の量や質などを決めるものです。適性処遇で意図されるところは、指導、学習が、本来の教育目標を目指し生産的に行われるためには、子どもの個性を正しく捉え、異なる子どもには異なる方法で関わることが大切であることの指摘にあります。

教科の学習に取り組む子どもたちの姿に限ってみても、日常の授業を通して注意深く観察する教師なら気づくことができるように、子どもには、さまざまな個人差が認められ、それにより指導、学習の効果の現れ方は異なります。この個人差、つまり、子ども相互を区別する個々の子どものいろいろな特徴が総合されたものが個性に他なりません。

ところが、学級単位の指導の集団的な有効さに目を向けますと、子どもの個性に見られる差異は、教師の及ぶ視野の片隅にともすれば追いやられやすいものです。それは、学校教育の本質に照らしますと、教師の姿勢としては常に自戒しなければならないところです。

教師の日々の教育実践を正しく営むためには、その対象である個々の子どもを誤りなく捉えていなくてはなりません。個々の子どもの現実の姿をよく知らないまま、子どもに教育的な関わりを進めていくとすれば、子どもの個的な存在としての尊厳性を無視していることになります。

確かに、個々の子どもには、一定の年齢や学年の共通する一般的な特性はあります。時代的、社会的な動向を反映している普遍的な特徴もあります。しかし、教師が、日常、具体的に目の前にいる子どもが、正に個的な存在としての個人であることを、忘れてはなりません。

もともと、個には分割され得ないという意味があり、個人には、一般的な接近では近づけない独自性があるのです。個としての子どもは、学年的な特徴のような普遍性を共有しながら、この抽象された普遍性では捉え尽くせない、独自な部分を持っています。そして、この独自性を備えた発達の潜在的な可能性が、具体的に発現することの助成こそ、現在の学校教育にとり重要な課題となっているのです。したがって、子どもの個性を正しく理解することは、教師に欠かすことのできない要件なのです。

それにもかかわらず、例えば、「この頃の子どもたちは…」というように、個を捨象した立場が取られ、教育指導が行われることも少なくありません。家庭においては、過熱気味の塾志向にも見られるように、現在の社会的な風潮にいとも簡単に迎合し、子どもを、その個性を軽視し、偏った知的学習へ駆り立てている様子も見受けられます。そして、学校の教師が、このような傾向を不用意にも助長し、子どもの脱個性化、画一化に加担しているかに思われる場合も無くはありません。

日常、授業が行われる教室場面は、学級という集団の特性が有効に働く機会を提供しています。また、集団的な一斉指導は、教育の時間的な効率化を期待させます。その目的で集団的な授業も行われます。もちろん、集団的な場面での個の発揮も必要ですし、可能です。

しかし、集団的な授業では、個々の子どもの独自性より、子どもの相互にある共通性が、指導、学習の手掛かりとされやすいのです。個々の子どもについての的確な個別的認識に根ざす個別指導の実践が、希薄化しやすく、またその日常化が起こりがちなため、子どもの個的な部分が教師の心で占める割合が仮に小さくなっても、さして不思議でありません。

ここで、重ねて指摘しますと、教師が日常実際に教育の営みの対象とする子どもは、固有の能力や特性を持っており、また、持ち得る個的な存在なのです。真の教育実践は、教師とこの個的な存在である子どもとの人格的な出会いで始まり、その人格のふれ合いを軸として進められます。子どもが教師に個的な存在として理解されることは、人格的な関わり合いでは非常に大切です。自分自身が本当に理解されているという実感が伴って、人格の出会いは初めて生きたものとなるからです。

2 子どもの個性を理解できる教師の資質

教師が、自己の重要な役割を果たすためには、子どもの個性を正しく理解し、それを日常の指導、学習過程で生かし、個性の健全な伸長を促していかなければなりません。それには、教師に次のような人格的資質が求められましょう。

まず、当然ながら、教育の営みにおける子どもの個性の理解や伸長の重要性を明確に認識できることです。真の教育は、そのような認識をしっかりした土台として営まれなければならないからです。

次に、教育の営みを情熱を燃やしなし遂げようとする態度が不可欠です。子どもの個性を余すところなく完全に理解することは難しいでしょう。しかし、教育に対する真摯な情熱は、個々の子どもの存在を大切にしようとする精神に支えられています。子どもの個性を理解するところに、たとえ不十分な面があっても、教師の情熱はそのような不足を十分補うものなのです。

多くの可能性を潜め成長を遂げていく子どもへ、温かい関心、確かな信頼を寄せることのできる教師は、子どもの個性を正しく理解し、それを積極的に培っていきます。それぞれの子どもの固有の能力や特性をありのまま捉え、子どもの主体性、自発性を大切にし、これらの能力や特性に対し、開発的に働きかけようと心掛けるからです。

教育は、子どもの成長を促す営みを通して一定の価値を実現する仕事であるとも言えます。したがって、教師としては、教育について明確な価値観を持つことは重要です。揺るぎない信念に燃えることも大切です。しかし、その価値観や信念が余りに固執的なものであってはなりません。教師の物の見方に柔軟性が欠けていると、その枠に入らないものはすべて教師に受け容れられません。教師は、自己の価値観や信念に当てはまる子どもの特徴のみを是として認める誤りを犯すことになります。子どもを自己の鋳型に当てはめようとするため、子どもの多様な個性を理解できません。

教師の営みは、教師と子どもの人格的な関わりで行われます。したがって、そこには情緒的な関係が生まれます。子どもの個性を正しく理解するには、情緒で曇らない、澄んだ直観力により、子どもの姿を捉えることが大事です。どのような個性でも受容し、その望ましい成長を図ろうとするだけの寛大さが必要です。そのために、教師は自らの人格を広く豊かなものに成熟させるよう、日常心掛けていなければなりません。

教育は、人格と人格の出会いに始まり、相互成長を目指す人間関係の営みとも言えます。その意味で、教育は共育でもあるわけです。そこでは、子どもの立場に立ち、子どものありのままの姿を理解しようと努める共感的な関わりは極めて重要です。教師に共感的な受容を求める子どもの気持ちには強いものがあります。そのような気持ちに心から応じようとする教師の姿勢は、子どもの個性の尊重に繫るのです。

3 子どもの個性を理解し生かす機会

個的な存在としての子どもの個性的な成長を願う教師の気持ちがいかに大切であるかは、次のある小学生の詩の一部にもよく反映しています。

「先生は、ぼくの得意なことをさせてくれた。学校はおもしろくなり、日曜も学校へ行きたい。日曜日はもういらない…」

教師が、子どもとの日頃の関わりの中で、子どもの個性を正しく捉え、生かそうとする努力の持つ意味の大きさがよく分かります。

ところで、教師の子どもに対する意図的、積極的な関わり合いが多いのは、言うまでもなく授業時間でしょう。子どもにとってのこの学習場面は、次々と新しい問題解決に直面する一種の危機的な状況です。したがって、授業で学習に取り組む子どもの姿に、その個性が現れてくる機会はいくらでもあります。教師は、授業を知識、技術、態度などを子どもに習得させるだけに終わらせず、垣間見られる子どもの個性に対する感受性豊かな目を持つよう心掛けなければなりません。また、そのような集団場面で、子どもの個性の正しい発揮を促すべきです。子どもの成長への意欲が刺激されると同時に、子ども自身による個性の覚醒も進みます。

子どもの子どもらしい生活は、遊びであると言ってよいと思います。遊びの中には、子どもの本音である部分が現れやすいものです。個としての子どもの特徴が自然と滲み出てきます。したがって、子どもと心から遊ぶことのできる教師は、子どもの個性を捉え、生かす機会に恵まれます。教師に評価的に見られることを意識しなくてもよい遊びには、それぞれの子どもの「らしさ」が自発的にありのまま現われる傾向が大きいからです。子どもと共に遊ぼうとする教師は、子どもという存在に強い興味や関心を抱いており、それ自体が、子どもの個性に目を向けようとする態度です。

個としての子どもに内面から近づくには、子どもと面接することが有効です。休み時間、放課後などの機会を生かし、個々の子どもと共感的、受容的に語り合うことができれば、子どもとの間に、一層温かい人格的な関わり合いが生まれると共に、子どもの個性とのより深いふれ合いが行われるでしょう。自らを開き、子どもと親しく気持ちを交わそうと努める教師に、子どもは全幅の信頼を寄せ、自分を隠すことなく語り掛けてくるものです。短い時間でもよいのです。日常、子どもとこのように語り合う時間を持ちたいものです。

いわゆる特別活動的な時間には、個々の子どもの個性が比較的円滑に生かされる場面が多々あります。教師は、このような機会こそ活用し、子どもが個性を健全に発揮するように促すべく心掛けて欲しいものです。各々の子どもの「らしさ」が、他の子どもとの関わりの中で、適切に生かされるなら、それぞれの子どもにふさわしい社会的な地位の向上が生じ（人気が生まれ）、子どもの生活意欲も高まります。

4 個性の理解が子どもに生み出すもの

子どもの個性を理解することに努める教師は、その個性の望ましい成長を助成します。そのような教師は、子どもに育むべき個性を見いだそうとする意欲を持ち、情熱に燃えているからです。

子どもが自己の個性を発揮するよう教師に促されれば、大きな自己充実感を味わうことができます。時には、新しい自己を見つけることにもなります。このような体験は、子どもの人格の形成にとって欠かすことのできない基本的要求を満たすものです。子どもは、教師に個としての自分の存在の理解を求めています。自己の能力や特性を発揮することで認められたく思っています。子どもの個性を正しく理解することに努め、その伸長を促す教師は、子どものこれらの要求に的確に応えているのです。

他者とは異なる個としての自己の独自の存在を、ありのまま理解され、認められるという体験は、文字通り温かく受容されたという実感を子どもに生みます。それゆえ、子どもは教師に対し、より温かい、より深い人格的なふれ合いを抱くことになります。教師もまた、そのような子どもの姿勢に応えようとします。実りある教育の営みを実践する上で欠くことのできない、教師と子どもの基本的な信頼関係が育ってくるのです。

子どもは、他者にはない自己の能力や特性を教師に認められることにより、自発的、主体的な学習に必要な有能感を持つことができます。成果が上がった原因を、自己に帰属させることのできる機会に恵まれれば、子どものやる気は強まります。したがって、子どもは、ものごとに意欲的に取り組み、自己成長を遂げようと努力します。それは、進取と勤勉を特徴とする、子どもの自我の発達的な様相にふさわしい姿です。

教師が、子どもの個性を正しく理解し、それに基づき個性の伸長を図るなら、子どもは、自己の独自性や創造性を発揮することになります。子どもは、自己の能力や特性を生かすように発達を助成されるわけですから、子どもに対する教師のそのような働きかけで、子どもの積極的な自発性が刺激されます。

したがって、極めて望ましい指導、学習過程が展開されることになります。日常の授業でも、子ども相互の間に補い合う働きかけ合いの生ずることが期待できます。教師としては、そのような指導の方向づけに心掛ける必要があります。

教師が、子どもの個性の理解に努力し、教育の営みに専念することにより、子どもに生み出される成果で見逃してならないものに、他者の独自な特徴を生かそうとする利他的な態度があります。個性の重視は、個人の存在を尊重することです。教師が日常の指導で個性の重視に心掛けることは、子どものかけがえのない人間としての尊厳性を大切にすることであり、それは子どもにとっても人権教育としての大きな意義を持っています。自己の個性を大事にされた子どもは、他者の個性を大切にする人間に成長していくはずです。

子どもの個性を、真に、正しく、温かく理解することは、教師にとって、かなり難しい仕事です。しかし、教師として己の役割を果たすよう努力するなら、できないことではありません。教育の営みの本質は、既に述べましたように、子どもの個性の望ましい伸長を助成することにあると言っても過言でないからです。

また、教師が、子どもの個性の理解に努めることは、子どもとの温かい人格的なふれ合いを生み、さらに、それを大切に育むと共に、教師としての資質の向上を目指すことにもなります。人間を培う重責を担う教師として、そのような努力をすることは当然の責務です。

子どもの持っている潜在的な可能性が最大限に実現化するよう働きかける営みにおいても、それが、能力の利己的な伸長や、特性の自己中心的な発揮を促すことになっては、本来の教育の目指すところではありません。自己の能力や特性の発現では、他者との関わりを大切にする社会的な感情がなおざりにされてはなりません。

子どもの個性を心から理解し、正しく育もうとする精神は、愛他の心に他なりません。愛他の心は愛他の心を生みます。「子どもの個性を理解できる教師」との人格的なふれ合いに恵まれる子どもは、愛他の心に富む、個性的な人間に成長していくのです。

（『児童心理』第41巻　第4号、金子書房、1987・4　pp.58〜63）

第4章

生活指導における意志の教育

意志は子どもの人格で大切な役割を担っています。
日常の生活の中で、道徳性のある強い意志を育みたいものです。

1 絶えず成長を目指す意志

毎日の生活における行動で、意志が介在しないものはほとんどありません。意志は日常的に作用している非常に重要な心の働きです。例えば、「目標のある規律的な生活ができないのは、意志が弱いからだ」「勉強に努力できないのは、努力しようとする意志がないためで仕方がない」「強靭な意志があったからこそ、入試の難関を突破できたのだ」「意志が頑固で譲らないから、他人迷惑で友達ができない」など、意志は一定の生活状況に置かれた個人の行動にいろいろと現れています。このような意志は、広い意味では、目標に向けられた心の働きとみなされますが、教育の対象として考えるなら、意志はまず「意識的に目標を持ち、その目標を追求し、行動により実現しようとする心の活動」として捉えるべきでしょう。

ところで、最近教育問題となってきている校内暴力、家庭内暴力、登校拒否などの問題行動に潜む心の病理を分析してみますと、子どもの意志の不健全さにその原因があることに気づくことが決して少なくありません。不幸にも、これらの問題行動に陥り、望ましい人格の成長を阻まれている子どもたちには、したいことを、したいままにしたがる、また、しなければならないことでも、したくなければしない姿が見受けられます。

これらの子どもたちが示す行動が、「衝動的だ」「短絡的だ」「決まりが守れない」「抑制ができない」「頑張りがきかない」「逃避的だ」「気力に欠ける」などと評されるところには、一種の意志の障害とでも言えるような、未熟な意志、脆弱な意志を思わせる面があります。そして、このような不健康な意志のために挫折する子どもたちが生み出されてくる現実について、生活指導の上で、親や教師が果たすべき責任が問われています。

子どもが、「考え、選び、決め、行う」心の働きである意志は、言うまでもなく、日常のいろいろな生活経験の中で培われてくるものです。したがって、子どもが、現実に置かれているそれぞれの生活環境で、実際にどのような目標を抱き、それに対してどのような行動をしていくか、その際どのような体験がどのように積み重ねられていくかは、当然ながら、子どもの健全な意志が成長していく上で、極めて大切な意味を持っているのです。

子どもは成長の途上にある未熟な存在ですから、親や教師は、日常における具体的な生活経験の中で、ものの見方、考え方、行動の仕方などにつき、援助と指導をしなければなりません。このような生活指導が目指すところは、自己の適切な在り方を主体的に、そして自発的に決定し、行動していく力を、子どもに助成することです。つまり、生活指導は意志の教育が原則でなければならないとも言えます。ここに、生活指導で行われる意志の教育の重要性が認識される必要があります。では、生活指導を通して意志の教育は実際どのように行われるのでしょうか。

2 健康の習慣の形成と意志の成長

「人間が健康であるほど意志は強い」と言われます。健康が失われていては、目標を目指し頑張ろうとする意欲は湧かず、強い意志が育ち難いでしょう。健康を維持し、さらに、その向上をもたらす習慣を身に付けることを促す「健康の指導」は、子どもに意志を育む大切な機会となります。

登校拒否を訴えたA（小6）は、身体の疾病（心臓疾患）の既応歴による自信の欠如に加え、健康の生活習慣を完全に崩してしまっていました。就寝と起床のリズムが大きく歪み、食事の時間も乱れ、起きている時は、テレビとマンガに耽溺し、運動は全くしない生活を無気力に繰り返していました。当然の結果として、身体のけだるい不調感に悩まされ、登校を拒否している状況から抜け出そうとする意志を全く失ってしまっているかのように見えました。

カウンセリングでは、登校の問題にはふれず、睡眠と食事に関する、最も基本的な生活習慣の改善を目指し、努力を続けるよう助言しました。幸いこの助言は功を奏し、崩れていた生活のリズムは、元の正常な状態に戻り、身体の健康も回復していきました。運動にも興味を示し、生活に対する関わりも次第に意欲的となり、進んで登校しようとする意志を自発的に強め、日常の生活を前向きに変容させました。

このような、健康上の習慣の改善を促す生活指導で見落とされてならない点は、単純なことですが、日常の基本的な生活習慣を取り上げ、その自己改善に取り組むよう助言することです。子どもは、自分自身で到達可能と思われる(以前には正しい習慣に従っていたのです)目標を達成するための努力を続ける体験の中で、少なくとも自らの考えに従って行動しようとする意志を、着実にものにしてきているのです。

ただ、ここで取り上げられているような、基本的な生活習慣を獲得し、定着を図る努力では、その本来の目的を明確に意識することや競合している動機を選択することが、必ずしも認められるわけではありません。また、行動を繰り返し反復しているために努力の意識が薄れやすく、したがって、このような意志はそれほど高い水準のものではありません。

しかし、睡眠や食事などの生活習慣を形成する場合には、子どもに強く解消を迫るいわゆる生理的要求について、その合理的な充足をさせる統制的な(気ままには満たさせない)働きがあります。このような要求を放縦に充足させることは、健全な意志の成長を妨げます。満たしたくても満たしていけないことは満たさない、つまり、したくてもしていけないことは、しないようにしようとする、自制的な意志の基盤は、いわゆる基本的な生活習慣を獲得する過程で培われてくるものだと言えます。したいことをするよりも、したいことをしないことには、より強い意志が必要です。基本的な生活習慣の指導は、極めて日常的なものですが、意志の教育上に重要な側面を備えているのです。

3 日常生活の問題解決で培う意志

子どもは、生活経験が浅く少ないため、日常生活でいろいろな問題とぶつかり、その合理的な解決や能率的な処理に難しさを体験することがしばしばあります。「かわいい子には旅をさせよ」とも言われますように、子どもが、他者の助けを借りずに問題に取り組み、子どもなりに解決していこうと努力する意志を育むためにも、子どもが直面する困難を安易に取り除いてやるような関わりは、無論、慎むべきでしょう。しかし、充足を求めて止まない強い要求に駆られ、適切な解決の見通しを立て難たい困難に遭遇している子どもに、解決の糸口を示唆し、子どもが取るべき方途を自ら見つけ出すよう助言することは、日常生活の指導で十分配慮しなければなりません。

B(中2)には、以前からどうしても欲しい模型セットがありましたが、高価なため自分の手持ちの小遣いではお金が足りませんでした。それを知った祖母が、その模型セットを買ってやろうとしたところ、Bはとても喜びましたが、母親がその申し出を断わらせ、子どもには、アルバイトでもしてお金を自分の努力でため、それに小遣いを加え、模型セットを購入するよう助言しました。

Bは、夏休みを利用し、自分で探してきた新聞配達のアルバイトでお金をため、早速店に出かけていきましたが、意外にもお目当ての模型セットは買わず、中学生向きの科学図鑑を手に入れてきました。そのわけを尋ねますと、自分が苦労してためたお金だと思うと、気安くお金を全部はたいて模型セットを買う気にはとてもならず、自分の努力でためたお金の一部を使い、模型セットよりも役に立つと思う図鑑を購入した、ということでした。

右に紹介したような小遣いに関する生活指導の考え方は、特にユニークなものであるというわけではありません。親は、ままこのように考えることもあります。しかし、中学2年生の子どもに実際そうするよう求めている点で、いまどきかなり思い切った助言であり、ここには意志の教育上重要な側面がいくつか含まれています。

この子どもは、自分の極めて強い要求が他者によりほぼ満たされそうになったにもかかわらず、その要求の充足を我慢して一時延ばさなければならず、そこには非常に強い意志の働きを求められています。さらに、この状況では、心理的にもかなり遠のいてしまった、模型セット購入という目標に到達するため、自ら一定の期間働く努力を重ねなければなりませんでした。新聞配達は、未経験な朝早い仕事であっただけに、そこには厳しさも加わり、これをやり抜く過程で、それ相当の意志が培われていっているはずです。

もちろん、模型セットの購入は、強く動機づけられている魅力のある目標であり、したがって、その目標を実現しようとする意志は、必然的に強められる状況にありました。しかし、母親の助言は、教育的な点で価値的により高い水準の意志を成長させる働きもしているのです。この子どもは、まず、自らの判断で中学2年生にふさわしいアルバイトを選択し、余暇を賢く利用しています。さらに、努力の甲斐あり、当初の目標を叶える状況に達したところで、恐らく激しく競合したと思われる動機の中で、自己が成長するためにより高い価値を持つと思われること(科学図鑑の購入)を優先する選択判断をしているからです。

Bに見られる、日常生活上の問題の解決では、主にしたいことをするために努力が続けられている点で、明瞭な義務意識(すべきであるからするという気持ち)が伴っているわけではありませんが、目標に向けて自らのエネルギーを投入させようとした意志の働きがあったからこそ、価値的により高次の動機を選ぼうとする意志が生まれてきているのです。この点を見逃してはなりません。子どもが経験する「日常生活」の問題の解決や「余暇活動」の在り方を巡る生活指導において、このような意志の教育が行われることは決して少なくありません。

4 学業の指導における意志の教育の重視

就学すれば、子どもの生活では、学校における学習活動が次第に重みを占めるようになってきます。この学習活動についてみると、教材による知識や技術の教授を行い、その習得を図る、いわゆる「学習指導」を中心として展開されているのが(少なくとも外顕的には)実態でしょう。しかし、学校教育が目指す究極の目標が、子どもの全人的な成長を促し、調和の取れた知、情、意の発達を助成することにある以上、子どもが学習活動の中で遭遇する具体的な体験を通して、社会に貢献できる人格の形成が行われなければならないということは言うまでもありません。

ところで、今日の社会的な風潮の影響も無視できませんが、現在の学校教育では、学習指導が先行する(?)傾向に陥りやすく、そのため、知らないうちに「知」の指導にウエイトがかけられ、「情、意」教育の焦点が、ともすればぼやけがちとなる実情には否定できないところがあります。

既に指摘しましたように、最近とみに問題となっています、子どもたちの反社会的、非社会的な行動についても、その一つの要因として、「情、意」教育が不十分であることが挙げられるように思われます。「知」は発達しても、「情、意」に未熟な子どもたちが生み出されてくる現況に直面しますと、家庭教育は言うに及ばず、学校教育における生活指導の中に、意志の教育をはっきりと位置づけるべきだと思います。教師は、そのような指導姿勢を持つべきです。例えば、次の事例などは、子どもの学業上の問題に関して行われる生活指導で、意志の教育がいかに必要であるかを示しています。

某有名私立中に猛勉強の末合格したC(中1)は、入学後、短期特訓の成果を過信し、予復習をしっかりしないままやり過ごしているうちに、数学に端を発した成績不振は、みるみるうちに深まる一途をたどり、そのため学習の興味を欠き、意欲を失い、その影響は他の多くの教科にまで及び、学年でも学業成績が最下位に近いところに低迷する破目に陥ってしまいました。

やればできたのだという、一夜づけ的な特訓の成果を夢見る甘い考えに、一時的には支えられはしたものの、その成果の再現を期待し、思いついたように時折単発させる学習を計画もなく試みてみても、失敗は火を見るよりも明らかで、次第に自信をなくしていきました。一時的な猛勉強の報酬(?)とは言え、首尾よく難関を突破し入学した学校で、学業を続けようとする意志を挫折させ、転校を口にするまでになってしまいました。

D(中2)は、クラスでも学業成績は中位を下回り、教科の学習にあまり興味を持つことができないまま、教室での授業には、ただ漫然とした態度で辛うじて参加しているに過ぎませんでした。Dのこのような学習状況を憂慮した担任の教師は、Dが小学校時代に剣道をしていたことを知り、クラブ活動で剣道部への加入を促しました。

Dは、中学校入学まで続けていた剣道であっただけに、積極的に入部し、練習に励み、めきめき腕を上げ、地区の試合で準優勝を遂げる迄になりました。その頃から、教室における教科の学習にも意欲的な表情を見せるようになり、現在では、学業上の困難を自ら積極的に克服しようと努力しているようです。CとDは、このように同じ学業に対しても、非常に対照的な取り組みを見せています。

Cの場合、かなりの水準の学力を発揮する可能性を潜在させている(入試では上位の成績で合格しています）にもかかわらず、低空飛行の始末です。小学校時代と比べ、次第に難しくなる中学の教科の学習に対し、Cは単に一時的な興味に任せ、急を迫る必要性に応じて勉強に手を付けるに過ぎない、余りにも不適切な学習の仕方に頼っていたのです。難しい学習に対し、計画的にそして着実に取り組もうとする学習の構えを持ち合わせていなかったのです。それにもかかわらず、このようなCに対し、よい学習習慣を身に付け学習意欲を高めるための指導が、ほとんどなされていませんでした。

一方、やる気を鼓舞してやることが先決だと考えた教師の適切な助言で、頑張る努力を続ければ必ず報いられるという喜びを、Dはクラブ活動で実際に体験し、目標を実現するためにやり抜こうとする積極的な意志を、教科の学習まで発揮させています。

「学業の指導」では、どのような意志の教育が期待できるでしょうか。本来、教科の学習は、絶えず新しい課題（仕事）として、明確な目標を示し子どもに挑戦を求めますが、必ずしもその挑戦における成功は保証されていません。むしろ、失敗はつきものです。それでも、子どもは、教科の学習に取り組み、一般的に言えば、文化の習得を目指す課題意識を持ちます。そして、有能な教師の助言と指導により、自己の能力に応じ、自発的にそして主体的にその価値ある目標を目指し、積極的に努力を積み重ねようとします。

もちろん、このような知性的な意志活動に対し、快を求めるいわば要求的な意志活動（仕事を避け遊びに向かう）が挑んできます。そして、この葛藤状態で、知性的な意志が要求的な意志に打ち克つことで、より水準の高い価値が実現され、子どもの人格的な成長は一層高められるのです。

つまり、学業の指導という生活指導は、たとえ失敗に見舞われても、したいからするという積極的な意識は無論のこと、しなければならないからするという、はっきりとした義務意識を伴い、したくてもしない（したくないからしない、ではありません）という自己を抑制する心を働かせ、葛藤する多くの目標の中から価値的により高い水準の目標を選び、それを達成することに向けて努力を続けようとする、強い意志を育む機会をもたらすものです。意志の成長に対する学業の指導の教育的な意義はここにあります。

5 社会的に根ざした意志の成長の助成

子どもに、社会の福祉に貢献する有能な社会人としての資質を育てるためには、いわゆる「社会性の指導」が大切です。社会生活に必要な、責任感、自立心、協調性、奉仕や共感の精神などを培う生活指導は、現在の社会的な情勢の中にある子どもたちにとり、特に重要です。

これまでに述べてきました意志の教育では、目標を持ち、それへの到達を目指してやり抜こうとする強い意志の教育を強調してきました。しかし、より水準の高い価値を追求する強い意志を、しっかり持っていると自ら意識していても、それがあまり主観的な価値に偏り、ひとり善がりの強い意志であっては、他人迷惑でしょう。確かに、強い意志を身に付けることは大切ですが、他者を考えた、つまり、社会的感情を尊重した、道徳的な水準の高い意識と行動を学習することをなおざりにしてはなりません。

かつて、荒れる中学として名をなした(?)東京のある中学校は、教師集団の一致団結した熱心な指導により、現在では、子どもたちが自己の個性を存分に発揮し、能力を十分伸ばすことができる、非常に理想的な学校に変貌したということです。この学校では、特別活動を重視し、ものごとをやり抜く気力の教育が基本とされ、清掃や施設訪問などの社会奉仕活動の体験を通し、他を思いやる気持ちを育む指導を重視しています。

この学校は、他の多くの学校がともすれば陥りがちな「知」に偏重した教育を否定し、むしろ「意、情」を優先させる教育を大切にしていると言えましょう。そのような教育方針は、意志の弱さのために荒れる子どもたちに苦悩した学校が、教育実践で得られた確信から導き出した貴重な結論だったと思われます。

ここに、生活指導における意志の教育のあるべき一つの姿を見る思いがします。繰り返して述べますが、子ども自身が社会的な存在である以上、子どもが学び身に付ける意志も社会性に根ざしたものでなければなりません。例えば、子どもが自分たちの問題をクラス全体の協同の問題として取り上げ、クラス内で一致する結論を出し、それを解決していく、いわゆる「学級会活動」でも、教師の適切な助言により、協調する話し合いをする過程で、互いに自己の意志を譲り合い、他者を思いやる意思決定ができるはずです。

子どもがチームプレイを必要とする競技活動に参加すれば、自分が分担する役割を、自分が所属する集団のために遂行する責任感が養われると同時に、協力して競争する経験により、自己の意志を他者の意志と調整し目的を達成しようとする強い意志が養われます。自己の意志を部分的に抑制することにより、自己の意志のみでは到底実現できない成果を、子どもは実際に体験できます。このような成果が得られるからこそ、他者の意志を受け容れ、自己の意志を抑制しつつ発揮しようとする、より高い水準の意志が育つとも言えるのです。

6 自制的、道徳的な意志の成長

毎日の生活は、自分の在り方について自己決定を迫られる経験の連続です。そこで、社会的な存在である人間として、適切な自己決定をするために、合理的で道徳的な強い意志を働かさなければなりません。したがって、子どものすべての生活経験にわたって行われる、助言や指導における意志の教育は、非常に重要なのです。

子どもは、元来、一方的に充足を求める強い要求に動かされやすいものです。無論、そのような要求自体は、行動の原動力を生み出すものとして無視できません。しかし、適度に抑制されない要求の充足は、子どもの望ましい人格形成を妨げます。したがって、意志の教育では、「したいことをしようとする」本来的な積極的な意志の成長することを助成するにとどまらず、自発的、能動的に「したくてもしない、しなければならなければ、したくなくてもする」自制的な意志の成長を促さなければなりません。

しかし、単に困難に耐え、乗り越え、自ら設けた目標を貫徹しようとする強固な意志があればよいというわけではありません。そのような意志は、子どもが成長する過程で直面すると思われる多くの困難を解決するために必要ですが、いたずらに頑固な意志であってはなりません。自己が置かれた状況を正しく判断し、行動の決定を誤らせない柔軟性、選択性、洞察性を備えている必要があります。

さらに、意志の教育では、より高い水準の価値を生み出そうと、絶えず成長を目指す意志を啓発しなければならないと思います。意志の教育で最も重視されるべき意志は、利己的な意志にとどまるものでありません。他者を受容し、尊重する利他的な意志にまで高まるものであるべきです。他を思いやる気持ちに根ざした、自己抑制ができる強い意志、つまり、道徳的な意志の成長を促すことが、意志の教育が究極の目標とするところです。

（『児童心理』第36巻　第7号、金子書房、1982・6　pp.63〜69）

第５章

学習習慣の定着を妨げる教師

子どもにとり、学習習慣を身に付けることはとても重要です。
それは人格が培われていくことになるからです。

1 習慣を付けさせようとする

一般に、習慣ができるということは、ある一定の事態に対し、行動をたびたび繰り返すうちに、一つの形を取るようにし、ほとんど意識や努力を伴うことなく、自らその行動を遂行するようになることを意味しています。このような習慣の正しい獲得や定着を図る上で大切な点は、行動の自発的な定型化であり、また、積極的な反復化であり、合目的な自動化であり、このことは、子どもが学習習慣を着実に身に付けていく上でも、基本的に当てはまります。

教師ならだれしも、子どもが、よい学習習慣―学習にやる気を持って自ら進んで取り組み、しっかりと「学力」を能率的にものにしていくことができる学習傾向―を身に付けることを、日常の学習指導で、期待し、促していることでしょう。しかし、その努力が思い通りに報いられない場合も少なくないようです。それはなぜでしょうか。

子どもが、よい学習習慣を身に付け、日常の勉強に励むことを望む教師が、子どもに、そのような習慣を付けさせようとする働きかけをしても、それは当然だと思われます。しかし、皮肉なことにも、子どもに学習習慣をしっかり付けさせようと教師が努めるほどに、その努力が実を結ばない結果となることが往々にしてあります。

そのために、「学習はよい習慣から」と熱心な教師ほど、学習の習慣づけに心掛け、拍車をかけることになりますが、それでも、教師の期待に応えることがなく、失敗に終わることも多いようです。よしんば成功したかに見えても、それは一時的なもので、長く続かず、学習習慣の真の定着が生じていません。

学習習慣の定着が妨げられているということは、子どもが一定の(初めてではありません)学習事態に、自発的にすぐ取り組もうとしない状況になることを意味します。教師もこのように、子どもが、自分で取り組むべきことがあるのに、それが分かっているはずなのに、一向に取り組もうとしないことを、気に病み問題としがちです。

それは、教師には、子どもをあるべきところへ向かわせようとする基本的な構えが常にあるからです。そこで、教師は、「言われた通りにせよ」「努力が足りない」「それでは駄目だ」「頑張ってやれ」のような言葉を次々と子どもに浴びせかけ、学習の習慣化をいわば強制します。しかし、その前に考えなければならないことがあります。

子どもは、なぜ、自ら進んで学習活動に入っていこうとしないのか。どうして、当面の学習課題から他のことに注意を逸らしているのか、なぜ、一定の型に沿った学習傾向が固まらないのか。それは、学習の習慣だけが不十分であるからなのか。子どもが、いわば習慣的に学習へ関わろうとしないのは、その学習に取り組むことの必要性や大切さを余り感じていないからであり、その学習が楽しいと思う気持ちが培われてきていないからであるとも考えられます。子どもに学習習慣が付いていないことが原因であるのではなく、子どもにとって、自発的に取り組もうとするほどに、学習が楽しい活動となっていないことに、まず問題があるのではないかと思われます。結果として、子どもの学習への興味や関心が二の次となるのです。教師による一方的な学習の習慣づけでは、本来の学習習慣を生み難いでしょう。

2　子どものやる気を損ないやすい

子どもは、好きなこと、喜びをもたらすことなら、積極的に取り組もうとします。楽しくなければ、うれしさが味わえなければ、そのようなことをすることを避けようとするのが普通です。学習とて例外でありません。子どもが、学習に意欲を持てなければ、学習に取りかかる土台がありません。それでは、学習習慣をしっかり作り上げることもできません。子どもの学習への意欲は、いろいろな条件に左右されますが、中でも、教師の子どもに対する関わり方による影響は極めて大きいのです。

もちろん、教師は、日常の学習指導において、学習に対する子どもの積極的な意欲を重視しています。子どもの自発的な学習の大切さに関しても理解しています。しかし、そのこと自体が、子どもの自発的な学習意欲を確かなものとすることの保証にはなりません。教師には、学習習慣の正しい定着に不可欠な子どものやる気を損いやすい状況に自ら陥る危険性が、ある意味で付きまとっているとも言えましょう。

教師が自分の胸に静かに手を当て考えてみるなら、子どもの気持ちを大切にしようと思いながらも、自分の考えを子どもに教え込もう、自分の方針に子どもを従わせようとする、いわば衝動に駆られたことが全くなかったとは言えないでしょう。一、二度ならずとも、そのような体験はあるものです。実は、そこには、教師である自分より、子どもは、知識、能力、経験などで劣っているとみなす意識が潜在しているのです。

教師が、教師であるがゆえに抱きやすいこのような気持ちに押し切られれば、子どもを一方的に指示あるいは強制し、それに従わなければ、勢い子どもを不快な批判や叱責によって遇する関わりに傾いてしまうでしょう。それは、力の上下関係で子どもを拘束することとなり、子どもが、教師がただ怖いから、教師の考えに従って学習しようとする結果を生みます。子どもは、叱られないためには、教師の言われたまま行動しておればよいと思うようになりますから、自ずとやる気は損われていきます。

当然のことながら、そのような学習では学ぶ楽しさは薄れてしまいますから、子どもの自発的で積極的な学習への取り組みの継続的な成果である真の学習習慣の定着は、教師の予想に反しておぼつかないものとなるでしょう。

3 子どもへの助言が不適切

教師の子どもへの一方的な関わりが、子どものやる気を損うという反省から、教師は子どものなすことすべてをそのまま見守ればよいのでしょうか。もし、そのような態度を取れば、子どもの自発性や自律性が尊重され、子ども自身による正しい学習習慣が根づきやすいとみなすなら、それは錯覚となります。

子どもは学ばなければなりません。子どもが、自ら学ぼうとする意欲を示したとしても、その向かうところが、子どもの成長に必ずしもふさわしいものとなっているとは言えません。したがって、子どもは、学習への取り組みの正しい方向づけを促す助言を、教師から学ばなければなりません。子どもが正しい学習習慣を身に付けていく上で、そのような助言をすることは、教師の重要な仕事です。子どもへの助言が不適切であるようでは、教師としての責任を十分果たしていないことになります。

子どもに学習習慣が定着していないのは、それを身に付ける気持ちを、生まない、あるいは弱める、または失う、経験をしてきているからです。新しい学習に取り組み始める時には、その適切な仕方を示唆する助言が必要です。それが欠けていては、学習習慣となるものの芽生えようがありません。したがって、学習習慣は育ちようがないので、無論、その定着などあり得ません。

子どもが、学習への習慣的な取り組みを、難しく、あるいは不可能と思い込んでいる時に、頑張りを促す、または、努力の不足を指摘する助言に終始していては、好ましくありません。学習が苦渋に満ちたものであると、子どもに思わせる可能性があります。それでは、学習に対する積極的な意欲が、子どもに自発し難いのです。子どもが、学習習慣を身に付けることに挫折している結果のみに注目した助言は、それが励ましであっても、子どもには有害な圧力となります。たとえ、現在失敗に終わっていても、子どもが学習に前向きに少しでも取り組んだという事実を軽視する恐れがあるからです。

教師が、子どもの学習への取り組み自体を喜ぶ言葉がけができれば、子どもは、自己の進歩や可能性を実感します。それは、子どもの自発的な学習意欲を刺激し、学習への積極的な取り組みを支えることになります。子どもは、自己の学習への取り組みに自信を持ちます。学習活動を中断することには抵抗さえ感じます。

4 子どもを心から理解できない

子どもが自ら学習習慣を定着させていくにしても、その習慣が正しいものであるためには、教師が、良い学習習慣への方向づけを促す一方、子どもの学習への取り組み自体を喜び、支える助言をすることを欠かすことはできません。そして、そのような助言が、子どもの心に円滑に受け容れられていくには、子どもと教師の間に相互的な信頼関係が成り立っている必要があります。

子どもの教師への信頼とは、子どもが依存に偏ることなく、教師に自分を預けられるようになることです。子どもが教師とそのような人間関係にあれば、子どもは教師の助言を進んで吸収するでしょう。その助言が、子どもの学習への取り組みの自発性や自立性を妨げるものでない限り、学習習慣は子どもに確実に定着していきます。

教師が、子どもを条件付きでなく尊重し、全面的に信頼すれば、子どもは、そのような教師を限りなく尊敬し、どこまでも信頼するようになり、教師と子どもとの間に真の信頼関係が生まれます。子どもの行動次第でしか子どもを信ずることができない教師は、子どもとの間に、このような信頼関係を生み出せなく、子どもによい学習習慣の定着を促す基盤を持ち合わせていないことになります。

個々の子どもの立場に立って、子どもに耳を傾け、子どもの気持ちを聴くことは、子どもを教え導くことを仕事としている教師にとっては、なかなか難しいものですが、それができない、あるいは、それを厭う教師は、子どもを心から理解できません。子どもの短所を気にしやすく、自分の価値観に沿う子どもの行動のみを認める傾向があります。そのような教師に対しては、子どもは心を開きません。教師の助言には、かたくなな塀を巡らし、拒もうとさえします。

教師が、子どもを共感的に理解することを怠れば、子どもは、教師に心から自分を分かってもらえたとは思えません。子どもは、自分を心底から理解しようとしない、聞く耳を持たない教師に自分を語るはずがありません。話しても無駄で、心が傷付くこともあるからです。子どもがそうであれば、教師は子どもを本当に理解できません。

子どもの学習の可能性を生かす助言も難しく、よい学習習慣の定着を促せません。

教師が、子どもを心から理解し、どこまでも信頼するなら、子どもの適切な自己決定を支えることができ、それは子どもに確かな自信を生みます。そのような自信を基盤におく学習活動は、常に完了を目指すものとなります。つまり、学習習慣はしっかり子どもに定着していきます。

以上のように考えてきますと、特に、教師が意図して、子どもの学習の習慣化、つまり、「学習習慣の定着」を図る必要はないという、いわば逆説的な考えに立つこともできます。子どもは、学習を楽しく思い、欠かすことができないと思えば、自ら進んで学習に心を向け、心を傾けます。そうすることが、子ども自身に喜びを生めば、子どもは、そのような学習を積極的に、しかも、発展的に繰り返していくことでしょう。真の学習習慣はこのようにして定着していきます。

学習習慣の定着は、本来、このようにして進むべきでしょう。基本的には、日常、子どもの学習活動が自発的に行われ、それが、楽しくできるから、反復、自動化していくのが、学習習慣の望ましい形成、定着の姿です。学習習慣の定着は、子どもの意欲的な学習が継続する結果であり、教師の助言を必要としても、教師により子どもが身に付けさせられるものではありません。


（『児童心理』第43巻　第14号、金子書房、1989・1　pp.52～56）

第６章

授業態度、学び方に問題がある場合の指導法

学業が振わない原因として、授業態度や学び方の問題があります。
このような場合の指導はどのようにしたらよいでしょうか。

1 学業不振の原因は多様

学業不振を、文字通り学業の振わない状態としても、それを決める基準はいくつかありますが、ここでは、「知能（学習するための基礎となる能力）の程度から期待できる学業成績を上げていないもの」として話を進めることにします。

一般に、授業態度や学び方が好ましくなければ、遠からず学業不振に陥るのは目に見えていますが、この両者の関係は単純に一方的なものではありません。学業が振わないために授業態度や学び方が悪くなる場合もあり、双方が因となり果となって悪循環を作っています。しかし、ここでは、問題の授業態度と学び方を、主に学業不振の原因の側から眺め、学習指導上の対策を具体的に考えてみたいと思います。

学業不振の原因は、実は多様で、その上相互的に作用し合っているため、論拠が多岐にわたる恐れがあります。早い話が、好ましくない授業態度や学び方自体、学業不振の原因として一次性、二次性が問われ、例え

ば、問題の授業態度を生み出した条件に、身体、性格、興味、基礎学力、学習習慣、家庭環境、学校の問題などの要因が考えられます。しかし、ここでは、授業態度や学び方の問題性そのものを取り上げ、教師が、日常の授業場面でこのような問題を持つ子どもに対し、直接対処できる指導方策に重点をおいて述べることとします。

2 学業不振をもたらす授業態度や学び方

教育の現場では、学業成績の低下を引き起こす授業態度や学び方の主な問題点は、具体的にどのように考えられているのでしょうか。私が試みたアンケート調査(東京、名古屋、大阪、神戸の小・中学校教師30名対象)によると、現実の学習事態で、教師に学習不振をもたらすと指摘される授業態度や学び方には、小学校と中学校で大差なく共通のものが多いことが分かります。これらのものは、「授業そのものに取り組もうとしない」と「授業には入るが、取り組みが好ましくなく、学習が有効に進まない」の二つの場合に大別されるように思います。

授業態度や学び方は、学習の成否に直接影響する要因です。学年が進むと共に学習内容が増し、高度、複雑になるにつれて、これらの要因の問題性は、次第に学業成績の低下にその影響を露呈してきます。一旦形成された態度や学び方は、それが反復され、累積する性質があるため、改善にはかなりの困難を伴います。できる限り早い時期に、また、原因にメスを入れる根本的な指導対策を講ずることは、成長期にある子どもを、心身の健全な発達を阻害する重症な学習不適応へ陥らせないためにも大切です。

そこで、現在、実践の場で実際問題となりがちである授業態度や学び方に焦点を絞りつつ、具体的な指導対策を授業場面を中心に検討してみます。

3 学習に意欲がない

授業中、退屈顔でぼんやりしており、学習に入ろうともせず、学ぶ気持ちが見られない子どもは、学級に一人や二人はいるもので、教師はその指導に苦慮します。学習の土俵に全く上がろうとしないだけに、授業で学ぶ機会を失し、学業不振も重症となりやすくなります。

学ぶ意欲をなくした原因や契機は、子どもによりさまざまであり、それに対する十分な検討の裏付けがある原因療法的な(原因を取り除く)対策を取ることが大切です。問題の表面に関わるのみでは根本的な改善に至りません。この観点は、他に上げる問題点のいずれにも共通するものです。

では、実際の授業で直接どのように指導したらよいでしょうか。例えば、学習興味を喚起するには、教材は日常の生活と密着し、自ずと関心を引きやすいものから選び、あるいはそのようなものと関連づけ、能力にふさわしいレベルに調合して与えます。学習の手掛かりが得られやすい視聴覚材料などの活用で、直接に近い具体的な経験をさせます。得意、好きな科目を見つけ、その能力を発揮させるなども考えられます。

学力の補強と定着を図り、成功も認められる経験を重ねさせるには、達成できるよう配慮した上で、授業の始めに復習に関わりのある指名発表や小テストを課して、分かる、できる、実感を体験することから授業をスタートさせます。班別学習を通して、友だちと支え合うことを促すなどの対策を取ります。

勉強以外の不必要な緊張を感じない場面で、責任を伴い、友だちから評価される仕事を与えるなどして、存在価値を認めます。あるいは、教師から声をかけ、子どもとの心理的な距離を狭め、この親近感を授業にまで持ち込むよう配慮をすれば、学習意欲も湧いてくることでしょう。

特効薬的な指導法があるわけではありません。意欲は経験により生み出されるものである以上、学習に強い興味を抱き得る機会を設け、授業に取り組む意欲を刺激する、きめの細かい地道な指導を工夫し、実践する努力が大切です。

4 学習に消極的である

授業は受けてはいるものの、手を上げたり口をきいたりすることも少ない。友だちに寄り掛かり、自ら考えを主張する覇気に欠ける。何となくかげが薄い。このような子どもに対し、積極的に学習しようとしない態度を生み出しているいろいろな条件を、日常の授業場面との関連でよく押えて指導するにはどうしたらよいでしょうか。

前に述べました、意欲に欠ける子どもに対する指導上の観点は、この場合にもほぼ当てはまりますが、他に次のような指導を考えてみてはどうでしょうか。授業中に誤った発言や回答をしても、失敗の指摘よりもその努力を評価して褒めます。

教師から、機会を捉えて子どもに親しみをもって近づき、やりこなせる課題を与え、結果を認めます。これらの配慮をすれば、消極的な態度を取るようになっていることの一因でもある、人前で失敗してはならないと思う心理的な緊張からくる学習不安を、軽減させることになるでしょう。

失敗する困難な課題は避け、易しい問題で意図的に発言を促し、できるという経験を反復させます。能力にふさわしい要求水準を持つよう助言し、この水準に達する学習で成功感を味わわせます。子どもの弱点を押えておき、それを責めず励まし、得意な面を発揮させます。

あるいは、現在持っている能力を見極め、それに応じた学習を促します。課題が難しい場合はヒントを与え、諦めずに取り組めばできる経験をさせます。叱るより努めて褒めます。このような対策を取ることにより、能力が劣っていると思い込んでいる劣等感は克服され、学習上の失敗の繰り返しから失った自信も回復されるでしょう。

学習の準備不足や欠陥を原因とする、勉強に対する低下した自我関与を高めるには、例えば、親しみやすいグループ編成で班別学習をさせ、互いに助け合う機会を持たせます。また、小グループの班別学習で、役割の一部を担わなければならない状況を作ります。小さなことでも、友だちの前で取り上げ、認め合うよう促します。そうすれば、学習への積極的な関わりが生み出されることでしょう。

5 学習に集中できない

授業中に、しばしばよそ見をする。近くの者と耳ざわりな私語を交わす。学習に取り組んでもすぐ他のことに気持ちがそれ、学習を続けられない。学習と関係のないことを始める。このように落ち着きがなく注意が散漫ですと、授業態度が上すべりになり、教師の説明をしっかり聞かず、学力の低下はもちろん、他人迷惑な授業妨害がしばしば起こり、教師も手を焼きます。

そのような場合には、叱責や注意をすることで、授業態度の改善を試みやすいものですが、表面的な処置のみでは効果は余り上がりません。では、授業で教師に求め得る対策にはどのようなものがあるでしょうか。

体力をもて余し落ち着きがない場合には、遊びや体育の時間に運動に十分集中させ、そのエネルギーの発散を図ると共に、取り組みを褒め、その場の気持ちを授業に移行させます。能力が学級の水準を上回り、勉強に退屈していれば、学習内容の程度を高めた課題を与え、学習に魅力を感じるように仕向けます。学習以外の活動へ興味が散るようなら、適当な機会を捉え、十分味わっていない興味の満足を適度に促します。段階付けた小さいステップのある学習課題を順にこなさせれば、基礎学力も定着し、分かる授業が体験できるでしょう。

バズ方式を取り入れるなどした班別学習により、班単位で課題に取り組ませれば、親しみのある雰囲気の中で批評、協力し合うことにもなり、周りのことにも気を散らさず授業に入るきっかけができるでしょう。

学校における人間関係が不調であったり、心理的に不安定な家庭の条件があると、授業で気持ちが集中できない原因となります。これらの条件を正しく捉え、調整や改善に努め、情緒的な緊張に基づく精神的な不安定さから自由にさせれば、授業中の落ち着きを取り戻すことができるでしょう。

教師の目が届きやすい場所に座席を取らせる、机間巡視で親愛の気持ちを込めて肩などにふれる、課題を与えたらしばらく側についていてやる、いま何をしているか明確にし注意を向ける焦点を定めてやる、興味を持ちやすい内容を学習に折込む、などは、注意を集中させる直接的な方法として考えられてもよいと思います。

6 宿題をしてこない

家庭学習の課題を与えてもほとんどしてこない。してきてもなおざりである。しばしば忘れてくる。忘れ物は宿題にとどまらず、教科書や学用品にまで及ぶ。これでは、授業前のウォーミングアップは足らず、また、できません。予復習の不備をきたし、学力の定着が妨げられ、その低下をもたらす一因となります。当然授業で十分学習の成果を上げられません。宿題をしてこない原因もいろいろありますが、いくつかの指導対策を考えてみましょう。

体が弱く健康に自信がありませんと、学校の勉強でかなり疲れ、宿題に取り組む気力を削れます。体力の向上や健康の増進を促す指導が先決です。授業で既に学習の興味をなくして家に帰れば、家庭では授業時間という学習の形式的な枠がはずされていますから、宿題を避けるのも当然のことです。授業に対する意欲や興味を喚起することが大切ですが、この点については、既に前にふれました。生活の基本的習慣がよくできておらず、生活がだらしない場合も、宿題をしない原因となります。規律ある生活をするよう、家庭への助言も欠かせません。

家庭学習において、親が干渉や叱責をし過ぎますと、勉強をさせられ、してもどうせ叱られると思う気持ちを子どもに植え付け、宿題から逃げ出す結果となります。家庭の雰囲気に落ち着きがないと、気持ちを集中させて勉強ができません。このような家庭の要因に関しては、それを改善するよう家庭に協力を求める必要があります。教師も、子どもが一人でできる質と量を配慮し、復習を中心に宿題を与え、できるところまででよいから取り組むよう助言し、宿題をした結果をよく認めることば掛けをし、宿題をやってきてよかったという経験を授業中に味わえるよう留意するなどが大切です。

7 勉強の仕方が分からない、作業が遅い

勉強の意欲もあり、真面目に学習していても、その割には成績が上がらない。作業の処理が遅く他の子どもと歩調が合わず、取り残されがちになる。このような経験を重ねますと学業不振も避けられません。

そこで、まず、成績が振わなくても、熱心に努力している学習態度を評価する一方、無駄なく効率のよい学習ができる勉強の仕方を道付けてやりたいものです。機械的な読み、書き、計算ができても、少し複雑な学習内容の関係を捉えるのに苦手であると、学年が進むにつれて教材を消化しきれなくなってきます。そこで、単なる断片的な知識の丸暗記でなく、要点を押さえる、関連づけて覚える、因果関係を知るなど、課題の構造を捉え、考える学習を身に付けさせることが大事です。

子どもの能力のレベルに合った適切な家庭学習の課題を与え、毎日一人で確実に復習ができるよう促す一方、親の協力も大切にして定期的にノートの提出を求め、ノー

トの取り方、まとめ方、書き方、生かし方などについて個別に指導し、学習することの有効な整理の仕方を示唆すれば、学習に対する自信も生まれてくることでしょう。

不器用のみでなく、理解の不十分さ、途中の行き詰まり、失敗やそれを恥じる気持ちなどから、授業中学習の遅れが重なることもあります。授業の速さに幅を持たせ、考える時間の余裕を与えたり、班別学習で助け合わせたり、また、必要に応じ個別指導の時間(放課後)を設けるなどの配慮をします。新しいことの学習には失敗はつきもので恥ずかしく思わなくてもよいことを分からせるのも大切です。

家庭学習については、親と十分連絡を取り、個人差に応じて学習の科目の時間の配分など、勉強のポイントについて助言します。

8 直観的である、早合点する

学習に際して、早合点でよく考えないため取り違えをたびたび犯したり、直観的に捉え、答えを早く出すけれども、途中の過程をおろそかにする場合には、学習の振わない子どもも少なくありません。学習内容のレベルが上がると直観では処理しきれなくなり、答えに至る過程を軽視した学習では、発展、応用ができる知識の定着が生じ難く、学習上問題があります。

例えば、学習の順序を誤ると思わぬ結果となること、結果の善し悪しより考える筋道が大事なこと、筋道を立てた考え方は一般化されやすいことなどが、分かる授業を体験するようにします。新しい事柄を早く知るのも必要ですが、基礎となる知識を着実に手にすることがより重要であることに気づかせ、ステップが重ねられる課題を与え、順序をしっかりたどる学習経験を身に付けさせます。また、疑問を持つことや見直すことを大切にするようにさせ、学習の早さを過大に評価せず、考える過程をよく認めてやります。このような指導の仕方に拠れば、問題点を解決する一つのきっかけとなります。

9 人間関係を大切にした指導

これまでに、実際の授業で比較的問題視されがちな授業態度と学び方につき、その指導対策の具体例をいくつか述べてきました。十分に論じ尽くしたとは言えませんが、指導上の基本的な観点はある程度示したと思います。

好ましくない授業態度や学び方は、現実の授業場面における問題であるだけに、教師の目に付きやすいものです。そのような、顕在的な問題は、直接の対症的な指導対象となりがちですが、それを生み出してくる背後にある潜在的な原因に目を向け、それを除くようにする原因的な指導対策を講ずるという基本姿勢が重要であることを、再度ここで指摘しておきます。

授業は、教師と子どもの相互に働きかけが行われる場面である以上、子どもを責める前に、教師は、まず己の教育方針や指導法の是非を自ら問い、反省する必要があります。学業不振の状態では、大なり小なり情緒的な不適応が生じています。授業場面で、子どもが充足を求める要求を考慮して、子どもの学習にマイナスとなる情緒的な緊張(例えば、無用な不安、焦燥、劣等感など)から解放する指導上の配慮も重視する必要があります。

実際の授業では、学ぶ喜び、できる自信が体験できる、分かる授業を作り出す積極的な姿勢(学習内容の精選、教材の開発、個別指導への取り組みなど)が教師に求められましょうが、教科の教授における指導法の創意、工夫や改善もさることながら、学業の振わない子どもと温かい人格的な交流を生む、心がふれ合う人間関係を作り上げることが第一です。そのような人間関係を基盤にしてこそ、学業不振に対する指導対策もより大きな効果を生むものと思われます。

(『授業研究』第16巻　第8号、明治図書、1978・7　pp.25〜31)

第７章

遊べる子への教育相談

遊びは、人格の成長に重要な活動です。そこで、遊べない子を遊べる子にするための助言の仕方について述べてみます。

1 遊べない子どもを生み出す現在の状況

「子どもにとって、遊びは現実であり、彼を取り囲んでいる現実より、興味ある現実である。それは彼自身が創り出したもので、一層理解しやすいからである」と言われるように、本来遊びを抜きにして子どもの存在は考えられません。子どもの頃を思い起こしても、時には勉強のことなどいっこう構わず、いたずら仲間と夢中になって遊びに興じていたよき日々が懐かしくよみがえってくるものです。しかし、現在の子どもたちはどうでしょうか。嬉々として存分に遊んだ少年時代を想い出に残すことができなくなる不幸な子どもたちが増えている、と指摘されることが多いようです。

子どもの日常の生活を綿密に追跡したある調査によりますと、子どもの行動する範囲が狭まり、遊び仲間の数も減り、心身の発達に役立つ遊びが少なくなってきている実態が明らかにされています。塾通いに象徴されるように勉強を強いられ、その重荷から解放された時間をテレビという麻薬に浸りきり、仲間と一緒になって生き生きと遊ぶ活力を失っているかのように見受けられる子どもたちが目につく昨今の社会的状況です。

逆説的に言いますと、大人が、遊びを育てるため、子どもに対し気を配る大切さを唱えるということ自体極めて奇妙に思われます。今の大人が小さかった頃、子どもに遊びを育てるなどは大して話題となりませんでした。子どもたちは、土地柄や年齢にふさわしいいろいろな遊びを、年上の子どもから受け継ぎ、また、創意工夫を加え、自分たちで遊びを育てていたものです。勉強する子への教育相談が求められるにしても、遊べる子への教育相談はそれほど必要でなかったように思われます。

遊びは、子どもが子どもであるゆえに、日常、彼らの生活で重要な部分を占めており、遊びを奪う圧力が子どもによほど作用しない限り、子どもは遊びに精を出し、成長していきます。それが子どもというものです。

ところが、子どもの遊びを巡る現在の状況には、既にふれた通り問題がないとは言えません。遊べない子、あるいは遊ばない子、つまり、子どもらしさを無くした子どもたちが、以前に比べて多くなってきているように思われるのです。遊びを失ってしまった子どもは、歌を忘れたカナリアのようなものです。このような子どもらしい息吹が感じられない子どもたちに、本来の姿を生き返らせるための、遊べる子への教育相談を行う必要があるケースが増し、そのような現実を、子どもの健やかな成長を願う大人たちが生み出してきたとすれば、それは皮肉なことです。

もちろん、子どもが遊ぼうとしない原因は、単に今日の社会的な状況に帰せられるものではなく、いろいろあり輻輳《ふくそう》しています。しかし、子どもに本来備わっているはずの豊かな遊びの要求を弱め、萎縮させてしまう作用が一面に漂う、社会的な風潮の波を浴びせかけられ、現に子どもたちが生活しているという事実を認識することは、遊べる子への教育相談において有効な助言や指導を行う場合、欠かすことのできない、いわば現在的な前提となります。

2 遊べない子どもたち

いわゆる予防的、あるいは開発的な教育相談の観点に立てば、遊べる子への教育相談の対象となる子どもは、意外に多いものと思われます。子どもから遊びを奪い、子どもの遊ぶ意欲を弱める環境条件が存在し続ける以上、やがては、遊ぼうとしない、したがって、遊べなくなる状態へ陥っていく可能性を持つことを余儀なくされる子どもたちが少なくないものと考えられるからです。これらの子どもたちに関しては、その健全な成長に責任を担っている大人たちが、遊びが育まれるのを妨げる社会的な情勢に押し流されないよう、堅実な姿勢を取るのが第一であることは言うまでもありません。

子どもは遊ぶことにより、心身の成長に欠かせない、滋養に富んだいろいろな体験を重ねていきます。遊べない状態を無神経にも放置しておきますと、子どもは多くの栄養を必要とする急速な発達の途上にあるだけに、成長の可能性の発現や人格の形成が阻害されることは確かでしょう。遊べない子を遊べる子にする治療的な教育相談は、人格形成期にありながら遊べないという、適応上深刻な問題に陥っている子どもを援助する、非常に大切な機会となります。無論、この場合、子どもが遊べなくなっている遊びとは、自発的に仲間と一緒になって遊び、望ましい心身の発達が促される開発的な活動です。

このような治療的な教育相談を必要とする遊べない子どもたちについては、本人の遊びの要求の強さ、本人に対する他の子どもの受容、子どもの遊びに関わる親の態度などの要因が、それぞれ積極的であるか消極的であるかにより、いくつかの特徴のあるケースが考えられます。

まず、自ら遊ぼうとする意欲が非常に弱く、他の子どもたちからほとんど遊びかけてもらえない子どもがいます。日常の生活全般で、子どもらしい活力に欠け、他の子どもとの遊びに関心を示しません。このような子どもは、遊び仲間としての印象が極めて薄く、他の子どもたちにその存在を見落とされがちです。親も、子どもの遊びに消極的な態度を取っている場合が多く、結果的に子どもをあまり遊ばせていません。このケースは、遊びにかなり退嬰的と見られる子どもです。

次に、遊びたいと思う気持ちは無くはないのですが、それほど強いものと言えず、自分から他の子どもの遊びに積極的に入っていこうとしない子どもです。遊びの要求を、そのまま自ら行動に表していく自信が不足しているように思われます。他の子どもから働きかけられれば遊べるのですが、誘われない限り、他の子どもの遊びを傍観するのにとどまり、結局遊ぼうとせず、したがって遊べません。親が、子どもが自発的に遊ぶよう促す態度を取っていない場合が、少なくありません。子どもの遊びに関わるとしても、干渉に傾きやすいのです。誘われ、指示されて初めて遊ぶかもしれません。遊びに受け身の子どものケースです。

自分から遊ぼうとする構えをかなり持っており、他の子どもと一緒に遊ぼうとするのですが、その遊びかけを拒まれ、遊べない状態に陥り、困っている子どももいます。遊び方のまずさや他の子どもに受容され難い行動特性などが、遊んでもらえないから遊べないという状況をもたらしていると言えます。親自体は、子どもが遊べるようになることを積極的に望んでいますが、その期待に応える結果が得られないため、焦燥感に駆られることも少なくありません。遊びの要求をはっきりと行動で示しながら、不本意にも遊びかけを受容されず遊べない子どもです。

本来、遊ぼうとする強い意欲を内に持っており、また、遊ぶ能力がありながら、他の子どもたちに遊び仲間として求められながら、親が遊ばせてくれず、あるいは、親に遊ばないように仕向けられ、遊びに背を向けさせられてしまい、遊べなくなっている子どももいます。正に典型的な時代の落し子です。遊び時間や遊び場を奪われ、あるいは、それらを有効に使いこなす能力を発揮することを阻まれ、遊ぶ活力の変質を強いられてきた子どもです。ある意味では、現在の社会的な風潮に迎合する親の偏った教育観の犠牲者です。これらの子どもは文字通り、望まずして遊びを失い、忘れた子どもです。

3 遊べる子どもを育てる教育相談

既に述べましたように、子どもの時期における遊びは、心身の健全な成長に対して計り知れない有用性を備えています。子どもが、遊ぶ生活を放棄してしまいましたら、その遊びの働きがまったく生かされず、子どもが内に持っている成長の可能性の多くが、現実に発現しないままで終わります。したがって、遊べない子どもたちに遊びをよみがえらせる助言や指導は非常に重要です。そこで、これまでに挙げた遊べない子のケースを対象とし、遊べる子を育てる教育相談について述べてみます。

第一に、遊びにかなり退嬰的とみられる子どものケースです。

身体の発育が遅れていたり、病気がちで身体の健康が不調であると、活力が低下します。年齢相応の運動能力が伸びず身のこなしもぎこちなく、他の子どもに加わって遊べません。まず、このような身体的な不全に対する態度に配慮し、その改善に努めるよう心掛けさせます。本人に無理のないよう遊びを促せば、遊ぶ楽しみも体験でき、遊ぼうとする気力も次第に培われます。

身体の健康状態や体格や運動能力、それに伴う外観や行動の特徴はよく目に付き、他者に評価されやすいものです。これらの面で劣ると見られますと、劣等意識の強い自己概念が出来上がり、遊ぶ意欲も弱まります。細かなステップで、その子なりにできる遊びと取り組むよう指導し、達成したい、認められたい、新しい経験をしたいなどの要求が満足できる体験を重ねさせる援助が大切です。

子どもの心身にひ弱なところがあると、その弱さを心配し、庇う余りに、親の養育態度は過保護に傾き、溺愛に流れやすいものです。したがって、どうしても他の子どもと遊ぶ機会を与えるのに消極的になり、ひ弱にすることに拍車がかかります。運動能力も付きにくく、依頼心や分離不安が強まり、自発的に遊ぼうとする積極的な姿勢はなかなか芽生えてきません。このような親の養育態度の過保護化と子どもの人格の脆弱化は、悪循環します。これを断ち切るため養育態度の改善を促す助言が必要です。

第二のケースは遊びに受け身の子どもです。

身体の健康や心身の成長水準などが、遊びで必要な技能をものにするのに必ずしも十分でなく、そのため他の子どもと対等に遊べないと予想すると、子どもは遊ぼうとする気持ちに自ずとセーブを懸け、他者との関わりで自分の弱さに直面することを回避しようとします。自己の劣性に対する意識が強ければ、自信が失われ、他の子どもの遊びに参加できず、一人遊びに甘んずる消極的な態度を作り上げてしまいます。そこで、子どもの心身のコンディションに合った遊びに差し向け、うまく遊べる体験を通して、遊ぶ技能を培い、自信を回復させ、意欲を強めるよう指導したいものです。

遊びに受け身であっても、遊ぼうとする気持ちを失っているわけではありませんから、その遊びの要求を行動化するよう働きかけるのも大切でしょう。例えば、本人の具体的な遊びの要求を満たすような、遊び場所や遊具に配慮し、ある程度遊びの物的な環境を整えることにより、遊びへの自発性を刺激します。あるいは、親しみやすい明るい雰囲気を持つ子どもと、両者が共通に興味を示し得る遊びを媒介にして交わらせ、遊びを誘発させます。

親が保護に偏り過ぎた養育態度を取っているため、他の子どもと遊ぶ機会を制限され、遊びの学習が進まず、他の子どもと積極的に遊ばなくなります。あるいは、他の子どもとの遊びが受け身であるため、子どもに遊ばせようと親がやっきになり、過干渉的な態度に出ます。いずれも、子どもの自発的な遊びの成長を妨げてしまいます。子どもは遊ぼうとする気持ちを必ず芽生えさせるという信頼感を親に抱かせ、養育態度を改めさせることも大切です。

第三のケースは、遊びかけを受容されない子どもです。

前の二つのケースと比べ、このタイプの子どもは、自発的に遊ぼうとする本来の特性を行動にはっきり表し、積極的に他の子どもに遊びかけるのですが、拒まれ、遊びたくても遊べないという悲劇に終わってしまいます。そのため劣等感に悩まされ、健康な自尊心が育ちません。

このように、遊ぼうとしても遊んでもらえないから遊べない原因の一つは、本人の行動特性が他の子どもに認容されないところにあります。情緒の面で未熟で自己中心的なところがありますと、他の子どもの気持ちを意に介するなどの余裕を持ち合わせず、自分の要求を一方的に押し通そうとします。たとえ、他の子どもと衝突しても、うまくまとめて生産的な遊びを展開していくには、協調する気持ちが必要です。決まりを破ったり、乱暴に振る舞ったり、協力を惜しめば、遊びそのものがぶち壊されてしまいます。では、どう助言、指導すればよいでしょうか。

このような行動に出てしまう心理的な動きをよく理解した上で、その改善に努めるよう促し、他者に受容される行動特性を培うと同時に、自分のその行動が他者にどう受け止められるかを知る力を育てます。例えば、いじわるであると遊びかけを拒まれます。自分に確信がなく要求不満の状態にあると、その心理的な緊張を除くためにいじわるをします。そこで、他の子どもと対等に遊べる活動をするよう促し、自信を与えるよう配慮します。

心身の能力や特性で、他の子どもとの間に大きなギャップがありますと、遊びを共有することが困難となり、遊べません。能力や特性がほぼ同じ水準にある子どもと遊ばせるよう留意することが必要です。親自身にも、自分の子どもがなぜ他の子どもに受容されないのかについてよく認識してもらうことも欠かせません。

第四は、遊びを失い、忘れた子どものケースです。

現在の社会的な状況に毒された親に、不幸にも遊びを断念させられてしまった子どもです。彼らの遊びのエネルギーに本来の道づけが行われていない原因には、偏差値信仰ブームに巻き込まれた親からの強い働きかけや、そのような圧力に押し切られ、塾通いに励み、他の子どもと一緒に遊ぶ特権をテレビ視聴と引き換えに放棄させられていることなどもあります。そのため、遊び友だちとの関係も希薄になり、遊びがますます貧しくなってきている、と指摘もされています。

この時期の子どもの成長にとり、遊びがいかに大切な経験であるかを正しく理解し、誤った価値観を捨て、本来の教育観を持つよう、親に助言することが肝要です。そのような親への助言は、遊びが、これらの子どもの生活に復活するために基本的な条件であると言えましょう。

4 遊びと子どもの成長

遊びは子どもにとって「時間の浪費ではない」のです。年齢と共に遊びとそれに費やされる時間は減り、遊びと仕事が分かれてきますが、それでも、遊びは子どもの生活で極めて重要なものとなっています。子どもは、遊びで自発的にいろいろな活動を楽しんでいますが、同時に、心身の健全な発達に欠かすことのできないさまざまな学習を経験しています。遊びは「子どもが一人の人間に発達するよう促す」自発的な活動なのです。子どもから遊びが奪われることの危険な意味をはっきり認識していない大人は少なくありません。昨今の日常における子どもの生態には、その陰りがあります。遊べる子への教育相談が必要とされるわけです。

子どもの成長に役立つ遊びの価値は、他の活動では得難いものです。自発的で健全な遊びにより「身体が鍛えられ、運動能力が伸びる」、「うっ積した情緒的な緊張が解発され、安定した情緒が育まれる」、「知識の獲得や役割の学習が促される」、「協調性などが培われ、社会性が助成される」、「行動規範の内面化が自然に行われ、道徳性が発達する」ことなどが期待できます。遊びは、子どもの自発的な自己開発に大いに役立つ活動なのです。

もちろん、仕事である勉強は、はっきりした課題意識や目標志向性を備えており、楽しむための活動である遊びに比べれば、発達の水準が高い活動です。しかし、勉強を過度に重視する余りに、遊びを不当に軽視してはなりません。遊びは、学校や塾における勉強のような、意図的に構成された系統的な活動ではありませんが、子ども自身から自発する活動ですから、子どものいろいろな基本的な要求を満たし、人格の成長に役立つ、非常に豊かな体験学習の場を提供するものです。

したがって、遊べないということは、心身がこれから形作られていく成長期にある子どもにとってみれば、非常に大きな問題性をはらんでいるのです。子どもの遊びは、自発性がその特徴です。他から強制されて遊ぶのではありません。子どもの内から発する要求により遊ぶのです。遊べないから遊べるようにする教育相談が必要だということ自体、ある意味でおかしな話です。そこには、本質を失い、形骸化してしまった子どもの姿に見る不自然さがあります。しかし、それゆえ、遊べる子への教育相談がとても大切になるのです。

遊ぶための時間や場所や用具を与え、子どもが遊ぶようになれば、それでよいというわけではありません。子どもが内に持っている個人的な要求が満たされ、それが社会的に認められるような遊びをする機会を、子ども自ら見いだすよう促す指導、助言が大事です。「子どもの遊びは社会的な適応の問題と密接に関連している」という視点は、遊べる子への教育相談で忘れてはなりません。

（『児童心理』第37巻　第5号、金子書房、１９８３・５　pp.１６４～１６９）

第８章

勉強に自信を失った子の心理と指導

勉強で失敗を繰り返せば自信を失います。
そのような場合、子どもを援助する上で心掛けるべき留意点を挙げてみます。

1 勉強に自信を失うマイナスは大きい

いわゆる「学習期」と言われる時期の子どもが、日常の勉強で自信を失う結果、その知的な成長、ひいては人格形成の上で非常に大きなマイナスの影響を受けることは言うまでもありません。学校における勉強に代表される学習場面で、自己の能力や価値に安定した確信を持てない体験が度重なれば、必然的に子どもの心は劣等感に襲われ、自ら進んで勉強に取り組もうとする大切な意欲が削がれてしまいます。

この時期は、その名が示すように、日々の学習活動で、子どもが自発的、積極的に関わろうとする構えが特に重要性を帯びてきます。他から一方的に学ばされるのではなく、自ら求めて学び取ることは、この時期にある子どもの心の状態にふさわしく、また、そのような意欲から学び取られたものこそ、続く学習に実質的で有効な原動力となり得るのです。

このように、学習期の子どもにとり、とりわけ自信は大切な役割を担っています。自信を失えば、この時期に欠かすことのできない自発的な学習に対する動機づけが困難となり、それに背を向けることにもなります。自信を失う経験が累積する結果生み出される消極的な姿勢は、勉強に対する関わり方に好ましくない偏りをもたらしていきます。しかし、学校や家庭における勉強で、子どもの自信が揺らぎ失われる機会は、決して少なくありません。

2 勉強でどうして自信を失うのか

自信を失った子どもを立ち直らせ、勉強に意欲を持ち取り組むよう促すには、自信を失うに至った過程をよく検討し、その原因を取り除く原因療法的な指導を基本に据えるべきことを心掛ける必要があります。無論、単に叱咤し、激励に終始するだけでは、好ましくありませんし、それは誤りです。

では、なぜ子どもは勉強に自信を失うのでしょうか。簡潔に言えば、勉強に失敗するからです。しかし、学校における勉強のように、絶えず未知の新しい学習に直面しなければならない事態では、失敗はつきものであると言ってもよいでしょう。その意味では、どの子どもも、程度はさまざまでしょうが、失敗は体験するのです。つまり、子どもが自信を失う機会は、勉強する場に点在しているのです。それにもかかわらず、ある子どもたちのみが自信を失うのはなぜでしょう。

失敗すれば必ず自信を失うかと言えば、そうでもありません。失敗がかえって有効なバネになり、勉強により一層拍車が掛かる場合も少なくありません。失敗で自信が失われるのは、失敗を跳ねのける力が不足し、失敗から立ち直る可能性が見失われるからです。自分なりに、分かろうとし、また成績を上げようとしても、その都度、分からず、思い通りの成績が得られなかったと思わなければならない経験が重なれば、次第に、自己の能力に対する確信が揺らぎ、不安が生まれてきます。さらに、そのように自信が動揺すると、それは、やがて自信の喪失という好ましくない結果に発展し、固定化していきます。失敗に対する耐性の弱い子どもほど、その傾向は濃厚です。

ここで見逃してならない点は、このような失敗の体験は、極めて主観的な色彩に塗り込められたものであり、そのため、場合によっては雪だるま式に大きくなってくる事実です。さらに、子どもに不可逆的と思わせる失敗(取り返しのつかない失敗)を、勉強で経験することを余儀なくさせる要因は何であるかという問題があります。

個々の子どもの勉強における失敗の体験が、主観的なものである以上、それらの要因は、子ども一人一人に、微妙なニュアンスをもって、自信の放棄を迫るよう作用するのであって、実にさまざまであると思われます。つまり、自信の回復を促すには、個々の子どもを取り巻く状況や勉強への関わり方の独自性を十分配慮した、きめの細かい指導が大切なのです。厳密な意味では、勉強に自信を失った子の指導において、一般的な特効薬はありません。しかし、見方を変えれば、それぞれの指導の中に共通するものを取り出せるとも言えます。このような観点から、勉強に自信を取り戻させるいくつかの指導について考えてみます。

3 達成できる目標を目指させる

勉強に対する自信は、子どもが自分自身で勉強を分かった、できた（成功）と感ずるか、分からない、できなかった（失敗）とみなすかによって大きく左右されます。加えて、重要な事実は、勉強が、客観的にはできていても、主観的にはできていない場合が、決して少なくないことです。自信を無くしている子どもが、このような状況に陥っている場合は意外と多いのです。子どもの自信に影響を与えるものは、勉強の成果それ自体より、子どもが、そのような成果をどのように受け止めているかにあるのです。

自己の能力に比べ不相応の要求水準（自分で到達し得ると考えている成功の程度）を抱いている子どもは、たとえ能力（知能）相当の成績を上げていても、つまり、客観的にはできていても、自分が目指した目標まで到達できず、しばしば失敗の憂き目に合わなければなりません。望まずして、勉強で失敗者のらく印を自ら押し続ける羽目に苦しむことになります。重なる失敗で自信を失い、情緒的な安定を欠く状態では、自己の能力に対する認知不全が強まり、異常に高く、あるいは低く要求水準が設けられ、いずれも子どもの自尊心が傷付けられる結果に終わります。

そこで、能力相応、つまり、子どもが達成できる範囲を大きく外れないよう勉強の目標を定め、現実的な要求水準を抱けるよう、能力を見定めた助言、指導がなされなければなりません。可能性が保証されている範囲内で目標を目指し、勉強に努力すれば、必ず報いられます。「分かった。やればできる」といった実感を伴なった成功を味わう体験を重ねれば、自己の能力に対する信頼感も湧いてくるでしょう。自分が達成できる範囲内で最高の学習能率を上げるのが、最も着実で現実的な勉強であり、そのような学習の過程で、勉強に対する堅実な自信が築かれていくのです。

4 得意な側面を生かし、伸ばす

特定の教科の学習で、手痛い失敗をし自信を失うと、その影響が波及し、他の多くの教科の学習に、自信を喪失してしまう場合もあります。しかし、これを裏返せば、特定の教科における勉強で、自己の希望に沿う学習ができ自信を持てるなら、そのプラスの効果が、他の学習に及ぶことも期待されるわけです。

したがって、自信をよみがえらせるために、自信を失っている教科自体における自信の回復を図るのもよいですが、そのような自信喪失の原因をにわかに取り除くのが困難な場合(かなりの学力不足など)、当該の子どもが、相対的にみて得意とする学習活動の面で、力を発揮するよう促し、「できる」という勉強に対する確信を抱かせ、自信を持たせていくことは、大切であり、可能でもあると思います。ある勉強における失敗が、あらゆる勉強を妨げるものではないことを分からせるのです。子どもの興味を調べ、興味にあった内容で、学力にふさわしい教材を選択して与える工夫も必要です。

学力全般で劣っていますと、学業面で即座に自信を抱かせることは難しいでしょう。子どもの個性が生かせやすい活動が期待できる学級会やクラブ活動などで、子どもの興味や特性が生かされるよう指導すれば、他の子どもからも認められ、「できる」という実感が直接体験されます。

子どもの特性がスムーズに発揮されやすい活動であるほど、明るい見通しをはっきり持つことができ、それだけに、意欲が目覚め動機づけられやすいと言えます。このような補償的な(弱点を補う)活動に取り組む中で、低い自己概念を高められ、学校生活全般に対する積極的な感情が芽生えます。

つまり、これならやれると自分で予想を立てることができる活動で、成功する機会が増せば、自信は回復され、それは教科の学習に対する意欲的な姿勢を生み出すようにもなります。短所を気にする余り、長所を見逃し、それを生かさせないことにならないよう、十分気を付けなければなりません。子どもに正しい答えを求める立場にある親や教師は、そのような誤りを犯しがちです。

5 能力を超えた期待をしない

既に述べましたように、子どもが抱く要求水準の高さには、勉強における失敗と成功の主観的な経験が大きく働いています。ところで、このような要求水準の設定は、周りの人(特に親)や事態(競争が強いられる学習状況)からの圧力に左右されやすいものです。子どもには、自己の能力を的確に、そして現実的に判断すること、つまり、自己理解が難しいのです。したがって、他者から能力以上の期待をかけられますと、自分が達成できる範囲を超えた高い水準に、非現実的な目標を定めてしまいます。さらに、自信を失いかけている子どもは、そのために、他者からよく評価してもらうように、かえって、力不相応な目標を抱きたい誘惑に駆られることもあります。その結果、自信喪失の深みにはまるのは明らかです。

ここで問題となることは、我が子が他の子よりも一歩先に出ることを望むため、親は、子どもの能力を超えた目標を、知らないままに子どもへ要求しがちであることです。一般に、より高い目標を目指し、可能性に挑戦する努力はよく評価されます。そのため、時には、子どもの能力をはるかに超える期待が、子どもの可能性を引き出すという理由で正当化されてしまいます。親や教師が、やらせればできるという考えに傾き、高い目標を目指す子どもの姿を良しとする気持ちは自然でしょう。しかし、子どもの現実の能力が及ぶ範囲を考慮した期待をしませんと、結局、自信喪失の渦が子どもを巻き込む結果に終わります。

日常の勉強で、能力とかけ離れない期待をかけてやれば、子どもは、そのような目標を目指した学習で、「できた」という期待に応えられた喜びに浸ることができ、自信は着実に根づいていきます。勉強での自己理解も促され、子ども自身、自己の能力により合致する学習目標を立てることができるようになります。もちろん、時折の失敗は、より現実的な要求水準の設定に必要な経験ですが、到達が困難な目標を固定的に期待することは賢明でありません。守備範囲をむやみに広げては、ミスが続出し、守りの自信が失われ、攻撃も生彩を欠きます。可能な範囲で、自己の能力を大いに使わせれば、安定した自信が生まれます。

6 失敗を責めず、努力を認める

勉強が思うようにこなせず自信が揺れ、不安定であるために、地についた勉強ができず失敗を重ねる、という悪循環を繰り返すという状態に悩んでいるのが、自信を失っている子どもの姿です。自信がないため学習から遠ざかり、したがって、ますます勉強に自信を失っていきます。恐らく、家庭でも「できない、駄目だ」と叱られる機会が多いことでしょう。勉強ができない体験が続くことは、成功(うまくなし遂げたい)、社会的な承認(人から認められたい)、新しい経験(新しいことをしてみたい)、優越(人より優れたい)などを求める、いわゆる基本的な要求が満たされない要求不満に陥っていくことを意味します。子どもは不必要な情緒的葛藤に緊張し、落ち着いた気持ちで勉強に身を入れることができません。自分に対する他の人からの評価に過敏な反応を示します。

勉強におけるしくじりを並べ上げ、叱るだけに終わるようではいけないことは、右のような自信を失っている子どもの心理状態を考えれば当然です。親や教師の中には、多少なりとも失敗の恐れがあれば、それは勉強をする上で効果的に働き、子どもが勉強の困難に立ち向い努力する気持ちを引き出すものと考えている人もいます。そこで、子どもが勉強に失敗すると、叱責、叱咤するというわけです。このような態度は、子どもが自分の能力に見合う目標を立て、自信を持って勉強をしている場合にはうまく働くこともあるでしょう。しかし、自信を失っている子どもは、失敗の恐れを強め、不安を高め、やる気を無くするのが落ちです。むしろ、勉強のつまずきに自ら気づくよう、ヒントを示し、時には子どもと一緒に考えてやろうとする余裕が大切です。これならできるという気持ちが生まれれば、自信を回復していくでしょう。

勉強が不完全であっても、少しの努力でも認め、学習へ取り組もうとする意欲を鼓舞してやれば、勉強に自信を失い、劣等感に打ちのめされている子どもをどれほど勇気づけることでしょう。重視すべきことは、勉強で成績をアップさせることよりも、まず、自信を無くしている子どもが、学習活動でそれなりに見せ始める努力です。それは、親や教師の目に止まりにくいかもしれません。満足できないかもしれない、僅かな努力でも認めてやるのです。勉強の成績は、実は二の次でよいと思います。努力を少しずつでも重ねれば、それが成績を生み出すのです。成績を余り気にすると、自信を失っている場合は、かえって努力しようとする気持ちがくじけてしまいます。

7 他の子どもとの無用な比較をしない

勉強で自分が劣っている、あるいは、努力が否定されたという主観的な体験は、競っても及びえない能力のある他の子どもと比較されたり、そのような子どもとの無益な競争を強いられることが原因である場合もあります。いつも比較され、劣ると言われ、自分なりに頑張っても競争に勝つことができず、努力が敗北感に染められるなら、子どもが自己の能力を失うのは当然です。

このような子どもは、挫折感で自信が持てない勉強に対しアレルギー状態にあると考えられます。親や教師のちょっとした不用意な言動が、子どもの心を非常に傷付け、自信喪失の深みに突き落とすこともあります。例えば、授業中、他の子どもたちの前で教師から受ける注意が、大変な衝撃となる場合もあります。

否定的な叱責に加えて、肯定的な励ましを忘れてはなりません。他の子どもたちに比べ、自分だけ褒められない経験は、その子どもには暗黙の叱責(褒められないことは、駄目に通じます)となります。努力をしても超えることができない他の子どもと、比較されたり、競争に駆り立てられると思わせるような、親や教師の言動は、自信を失い気持ちが沈んでいる子どもにとって、乗り超え難い壁を生み出すだけです。自信を持たせることに焦って比較をすれば、劣等感を生む場合が少なくありません。

度々注意をしても、勉強でミスを繰り返す(自信がないため)子どもには、この子は駄目だとレッテルが貼られやすいものです。親や教師は、自分の望む答えを子どもに期待していますから、その期待に違う誤りを重ねる子どもに、何らかの進歩の芽があっても、それを見逃す恐れが十分あります。他のよくできる子どもとの比較も、知らない間に無意識に行われやすいものです。親や教師が潜在的に持ちやすい目標像を、そのような子どもは備えているからです。

勉強に自信を回復させるには、あまり役立たない、むしろ害のある比較や競争を慎むべきだと思います。それよりも、子ども個人の学習の経過を辿り、努力の跡を認め、これまでの自己との比較、競争を促す、いわば、個人内の形成評価的(前と比べ、自分はどれだけできるようになったかを評価する)な指導が大切です。授業で、助け合う小集団活動を通して、個性的に能力が発揮できる人間関係を作るのも重要でしょう。

8 学習習慣や態度を改善し、学力を補強する

勉強の仕方や態度に問題があり、本来期待できる学力が不足し、勉強で一定のレベルの成果を上げることができず、自信を失ってしまう子どももいます。学習の習慣や

態度の問題は、学年が進み、教科学習の内容が増し難しくなるにつれ、ますます欠陥を露呈します。したがって、家庭における、子どもにそぐわない長い勉強時間、成績を上げるために一方的に教えてもらう受け身の詰め込み勉強、予習や復習と遊びのアンバランス…など、学習の習慣や態度の問題点を調べ、その改善を促す指導が必要です。

勉強に自信を失うと、その結果生ずる学習に対する情緒的な緊張から、勉強、さらには生活全般にリズムが崩れ、勉強が計画的にできなくなります。机に向かう気持ちも重いものです。勉強がよく分からないから勉強に手が着けられない、手が着けられないから分からないと言う悪循環が始まり、勉強から目を背けることになります。

そこで、そのような崩れた勉強の習慣を立て直し、態度を変えるための助言をしなければなりません。子どもの能力の実態にふさわしい独自の勉強メニューを計画するよう援助してやるのです。例えば、その子どもの学力に即して、学習の順序や量を決め、小刻みにステップを踏み、分かったら前に進むようなメニューで、一歩ずつ着実に自信の回復を促すのです。

学力の不足に関しては、日常の授業における指導計画や指導法などに改良するところがないかよく検討し、改めるべきところは正す必要があります。学力を補強するため、「できる」という実感が湧き、子どもが意欲的に取り組める補習を工夫することも大切でしょう。一般に、子どもの成長を望み、教える立場にあるものは、自信の速い回復、学習の速い進歩を求めがちですが、性急な期待は慎むべきだと思います。不用意な「速く」ということばかけは、不要な失敗を呼び込むからです。少しでも努力している子どもを、急がず静かに支える心の広さが欲しいものです。

9 子どもへの過保護的な関わりは改める

過保護の養育を受け、依存性の強い子どもは、困難に自信を持って立ち向かう気力に欠けています。困難にぶつかった時に、自ら対決することがなく、他者にそれを取り除いてもらう経験を積み重ねてきているからです。例えば、算数が振わず自信が持てない子どもには、過保護の家庭に育ったものが意外に多いと言われます。算数のような知識の着実な積み重ねを必要とする教科では、少しのつまずきで勉強を放り出していては、学習は進まないというわけです。

新しいことの勉強には、必ず困難が伴います。その壁に阻まれず、それを克服していくだけの耐性を身に付けていなければなりません。そのような力は、日常の生活経験の中で培われるものです。他者の助けを借りず、自らの力で立ち向かえば、最初の挑戦に失敗しても、再三再四挑戦を試みるなら、必ず壁は乗り超えられ、そこには必ず成果があるという、確信と喜びが味わえる経験が大切です。努力すればやがては解決できる程度の難しさの課題を与え、子どもが自ら乗り切ろうとする姿を温かく見守りましょう。

自信を失い、意気消沈している子どもには、感情的にもいろいろ手を貸したくなる気持ちになりやすいものです。しかし、自分が直面している困難を、最終的に自分で解決できたという経験の裏付けがないと、真の自信は育ちません。「かわいい子には旅をさせよ」です。困難に対決する子どもを心で支えてやっても、努力の過程より結果を気にする余り、子どもに代わって親や教師が「旅」をすべきではありません。

10 どの子どもも自信は持てる

これまでは、勉強に自信を失った子をどう指導するかに関して、いくつかの観点からふれてきました。そこで最後に、自信を回復させる指導に際し、取るべき基本的な関わり方について述べておきます。

度重なる「分からない」「できない」経験により、勉強に対する自信をほとんど取り戻せないと思うほどに打ちひしがれ、意欲を完全に失ってしまっているかに見える子どもでも、必ず立ち直り、自信をよみがえらせるという、子ども自身の力を全幅に信頼し、そのような気持ちを実感を込めて、子どもに伝えることが極めて重要です。それには、自信を失っている子どもの心の葛藤の訴えを、真心を持って耳を傾け聴いてやることです。

勉強が思い通り進まないと思っている子どもにとり、学習の時間は、失敗を重ね、他の子どもに引け目を感ずることを避けられない、不安と苦痛におののく、惨めな時間であると言ってよいでしょう。そのような状態に陥っている子どもが自信を回復するためにまず必要なのは、その心の葛藤を解きほぐしてくれる、温かい人格的な関係です。このような心の支えは、子どもが失敗にもめげず、勉強に取り組もうとする気力を生きかえらせます。

また、単なる叱咤激励ではなく、子どもが、自分自身に積極的で肯定的な感情を抱くことができるよう、失敗を成功に生かし得る方向づけについて援助してやることが大切です。子どもが、勉強に自信を失っても仕方がないような状況にあることを、その子どもの身になり共感的に理解してやり、困難に対決する積極的な努力は必ず報いられるという体験をさせると共に、誠意を持って、子どもの失敗や自信喪失の状態を心にかけている者がいることを実感させてやるのです。

子どもは、必ず自ら自信を回復させる潜在的な可能性を持っており、そのような可能性が現実に発現されるように、子どもを援助する人間関係を作ることが、「勉強に自信を失った子」の指導において欠かすことのできない前提なのです。

（『児童心理』第35巻　第4号、金子書房、1981・4　pp.135～141）

第9章

仲間を作れない子の教育相談

子どもの心の成長に仲間は欠かせません。仲間を作れない子どものタイプ別に、助言、指導のあり方を取り上げてみます。

1 子どもの成長に欠かせない仲間

子どもは、もともと社会的な存在です。他の人間と全く関係を断ち、孤立する状況を好んで求めるなどは考えられません。いわば、集団欲とも言えるような強い要求を持っています。しかし、社会的離乳ということばが示しているように、子どもが成長する過程では、この集団欲のような社会的な要求を満たす対人関係で、対象の重みは変わっていきます。子どもは、成長するにつれ、次第に親に対する依存、従属の関係を弱め、遊び仲間(以下、仲間とします)との情緒的な結び付きを強めていきます。生活の場が広がり、家庭の外に向かって経験が繰り広げられるようになりますと、子どもの興味の焦点は、家庭の生活から仲間との生活に合わされるようになっていきます。

このような年齢に伴う推移は、毎日の生活の大半を仲間と一緒にいろいろな活動に没頭している、子どもの精力的な集団行動の姿にはっきりと読み取れます。仲間との生活は、子どもにとり最大の関心事であり、子どもの生活態度や行動に大きく影響します。仲間に対する忠誠は、親や教師へのそれに優先するほどになり、仲間を作ろうとする子どもの気持ちは、非常に強いものとなってきます。これが子どもの本来の姿です。

仲間という横の人間関係でも、子どもは、自由、対等の立場から、協力と競争、親和と対立などの経験を通し、いわゆる基本的な社会的要求を充足すること、あるいは抑制することを学び、社会人への成長の道を歩みます。仲間との集団生活は、各々の子どもが、独自の要求の構造を作り、その満たし方を身に付ける社会的適応の型づけ、さらには人格を形成していく上で、とても重要な作用をしているのです。

仲間は、子どもの望ましい社会的な成長に欠かすことのできない存在です。裏を返せば、いろいろな変化が起こりうる成長の時期に身を置き、何らかの原因で仲間を作れない子は、人格形成の上からも、非常に好ましくない状況に追い込まれていると言えましょう。

仲間を作れない子は、そのために仲間を作れない事態にはまり込むよう拍車を掛けられます。仲間から相手にされないため、ますます無口になり、引っ込み思案に陥ります。仲間から排斥されるがために、無理して仲間に加わろうとし、一層嫌われるようにもなります。友人関係におけるこのような持続する悪循環は、子どもの社会的な適応を困難にし、心身の発達に好ましくない痕跡を残すだけに、その助言、指導（教育相談）の役割はとても大切です。

2 感情的な結合は仲間を作る土台

仲間を作れない子のために、教師や親が、その子を仲間にするよう他の子を単に言い含めても、一般に、仲間としての受け入れは歓迎されると言えませんし、余り長続きするものでもありません。仲間を選び、あるいは、退ける特権は、もともとこの時期の子どもの手中にあります。したがって、仲間を作れない子（このことは仲間にされない子に通じます）の教育相談では、仲間を作る基本的な条件を的確に押え、これらの条件がよく働くような状況を、子どもが自ら日常の生活場面に作り出せるよう援助することが大切です。

ところで、これまでの研究で明らかにされているところによりますと、子どもが友人関係を結ぶ基盤は、感じがよい、おとなしい、快活、明朗、親切、優しいなどの感情的な結合だと言うことです。そして、低学年では、住所が近い、通学路が同じ、教室で席が近い、一緒に遊ぶなどの単純な外部的な事情が、高学年になると、勉強がよくできる、頭がよい、正直だ、協力的だ、気が合う、興味が一致するなどの内部的な条件が、友人を作る土台である感情的な結合の支柱となる、と言われています。

一方、相互に好感を抱き、友人として遊んでいる子どもたちについては、互いに接触する機会が多く、生活年齢、知能年齢、学業成績、運動能力などの心身の発達程度が似たレベルにあるという結果も報告されています。

これらの実態は、子どもが自発的に仲間を作るよう援助する教育相談に、大切な示唆を与えています。つまり、感情的な結合を基とし、近接と類似の原理を活用する指導方針です。しかし、望ましい人格形成を目指す教育的な視点からは、これだけで事足りません。他の子と接触する機会を作り、興味や要求が多様となるよう促す働きかけも大事ですが、また、学力や興味などを補い合い、生かし合う相補の原理も、仲間を作る指導に取り入れ、互いに支え合う人間関係を生み出す助言も重要です。同時に、仲間を作れない状況をもたらしていると思われるその他の条件(子どもの性格、親の養育態度、教師や友人の態度など)の改善を相談上図る配慮も、もちろん怠ってはなりません。

3 仲間を作れない子のタイプ

では、どんな子どもが仲間を作れないのでしょうか。一口に仲間を作れないと言っても、その原因や契機はいろいろありますが、例えば次の場合が考えられると思います。

①仲間を作ることを自ら避けてしまう——行動は目立たず、自閉的で、他の子に興味を示しません。集団の活動から退いており、他の子に存在を無視されています。

②仲間を作ろうとする気持ちはありますが、受身である——気持ちの表現が控え目で行動に移す力が弱いのです。内気ではにかみやすく、自信に欠け、積極的に集団に入れません。集団生活に興味がない印象を与え、他の子に見落とされがちです。

③ 仲間を作ろうと積極的に行動するが退けられる――他の子と遊びたい気持ちはあります。ただ、仲間に入りたい気持ちの表現が拙いため、他の子に受け容れられず、あるいは、拒まれていると思い不本意に孤立してしまいます。

④ 明らかに嫌われている仲間として拒否されてしまう――いやがらせや弱い者いじめをする、自分勝手で決まりを破る、騒々しくて大げさである、けんかを仕掛けたり告げ口をするなど、他人を困らせ注目を引こうとします。

①と②は、積極的に仲間を作りたい気持ちが欠けているかに見えるタイプであり、③と④は、仲間に入りたい気持ちの表現が不適切なタイプと言えましょう。いずれにせよ、これらのタイプに見られる行動特徴は、仲間を作りたくても作れない子が、自らその問題自体を訴える一種の非生産的な解決策としての症状であるとみなす、臨床心理的な観点が必要です。仲間を作れない子が示す、社会的な適応上の不適切な行動傾向は、仲間にされないことの原因であるよりも、むしろ、その結果である場合が多いといっても過言でありません。

どの子どもも持っているいわゆる心理的な要求は、互いに密接に関連し合っています。したがって、仲間を作れず、その集団の一人としての確かな位置を占めていたいという所属の要求を満たせない子は、他の子に好かれ他の子と親しく交わりたいという愛情の要求や、他の子に認められ理解されたいという社会的承認の要求なども充足できません。

そこで、仲間を作れない子は、所属感を失い、絶えず不安定な気持ちに襲われ、言い知れない劣等感に苦しむ状態に陥ることでしょう。さらに、相互に関連している、いろいろな要求を満たせない経験を味わいますから、例えば、反抗的な態度を取り、攻撃的な行動に出るようにもなるでしょう。このような経験は、仲間を作らない限り繰り返し積み重なり、その過程で生じてくる自己概念は、決して好ましいものではありません。そのため、社会的な適応は悪くなり、ますます他の子に仲間にされなくなります。自信を失い、自尊心が傷付くのも当然でしょう。

4 仲間を作れない子に対する助言、指導

では、仲間を作れない子の教育相談はどのように行ったらよいでしょうか。前に述べました基本的な観点を前提として、助言の仕方について考えてみましょう。

① 仲間を作ることを自ら避けてしまう子の場合——少なくとも意識の面では、他の子と仲間になろうとする意欲に欠け、あるいは、一緒にいることに抵抗を感じ仲間を作ろうとしません。

身体が強くないため、体力が劣り、気力も振わず、集団に入ろうとする積極的な気持ちが湧かない子には、身体の状態を配慮しつつ、その折々の状態に見合った運動を促すなど、体力の増強や気持ちの外向化を図らせます。そうすれば、気力も付き、他の子と交わろうとする意欲も湧いてくるでしょう。

集団の場面で何か心がひどく傷付く外傷的な経験をしていると、それがしこりとなり、どうしても集団に加わることにおじけづき、避けてしまいます。心理的な圧力を感じさせないような和やかな雰囲気を持つ小集団で、本人の存在が認められるように援助し、楽しい経験をさせるのも一つの方法です。

他の子と一緒に行動すれば、時には思い通りにならない場合もあります。そういう困難に耐える力の弱い子は、折角の仲間ができる事態から逃れてしまいます。溺愛や過保護などの養育態度が、原因となっている場合が多いようです。親に態度の改善を求める一方、徐々に適度な強さが増す困難を経験する機会を与え、自分の力で困難を乗り超えていく力と自信を付けてやる必要があります。

② 仲間を作ろうとする気持ちはあるが、受身である子の場合——他の子と仲間になりたい意欲は人並あるけれど、いざその場になると不安が先行したり、自己本位であるためなどで、積極的に仲間を作ることができません。

身体の健康がすぐれなかったり、運動能力が不十分であったりすると、遊びに必要な技能を身に付け難く、自信が持てず、遊びに引っ込み思案となり、他の子と接する機会を失います。健康の回復を図り、適宜に運動に親しませ、自信を抱かせるのが第一です。

心身のある特性が劣っている(そう思い込んでいる場合が多いのですが)ために、引け目を感じ、他の子と積極的に交われない場合もあります。このように、劣等感にわざわされ仲間を作れない子には、癌とも言える劣等感を払拭させる助言が大切です。能力にふさわしい要求水準を持たせる、得意な面を引き出し他の子に認められるようにする、失敗を思いやりいたわる、自分への不必要なこだわりを捨てるよう仕向ける、などの配慮により、自信は取り戻され、積極さや明るさが蘇えるでしょう。

親の過保護による分離不安（親の子離れできない気持ちの反映も少なくありません）があったり、他の子と遊ぶ機会が少なかったため、遊び方が十分分からず下手であると、他の子の遊びについていけません。家の中で気ままに遊ぶのに慣れていると、外で他の子と遊ぶのが面倒になります。親の養育態度を改めるよう助言する一方、年齢相応の遊びをできるだけ身に付けるよう援助し、他の子と積極的に遊ぶ機会を設けることが大切です。

自分と関係があると思えば、一生懸命になり、そうでないと一向に関心を示さない自己本位な子には、他の子はそっぽ向きます。家庭のしつけの改善を求める一方で、分担した役割を果たさなければならない活動を与えて、他の子と一緒に活動することを楽しむ喜びを味わわせるなどの配慮をします。

③ 仲間を作ろうと積極的に行動しても退けられる子の場合——他の子と接する機会を捉え、仲間になろうと自発的に働きかけるのですが、行動や性格が受け容れられず、また能力や興味が合わず、その努力が報われません。

小さい時から、子ども同士で遊ぶ経験が乏しかった子は、遊びに不慣れで、他の子と遊んでいても、我を張り続けたり、遊びの技能が拙かったりします。また、親の養育態度から、情緒的に未成熟な子は、他の子に対しわがままを言ったり、すぐ膨れるなどして衝突します。そのために仲間外れにされやすいのです。②の場合と同じように、遊びの技能や方法を学ぶ機会を作り、親には望ましい養育態度を取るよう助言する必要があります。

心身の発達の程度や特性などが、集団の他の子のそれに似ている面が少ないと、違うという印象を与えたり、活動を他の子と共有し難く、仲間を作れません。集団自体の特性に、子どもの社会的な受容が左右されることもしばしばあります。子どもの特性が生かされる集団への参加を促す援助も大切でしょう。

仲間を作るのに有利な行動特徴も、時にはマイナスに働きます。仲間になりたい一心から、他の子どもに喜ばれようとして、その特徴を過度に発揮する子は、かえって退けられます。度が過ぎると、陽気は軽卒に、親切は世話やきに、まじめは融通がきかないと取られます。自分の行動が、他の子にどう受け止められるかを知る力を付けるような指導が重要です。

④ 明らかに嫌われ、仲間として拒否されてしまう子の場合——活発に他の子と交渉を持つのですが、嫌われる働きかけをしてしまい、仲間を作れません。集団はそのような子を防衛のために仲間に入れまいとして、拒否してしまいます。そこで、まず、嫌われる特性の改善を促し、好感を持たれる行動特性を育てる助言が大切です。そのためには、仲間が作れない状況と嫌われる特性の相互形成的な悪循環を断つことです。いくつか例を上げてみます。

弱い者いじめは、自分より力の弱いものを攻撃することにより劣等感を解消しようとするもので、卑怯な行いであるだけに嫌われます。ものごとに自信がなかったり、満たされない思いが重なって、その心のうっ積から、攻撃的な態度に出ていることもあるわけですから、劣等感を刺激せず、自信を持つことができる面を見つけてやり、それを集団の中で発揮するよう仕向け、他の子に認められる経験をさせましょう。また、強く満たされない思いは何であるか、子どもの立場から理解してやり、その思いを適度に満たしてやることも大事です。

決まりを守らない子は、他に迷惑になり、他の子に嫌われます。しつけが一貫しておらず、生活習慣が乱れていることが、原因である場合もありますが、劣等感や反抗心から、わざと決まりを破る行動に出ることもあります。やりこなせることができ、そして、集団に欠かすことのできない役割を与え(役割加工とも言います)、仲間に必要な一人だという自覚を持たせ、決まりを守ることにより、他に存在を認められる体験をするよう促します。

協力しない子は、集団の和を乱すため、他の子に拒まれます。思い通りにならない、他の子に認められていない、自信がないなどの原因によるものと思われますが、本人の特性が発揮でき、興味を持つことができる仕事で、また協同的な競争(班別競争など)を活用し、協力する行為を他の子の前で認め、仲間に評価されるよう配慮します。仲間を作る上で妨げとなる、その他の行動を示す子についても、集団場面で、その行動の改善に成功させる働きかけを中心に援助し、同時に、しつけの上で親に協力してもらうことが大切です。

5 子どもの社会的共感の能力を育む

自発的に形成され、非形式的で自由、対等を特質とする遊び仲間との生活は、それが健全なものである限り、子どもの人格形成に極めて滋養分の多い栄養を与えます。この意味において、仲間を作れない子は、教育的にも非常に憂うべき事態に身を委ねているのであって、そのような状況からの脱出を援助し、望ましい仲間作りを促すことは、教師あるいは親にとり、非常に大切な仕事であることを、ここで改めて認識しておきたいものです。

これまでに述べてきました、仲間を作れない子の教育相談における助言、指導のポイントは、次のようにまとめられるでしょう。

① 相互的な好感関係を生み出しやすい基本的条件を助言、指導に生かす。
② 他の子が受け容れたくなるような行動様式を学習する仕方を教え、動機づける(受け容れられていない子に好ましくない特性があっても、好ましい特性で補われます)。
③ 他の子に好まれ難い行動様式を取らないよう助言し、思いやりのある援助をする。
④ 長所を見つけ(排斥や無視されている子では、好ましい特性があっても、それは好ましくない特性で見失われてしまいがちです)、評価し、伸ばし、他の子に認められる体験をさせ、自信を持たせる。
⑤ 子どもたちに信頼され人望のある教師となることに絶えず努め、孤立している子の集団に対する僅かな貢献でも認める(このような教師が認めれば、仲間を作れ

ない子に対する他の子の評価は高まり、集団の一員としての自覚もできます）。
⑥遊びの機能を、多く身に付け、高めるよう援助する（子ども相互の接触の大半は、遊びにあります）。
⑦評価が偏らないように留意し、協力し助け合う集団作りを指導する。
⑧家庭における人間関係などの在り方につき、親に助言する（家庭における行動様式は、家庭外の対人関係に持ち込まれます）。
⑨他の子に受け容れられ難い行動様式を、早く見つけ気づかせ、その改善を図る（教師や親は、子どもが孤立してしまって、初めてその不適応に気づきがちです。孤立は執拗に悪循環します）。
教師には、「子どもが個人的、社会的適応に成功するよう集団を運営する、治療家としての役割がある」と言われます。子どもの社会的適応には、集団の中で自己の役割と地位を正しく認識し、相互に友好的な関係を形成していく力、つまり、社会的共感の能力を欠かすことはできません。仲間を作れない子の教育相談で目指すところは、この社会的共感の能力を育むところにあるのです。

仲間を作れない子が、他の子と一緒に遊ぶことができ、いろいろな活動をするようになれば、それで良いというわけではありません。「社会的受容と、健全な個人的、社会的発達とが歩調を合わせる時にのみ、社会的受容は、すべての子どもがそれを得るために努力する目標となる」という指摘は、仲間を作れない子の助言、指導において、第一に考えなければならない重要な示唆を与えています。（本稿では、精神的な障害

があるために仲間を作れない子については、専門家による心理治療を必要とするものとして、取り上げませんでした）

（『児童心理』第32巻　第7号、金子書房、１９７８・７　pp.１６０～１６５）

第10章

子どもの訴えを生かす生活指導

気になる行動で大人に訴える子どもの心の機制を正しく、
温かく理解することは、生活指導の出発点となります。

1 生活指導の重要性を認識する

校内暴力、登校拒否、家庭内暴力やその他のいわゆる問題行動が、子どもに頻発する最近の現実は、学校や家庭における教育の在り方に対し、大きな問題を投げかけています。言うまでもなく、教育の仕事は、個々の子どもが持つ独自の発達の可能性が、全人格的に最大限の発現を遂げるよう助成的に働きかけをすることにあります。しかし、今日のような子どもの問題行動に見られる顕在的な実態と、それから推測される病的で潜在的な力動を考えると、教育の重要な目標の実現を阻む状況が生じており、日常の教育指導について再考、改善が迫られていると言えましょう。

子どもは、心身の仕組みや働きが発達の途上にあるため未完成であり、その行動が、子どもを巡る環境、特に人的な環境の条件に左右されやすい存在です。したがって、子どもの成長を助長する仕事に意図的に関わっている人々が、程度こそさまざまであれ、人格の未熟さや歪みに悩む子どもたちを生み出してきた教育指導の在り方について、責任を問われても致し方がないと思います。

いわゆる生活指導では、個々の子どもの望ましい人格形成のために、具体的な生活の中で、ものの見方や考え方、行動の仕方などについて、子どもの自発性と自律性を重視した指導が目指されます。しかし、自らの解決が困難な問題を抱きかかえるために、人格の円滑な成長が妨げられている子どもたちの姿に直面すると、教育の現場において、果たして生活指導の本来の機能が十分に発揮されてきているのか、疑問が生じないわけでもありません。同時に、このことは、子どもに対する生活指導の関わりの重要性を改めて認識させ、形式上、教科の教授に多くの時間が割かれる学校の教育指導において、その根幹に生活指導を据えるべきであるという、本来的な必要性を示しています。

2 子どもの訴えの心的な機制を洞察する

このように重要な生活指導を有効に進めるには、子どもが、日常の生活で、何をどのように訴えているのか、その本質的な心の機制を正しく理解しておくことが不可欠です。一般に、わたくしたちの行動は、それが適切であれ、不適切であれ、要求の満足を求める生理的、あるいは心理的な力動が複雑に連続して展開するものであり、そこに一定の限界を越えた歪みが生ずると、問題が発生します。子どもとて同じです。

この事実について、はっきりと認識しておくことが大切です。

例えば、A男(中2)は、体力の不足を気にし(本人が主観的にそう思ったに過ぎません)、体力を強めるためにクラブ活動でサッカー部に入り、猛烈な練習に熱中した挙句、体調を崩し、それがきっかけで登校できなくなってしまいました。しかし、この場合、クラブ活動への積極的な参加という見掛け上好ましい行為が、体力の消耗で登校不能という結果をもたらした点に問題があります。

ところが、A男は、一方で、それまで完全に占め続けていた学業成績におけるトップの座が揺らぐ事態に襲われていました。そして、これまでの栄光ある経歴ゆえに、自分が独占してきた座を、他の子どもに譲り渡すのは耐え難い敗北でした。そこで、このような状況に陥る可能性が増すにつれ、敗者となることを恐れる不安が増幅してくる緊張に悩まされ、この情緒的な混乱を直接経験しなければならない学校場面を回避するために、自ら登校できない現実を期待して作り出していったのです。

つまり、当初の表面的な目的と違う結果をもたらした、クラブ活動への激しい熱中振りの背後には、学業では絶対他者に優越していたいという要求の異常な高まりが、一つの心理的な力動として存在していたのです。クラブ活動への過度な専心により必然的に登校不能の事態に陥ったのは、優越を維持し難いという不安を避けるための、歪められた努力の訴えであったと言えます。

個々の子どもの行動様式を特徴づけるものは、子どもが持っている、要求体系の構造や要求充足の方法における独自性です。その子らしい要求の作りと満たし方です。

そして子どもが、親や教師に問題と思わせる行動に出る場合、これまでの不適切な生活経験の積み重ねにより、自己の要求体系の構造に生じている不均衡や(例えば、異常に他の子より優越したがるなど)、要求充足の方法の拙劣さのために(例えば、とにかく他の子の目につく行動に出るなど)、困惑、苦悩していること、言い換えれば要求不満に晒されていることを、例えば次の例のように、その子どもは訴えているのです。

B子(小6)の訴えは、学級の子どもたちにいじめられるから、転校してきた新しい学校に行くのが怖いということでした。教師の話では、授業中に手を挙げ過ぎたり、学級で自ら役割をやたらに買って出るなどのB子の言動が、他の子どもたちの反発を生んでいるものと思われました。B子の積極的な言動自体にも、他の子どもたちに新参者のでしゃばりという印象を与える面がありました。

しかし、B子の過ぎた積極性は、新しい学校への単なる不適応とはみなせない、深刻な原因を潜在させていました。家族間の複雑な力動が絡む、父親のB子を全面的に拒否する態度が、B子のこのような行動を作り出していたのです。家庭における、愛情、所属、承認などに関する極めて強い要求不満による異常な情緒的緊張を、学校で他者の目にとまりやすい積極的な行動で解消しようと努めていたわけです。子どもが示す見掛けの表面的な言動自体に目を曇らされず、その背後に潜んでいる真の訴えを洞察することが、生活指導では非常に大切なのです。

3 子どもの訴えを正しく温かく捉える

生活指導の機能は、学校教育のすべての場面で作用しなければならないものである以上、子どもの訴えを生活指導に適切に生かしていくには、日常、教育実践の展開されるあらゆる場面で、子どもの訴えを、正しく、温かく捉え、指導に結び付けなければなりません。教師のこのような姿勢は、子どもの理解に立つ生活指導の出発点なのです。

さて、教師が子どもの訴えを積極的に捉えようとする時に、二つの立場が考えられます。その一つは、客観的な姿勢をできるだけ保ち、学校における子どものいろいろな活動場面を利用して行う観察や調査、さらに、いわゆる心理検査等により、子どもの能力、性格、興味、希望などの比較的外部に現れやすい諸特性を捉える過程で、子どもの訴えるものを理解していこうとする場合です。教師が、感情的な色彩のない透明な目と透徹した耳で、子どもの訴えを理解することは、子どもの現実の姿を誤りなく認識し指導をする上で重要ですが、それだけでは必ずしも十分とは言えません。

以前に、新聞紙上で世間の人々を驚かす非行を級友に対して犯したC、D、E男(中3)の場合、教師による日常の行動観察や質問紙法を使用した性格検査などの結果では、学力がかなり低い事実を除けば、問題性は何も見当たらないと判断されていた子どもたちであったということです。つまり、この子どもたちの言動からは、教師の目に映っていた限り、全く予想し難い問題を突発させてしまったわけです。これらの子どもたちが非行に走らなければならなかった、屈折した心の葛藤を、教師に訴えるだけの場がなかったものかと悔やまれるのです。

客観的な理解の立場では、子どもを捉える対象として、できるだけ冷静に見据えようとする構えが前面に出ます。したがって、子どもとの間に温かい人格的な交わり合いが醸成され難いのです。教師が、このような態度に偏って接する機会が多ければ、子どもは、自分の言動をいわば厳正に評価しようとする教師に対し、心の深奥までさらけ出し困難を訴えることはしにくいでしょう。

そこで、生活指導では、子どもの訴えを温かく捉えることができる共感的な理解の態度が、極めて重要な意味を担ってくるのです。教育は、子どもに人間としての成長を促すことを目指し、人間的な交わり合いの中で展開される営みです。そして、教師が、子どもの心の姿を、自分自身のそれのように感じ取り、思いやる態度は、子どもとの間に、信頼に基づく教育的な関係が成り立つための必須な条件です。

さらに、このような共感的に理解しようとする態度こそ、子どもと教師の人格的なふれ合いを深化させ、子どもの人格全体に対する援助である生活指導を促進するものなのです。生活指導で根本的に大切な点は、子どもも教師も同じ人間であるがゆえに、相互に共感し、理解し合える心の基盤を共に持っているという事実を、はっきりと認識していることでしょう。

教師が共感的に理解しようとする姿勢に立ち、自己の人間らしさそのものを子どもにぶつければ、子どもは、それに応え、自分自身を開き、自己の問題をありのまま訴える人格的な接近を求めてくるでしょう。先に述べました非行に陥った子どもたちも、共感的な雰囲気の中で、教師と率直に人格的なふれ合いができる状況にあったなら、そのような社会の人々の指弾を受ける拙劣な手段に訴えず、自分たちの問題を解決できる方途を自ら見い出し得たかもしれないのです。

重ねて強調しますが、生活指導では、子どもの訴えに対する共感的な理解を根底に置き、子どもの自己指導能力の獲得を助けるべきなのです。それには、日常の教育活動の中における、子どもに対するいわゆる教育相談的な関わりが大きな役割を占めてきます。

4 子どもの訴えを指導に生かす

既に述べてきましたように、生活指導では、子どもの外部に現れやすい顕在的な言動の背後に潜んでいる心理的な力動を正しく捉え、それを温かく理解することが大切ですが、もちろん、それは実際の指導に生かされなければなりません。次の例は、子どもの訴えを指導にどのように生かすかについて、その一端を具体的に示していきます。

F男(小4)は、授業中に他の子どもの機先を制する発言(教師の発問に対する回答や、教師への質問)が多過ぎ、学級の子どもたちの強い反感を浴びるようになっていきました。F男に対する教師の指導は、残念なことに、迷惑を他に及ぼす子どもの言動を単に制止することに終始しており、その域を出るものでありませんでした。そのような教師の努力にかかわらず、F男の行動には改善の兆しすら見られず、むしろ、その問題性はエスカレートの途をたどっていきました。

F男は、知能、学力共に学級で群を抜いていました。この問題では、自己の能力を一方的に発揮し過ぎたため(結果的にそうなのですが)、教師に発言を制せられ、他の子どもに非難され、それが行動の問題化に拍車を掛けてしまった面があるのです。少なくとも、このような授業経験では、能力を思うように発揮できない、学級に受け容れられないなど、基本的な要求の満足が阻止されることによる情緒的な緊張は避けられず、F男は、心理的な不安に悩まされているものと思われます。

生活指導の上では、F男が、あえて他者に否定され、自己に不利益をもたらす行動に出るまでも訴えている心の力動につき、教師の温かい賢察がまず必要なのです。その上で、子どもの知的な個人差を留意し、その特性が積極的に生かされるよう指導することが大切です。

例えば、能力にふさわしい学習メニューを用意し、適切に知的な意欲を満足させる、遅れている子どもの学習を助けるよう仕向けて、利他的に能力を発揮する喜びを体験させる、学級に役立つ仕事をさせ、他の子どもたちに受容されるよう促すなど、指導上試みるのです。もちろん、親和的、開放的な人間関係を育むために、教育相談的な関わりによる個別指導を忘れてはなりません。子どもの心の奥からの訴えを心から理解し、それを生活指導に生かせるからです。

もう一つの他の例を挙げてみます。G子(中2)は、やむを得ず授業中に眠ってしまい、教師に「眠っていては成績が落ちても仕方がない」と叱責されたことを級友に笑われ、それを契機に登校を渋るようになりました。後日、同じクラブの子に励まされ、全校ハイキングの日にやっとの思いで登校しましたが、「こんな時にしか出てこない」という教師の不用意な言葉で、再び登校を拒むに至りました。学級会でも、G子に学級としてどう働きかけていくかについて、自発的に自主的な話し合いが行われましたが、結局は、級友の配慮に応えられないG子に反省を迫る批判に終わっています。

G子の学力の低下や授業時における居眠りは、病気の母親の看護とそれによる心労を原因とするものでした。G子に対する教師の関わり方、級友の働きかけ、いずれにも問題があることは言うまでもありません。G子は問題とされている行動で、むしろ、かなり重荷と思われる家庭(母子家庭)の困難に対し、懸命に取り組んでいる努力を訴えていたともみなせるのです。

子どもの言動に対する表面からのみの良しあし評価的な接近は、教師であるがために陥りやすい過誤です。教師は、この点絶えず自戒をしなければなりません。母親の病気という困難事に立ち向かっている健気なG子の姿勢を認め、学校における活動でも、状況が許す限り頑張るよう励ますべきなのです。

G子が、特別活動(クラブ、全校ハイキングなど)への参加をきっかけに、学校へ復帰しようとしている訴えを、見落としてはなりません。これらの活動では、教科活動と比べ、子どもの個性や興味が開放的な雰囲気で生かされやすいからです。

学級会のような集団の作用を生かす集団指導も、生活指導で十分に活用されるべきで、集団に受容的な雰囲気が育ってくるよう、教師の指導が大切です。それには、集団を構成している子どもたちに、相互に相手の気持ちを思いやる態度を培う必要があります。そのような集団の一員となって、子どもも進んで自己の問題をありのまま訴え、他の子どもたちから助言を得られます。また、他の子どもも、その子どもの訴えに対し、役に立つ意見を述べることができるのです。

5 感受性、共感性、一貫性を大切にする

標題の内容について、これまでにすべてを論じ尽くしたわけではありませんが、本稿を閉じるに当たり、「子どもの訴えを生かす生活指導」を実践する上で、教師として欠かすことのできない重要な条件について述べておきます。

教師は、まず、子どもの心を温かく感じ取る豊かな感受性と安定した寛容性を自ら培うよう努める必要があります。次いで、個々の子どもに対し、変わらぬ誠実さ、深い関心を失わないことです。また、子どもの訴えを共感的に理解し、積極的に受容する態度を持ち続けることが大切です。さらに、子どもが発達の可能性を潜在させている存在であることを信頼し、その発現を促す働きかけに心掛けることです。

そして、明確な指導目標を掲げ、教師間の連携を密にして、一貫性を失わず、指導を実践すべきです。教師と子どもとの間に温かい人格的な結合を確立することは、全人格的な陶治を目標とする生活指導のスタート点となることを忘れてはならないと思います。

(『児童心理』第35号　第10号、金子書房、1981・9　pp.99~103)

第11章

生徒の悩みを心から耳を傾けて聴く

生徒の悩みを心から耳を傾けて聴くことは、
生徒との間に信頼に基づく人間関係を生む上で欠かせない条件です。

1 悩む中学時代の子ども

ある調査によれば、「悩みや心配なことが起これば、誰と話し合うか」の問いに対し、中学生では、身近な存在と考えられる教師を相談相手とする場合は、10〜20パーセントと非常に低率を示しています。中学生の「心の悩み」が教師に捉えにくい実態が垣間見られます。

本稿では、このような実態がなぜ生ずるのか、それを解決するために、教師にどのような姿勢が求められるかなどの問題について述べてみたいと思います。

自分や自分の周りの状況に、気懸かり、不安、恐れなどの原因があるのに、それを取り除く手立てや仕方を見つけることができないため、心が安定を欠いている状態が悩みです。中学時代の子どもは、このような状態に陥りやすく、むしろ、多かれ少なかれ悩む状態の渦中にあるのが中学生であると言えます。

中学生は、子どもから大人へと移っていく、子どもでも大人でもない、つまり、どちらでもない、いわば、「中ども」とでも言うべき存在です。そのため、中学生は、心の極めて安定を欠く生活をしています。小学生の扱いをされず、ものごとを自分でしたく思いつつも、自分でできるかどうか不安で、大人に頼りたい気持ちに襲われ、この二つの相反する心に揺れ動く時、悩みに陥るなどは、中学生の悩みの典型です。中学生は、子どもと大人の境界をさまよっているために悩むのであり、教師は、中学時代の本質が「悩む」であることをよく認識する必要があります。

2 中学生が悩む心の内側

大人への第一歩を踏み出した中学生は、それゆえに、大人に指示されず、ことを自ら選び、決め、行うことを目指しますが、未熟であるため、それは思い通りにできません。自らそうと望みながら、不安が伴います。時には、自らの試みを大人から否定されます。ここに、中学生特有の心の葛藤が生まれます。

悩める中学生をよく理解するには、このような中学生の心の内を知らなければなりません。中学生は、なぜ不安に心が揺らぎ、悩むのか、そのわけ、つまり、悩む心の力動を正しく捉える必要があります。

中学生になる頃から、生徒は、次第に自己について問い、考え、批判し、心の内側に目を向け始めます。主体性を自覚し、それは強い自己主張となって現れます。大人に対しては、以前と異なり、激しく反発し、嫌悪の気持ちさえあからさまに示します。

これは、中学生の自分自身への目覚めと言えましょう。

中学生は、このように、自分に目覚め、自己を主張する傾向を強めてくるがゆえに、身の周りの状況についても、自分の考えに合う部分のみ取り上げ、それをもってすべてとしやすいのです。したがって、自己流の考え方からはみ出すものは、いずれも除いてしまうことにもなります。中学生が、ものごとに、あまりにも単純に、あるいは、性急に割り切って関わる態度を取るのはそのためです。

しかし、現実の身の周りの状況は、さまざまな条件が複雑に絡み合っており、簡単に捉えられるものではありません。そこで、中学生の身の周りに対する関わりは、円滑に進まず、時には納得し難い外部の抵抗に合う結果となります。

しかも、この主体性や自己主張は、教師から促されるものでありながら、現実には、そのまま受け容れられません。ここに、中学生が、不満、憤り、苛立ちの感情に揺さぶられ、悩む一因があるのです。

3 中学生が悩むこと

個々の中学生の悩みは、さまざまですが、それらには時期的に共通な点が見い出されます(進路の悩みなど)。教師が生徒の悩みを理解するには、そのような共通性、言い換えれば、中学生の悩みの特有さを知っていること、つまり、中学生は何を悩むかについてよく認識していることが大切です。

身体の成長が急激に生ずる中学生の時期では、特に性的な成熟に著しいものがありますが、生徒は、このような身体の急速な変化にと惑います。性に目覚めても、それをどう受け止めるべきかよく分からず、恥かしいから相談もできず、一人で悩むことも少なくありません。

大人への道をたどり始めた中学生は、必然的に従前の自分を否定し、新しい自己を作り上げていくことに努力を傾けます。しかし、自我が未熟なため、目指すべき目標をはっきり定められません。そこで、不明確さの中に浮遊する自己に悩むことになります。

友だちと自分を比較し、現実の自分を不満に思っているがために、自分が友だちに劣る点に過敏となり、劣等感から苦しむ機会も少なくありません。自分を制約すると感じられる大人に、反発し、一人立ちしようとする気持ちと、そうすることに何となく自信が持てず、頼りたいと言う気持ちの間を、行きつ戻りつし、自己矛盾に悩む場合もあります。

成長を熱く目指す中学生は、自己の心身の現状に満足できず、そのため、自己を厭う、暗く沈んだ気持ちに陥ることもあります。このような自己嫌悪の感情は、中学生に共通する悩みを生みます。

中学生が悩むことをこのように捉えてみますと、自分自身についての考えがはっきりでき上がっていない姿を中学生に見ることができます。自分の中に安定した自己に関する像ができ上がっていないため、その不確実さから不安に絶えず晒され悩むのであるとも言えましょう。

4 中学生の悩みの理解の難しさ

中学生の「心の悩み」を理解するには、既に述べてきました、悩む心の内側(なぜ悩むか)や悩むこと(何を悩むか)についての知識を欠かせませんが、このような悩みの理由や内容を知っていたとしても、個々の生徒の悩みを真に分かることは、教師にとってなかなか難しいのが現実でしょう。

中学生の悩みが具体的な行動に現れるとすれば、そのような行動の多くは(例えば、無口、無愛想、無視、反発など)、教師の目には、気になる、受け入れ難い問題として映りやすいのです。それは、教師が、生徒に対し、あるべき姿を絶えず望み、関わろうとする姿勢を取る立場にあることにもあるのです。

したがって、教師が生徒の悩みに関わるに際し、それをあるがままに温かく受け容れる態度を取ることは難しくなります。教師が、むしろ習慣的になりがちな、評価的なまなざしを浴びせては、生徒の心はかたくなに閉ざされてしまいます。悩みは元来心の内のことで、生徒がそれをありのまま打ち明けて語らなければ、本当のところは分かりません。

悩むゆえに、それを心から聞いてもらいたく望みながら、その悩みを打ち明けても、受け容れる理解を示してもらえない恐れがある、あるいは、かえって心が傷付けられる不安があれば、生徒が自分の悩みについて教師に相談し難い気持ちになっても致し方ありません。それ自体も重い悩みの種となります。

生徒が、心の悩みを教師に打ち明けないのは、教師の子どもに対する関わり方によるところが多いのです。教師に生徒の悩みが分かりにくいわけは、教師の態度にもあるのです。心から分かってもらえるという信頼感を教師に対して抱くことができるなら、生徒は、身近な教師に自己の胸の内を、気懸かりなく、そのまま打ち明けたい気持ちに駆られるでしょう。

5 中学生の「心の悩み」の理解

中学生の「心の悩み」をよく理解するために、教師に求められるものは何でしょうか。教師は、中学生が、悩む危機的な状況にありながら、それを必ず自ら克服し、成長を遂げていく存在であるという、基本的な認識を、まず持つことです。

このことは、教師が、生徒の成長する力に対し全幅の信頼を寄せることにより可能となります。そのような信頼こそ、生徒と教師の間に、人格の温かい、深いふれ合いである相互信頼を生む重要な基盤となります。相手を大切に尊重する相互信頼は、胸を開いて語り合える人間関係には欠かせないものです。

心の悩みは、非常にプライベートなことであり、それは、ありのまま打ち明けられ、初めて真に理解されます。したがって、教師は生徒から、自己の全てを話したい、告白できる相手として選ばれる人でなければならないのです。

大人への道の模索を始め、悩みの渦中にある中学生は、自分の不安定な状態の気持ちに共感し、それを心から理解してくれる相手を懸命に探しています。それゆえ、尊敬でき、信頼に足りる、そして共感的な理解を示すと思える人に出会えば、堰を切るように自らの心の内を語り出します。生徒は、自分の心が温かく受け容れられ、よく分かって貰える、だから安心して話せると言う実感を、教師から与えられるなら、心の悩みを余すところなく打ち明け、助言を求めてきます。

教師が、生徒の望むそのような話し相手となるためには、心から耳を傾けて生徒の悩みを聴く態度が不可欠です。生徒が、自ら語りかけ、訴えてくる考えや感情を、そのまま、しかと受け止めるのです。生徒が悩むわけを聞き出し、それにどう対処すべきかを教え導こうとする教師然とした態度に逸ることは慎みたいものです。

生徒が見ている生徒自身、生徒に見える生徒の身の周りを、生徒の立場から見ることに心掛け、生徒が経験している思いを、同じ人間として共感的に理解するよう努めれば、生徒は、教師に自分を温かく、正しく理解してもらえるという実感を、心の隅にまでしみ通るほどに体験できます。生徒の心の悩みの理解に必須なものは、小手先の知識や技術ではありません。同じ人間として生徒に関わろうとする教師の構えなのです。

危機に満ちた悩みを自ら解決し、大人への正しい道を歩むべく努力しているのが、現実の中学生の姿です。教師には、そのような生徒の悩みを心から耳を傾けて聴き、理解し、生徒の健全な人格の成長を助ける重責があります。

したがって、教師に究極的に求められるものは、いわゆるカウンセリングマインドで示される態度だと言えます。

(『中学校学級経営』第5巻　第6号、明治図書、1990・6　pp.5〜8)

第12章

最近の中学生の登校拒否とその指導

登校を拒む中学生のタイプ別に、
その原因と有効な治療的指導方法について述べてみます。

1 登校を拒む生徒の増加

最近、登校拒否の生徒が非常に多くなったとよく言われます。現場の先生、特に、生徒指導に携わっておられる先生なら、このような登校拒否の生徒に対する治療的な指導に苦慮された経験が一度ならずもあるものと思います。ここ数年来、公的な教育相談機関でカウンセリングを委嘱され、仕事をしてきていますが、相談を受けた問題の大半が登校を拒む生徒の事例であり、最近は、このような問題の相談が特に多くなったという印象が強いように思われます。

学校現場でも登校拒否ということばが耳慣れたものになっている現状には、現代の子どもたちの問題性の実態の一側面が垣間見える思いがします。

ところで、登校拒否という、学校に対する異常に消極的な問題症状については、いろいろ定義がなされていますが、いずれにしろ「登校する確率が零か、非常に低い」、学校に行くことを拒む状態になっている場合が、登校拒否であると言えます。身体的な疾病で登校できない状態や学校にいけるのに非行に走り怠けて休む場合を除き、本人は登校しようという気持ちを抱き、親にも登校に対する期待があるのに、本人の心理的な理由から登校を拒んでいる状態が登校拒否という問題です。登校拒否の生徒は、学校に行かなければと思いつつも、行くことができない精神的な葛藤の中に身を置くことを余儀なくされています。

従来、登校拒否に学校恐怖症という用語が使われてきていますように、学校や学校に関わることに対し、何らかの恐れを抱く、神経症的なものがその多くを占めていました。したがって、登校拒否と言えば、この恐怖症状を示す問題行動として捉えられる傾向が強かったと言えます。現在でも、このタイプの問題が登校拒否のいわば主流になっていますが、最近の心理臨床の経験から推測しますと、その他のタイプになると思われる登校拒否も数を増してきているようです。

登校拒否のタイプに関しては、いろいろ分類が試みられていますが、教育現場における治療的な指導の可能性を考慮し、生徒の登校拒否をタイプ分けしてみますと、次の五つぐらいになるものと思われます(統合失調症などの精神的疾患の症状として登校不能な場合は、ここに含めません)。

タイプ1　登校拒否の典型で、中学生になった頃以後から、突然登校を拒むようになるように、自己の心を傷付ける何らかの体験をきっかけに、ある時点から急に生じてくる、神経症的なもの。

タイプ2　幼稚園や小学校に行くことに消拒的な態度をしばしば示し、時には、何日かの登園や登校を拒否する状態を繰り返し、中学生になった頃から、強度の登校拒否をはっきり見せるもの。

タイプ3　知能や性格上の問題性から、学業が不振になったり、友だち関係を悪く考え、学校を嫌い、登校を拒む、怠学的な傾向を認められるもの。

タイプ4　日常の、学校や家庭の生活や友だち関係で、何らかの問題にぶつかり、その障害があるために、一時的に登校を拒む、一過的なもの。

これらの四つのタイプは、既に登校を拒否するという行動に出ているもので、精神病のような精神的疾患の場合を除けば、登校拒否の生徒は、このようなタイプのいずれかに入るものと思われます。しかし、教育現場における早期発見、早期指導の重要性を考えますと、登校拒否の前期的症状を示すタイプとも言うべきものを、見落としてはなりません。つまり、

タイプ5　日常の生活場面で、生き生きした積極性が見受けられず、全般的にものごとをやろうという自負が乏しく、学校における学習にも意欲を燃やすことのできない、無気力、無関心、無感動な態度を示すものです。

右で指摘しましたように、登校を拒む生徒が問題にされだした頃は、生徒の登校拒否の大半が、タイプ1の急性突発的なもの、タイプ2の反復加重的なものであったように思われます。しかし、最近の中学生が陥る登校拒否の実態には、従来と異なる兆しが現れてきています。タイプ1や2の典型的な登校拒否に加えて、タイプ3の学校嫌悪、怠学的、あるいは、タイプ4の障害回避、一過的な登校拒否が増してきている

と考えられるのです。

さらに、このような状況に併行して、登校拒否が潜在し得ると思われる、タイプ5の意欲希薄・消極的態度に甘んずる生徒が多くなっているようです。

2 登校拒否症候群を生み出しやすい要因

生徒が登校してこないにしても、以前ならば、それは、身体の疾病か怠け休みぐらいによるものでした。しかし、最近の中学生の不登校の原因については、そのように簡単に片付けられなくなりました。登校拒否症候群とでも言ってもよい、いくつかのタイプの問題が生ずるようになってきました。では、その原因は何でしょうか。

登校拒否の原因については、いろいろな角度から論じられていますが、このような生徒の問題行動を、環境的な障害として捉えても誤りではありません。成長の途上にあるために、未熟であり、したがって、他に依存しなければならない子どもの行動は、必然的に周りの状況に大きく左右されます。子どもの問題行動も同じです。子どもたちを取り巻く昨今の、家庭、学校、さらには社会全体に、子どもの人格の健全な成長を妨げ、時には登校を拒ませる結果をもたらす要因が存在しているのです。そこで、登校拒否症候群を生みやすい主な要因について、若干ふれてみます。

家庭―過保護、過干渉の母親と父権喪失の父親子どもに強健な自我を培う上で、家庭における心理的な環境、特に、子どもの養育を巡って展開される親子関係ほど重要なものはありません。ところで、最近の家庭は、核家族化に加え、小家族化のすう勢にあります。親には、少なく生んだ子どもを、手をかけ大事に育てようとする傾向が見られます。技術文明の高度な発展により、日常生活の合理化や便利化に拍車が掛かり、母親が家事から解放され、時間的なゆとりが増えています。以前に比べ、子どもをよく管理できるようになりました。

その結果、母子の精神的な密着化が強まり、母親が過保護や過干渉に偏る養育態度を取る可能性が高まる傾向が生まれました。つまり、今日の家庭における母子関係には、登校拒否の引き金になりやすい、情緒的に未熟で自主性に乏しい性格を、子どもに生み出す条件が備わってきているとも言えます。

家庭における父権の喪失は、近年よく指摘されるところですが、もの分かりがよく優しい父親には、子どもが成長の過程で乗り超えていくのにふさわしい、厳しさを備えた父親像がありません。力強さや決断力のある、逞しい自我を持つ父親とふれ合う経験の中で、頑健な自我は育つのですが、それを期待し難いのが、最近の家庭の実情です。

学校―人間的な関わりが希薄で、学力偏重

生徒が学校に行くことを拒むからには、当然、学校にも生徒を不登校に追い詰める要因がある筈です。例えば、既に90％の進学率を超えた高校進学を近い将来に控えた中学生は、偏差値論争まで引き起こしている教育過熱現象の渦に巻き込まれ、受験戦争に身をさいなまされる状況に置かれている、と言ってもよいでしょう。

学校教育が、このような社会的な風潮に無関係ではあり得ません。知らぬ間に、学校で、いわゆる知的教科の学習が重視され、子どもの通塾すら暗黙に是認される傾向がないとは言えません。成績を上げることに駆り立てられながら、勉強で目標に達することもできなければ、学習の意欲を失い、無気力になります。高い成績を保つために、文字通り強迫的な勉強に打ち込みながらも挫折し、その心の痛手を癒すいとまもありません。このような体験に追い込まれた生徒が、登校を拒むに至っても不思議ではないのです。

本来の学校教育では、生徒の個性を生かす個人差に応じた指導が目指されるはずですが、昨今の学校教育では、このあるべき姿が、ともすれば見失われる恐れがなくはありません。過重な指導内容を消化するため、教育が機械的な詰め込みに傾けば、人間的な関わりが人格形成上重要な経験となる時期に、教師の個々の生徒に対するきめ細かい人格的な結び付きを基盤とする指導は、到底不可能です。生徒がこのような人格的な関わり合いの希薄化を感ずれば、学校生活に対する積極的な態度を失っても仕方がありません。

社会―物質主義と快適な生活の中で得る受身の情報

さらに、登校拒否の原因となり得る家庭や学校の問題性を生み出す要因である、社会の動きを見落とすわけにはいきません。現代の子どもたちは、効率と便利をモットーとする、物質的に極めて豊かな環境の中で育ってきています。大人も、この物に恵まれた環境に毒されている向きがあります。レディメード、パッケージ文化に代表されますように、求めれば、自ら作る努力が最小限で済む、楽ができる快適な生活にどっぷり浸り、耐えて頑張ろうとする気持ちが培われ難くなっています。これでは、うまくいかない状況にぶつかっても、ひるまず立ち向かう強い意志は成長しません。

今の生徒は、テレビを視聴するような態度で授業を受けているとも言われます。テレビに生活時間の多くを奪われやすい状況に置かれている子どもたちは、与えられる受身の生活に甘んじてしまっているわけで、積極的にものごとに関わっていこうとする力を身に付けていくのが難しいのです。努力せずものを手に入れ、受身の情報の波を浴びている子どもたちには、困難を自ら克服していこうとする健全な耐性が育まれ難いのです。

3 登校を拒む生徒に対する指導

一般に、生徒の問題に対する指導では、生徒に最も心理的に近い距離にある、学級担任の果たす役割に期待されるところが大きいと言えます。特別に重症な問題を除けば、担任が指導に当たるのが望ましいのです。そこで、登校拒否をするに至った生徒を、担任がどう指導するべきか、そのポイントを、先に上げた登校拒否の四つのタイプ別に述べてみます。

タイプ1に対する指導

何らかのきっかけ（多くは、本人に失敗と思われる体験）で登校を拒否するタイプ1の生徒は、大抵、支配、干渉に偏った養育態度を取る親が一方的に押し付ける期待に沿うよう努め、それを良しとされて成長してきており、自己の年齢にふさわしい自主性を身に付けていません。学業の成績は一般に良く、その上がり下がりには非常に敏感に反応します。

中学校の生活では、自らの判断で解決し、行動しなければならない機会が以前に比べて増し、学業でも従来通りに成績を維持することは容易でなくなります。したがって、自主性がひ弱で、要求水準が高い方に傾く生徒は、学校生活が苦痛の種となり、それを克服するだけの意志の力を欠くため、学校を逃れ、家に閉じ籠もることとなります。

タイプ1の生徒の指導に当たっては、親との面接を重ねる中で、子どもの成長に対する期待が込められていても、支配、干渉に傾き、高い要求水準を課す養育態度を取れば、登校拒否をする素地を作り出す可能性があることの理解を促し、養育態度の改善を図る助言が重要です。親の支配、干渉的な養育態度には、子どもが問題を持つほどその傾向を強める恐れがあります。

家庭訪問などによる生徒との接触では、まず、信頼感に根ざした心の結び付きを作ることに配慮し、学校に対する過剰な緊張や不安を和らげ、自信の回復を生む関わりが大切です。登校拒否に苦しむ生徒の気持ちを温かく見守り、理解を示すと共に、日常の生活の中で、自ら取り組めば成し遂げ得る経験をするように促し、積極的な自主性を培いたいものです。不登校を批判的に責めず、登校を無理に急がせず、生徒が、自ら登校の意欲に目覚める時期を待つぐらいの姿勢を、基本とすることが必要です。生徒が、学級において自己の能力や特性を、自主的に発揮できる場を見いだし得るように配慮して置くことも忘れてはなりません。また、新しい友だちとの接触を欠かさないようにさせる働きかけも大切です。

タイプ２に対する指導

中学生になる前から登校拒否を重ねてきているタイプ２の生徒が、親から受けてきている養育態度には、過保護であるという共通点が一般に見られます。そのため、子どもは、情緒的に未成熟で依存的な傾向が強く、自己中心的です。学校に行けば、他者に頼らず、自立して行動しなければならない場面に身を晒すことになります。友人関係を円滑に維持しなければならない集団生活も待っています。

したがって、依存性が強く、自己中心的な行動を取りやすい生徒は、そのような行動に否定的な圧力が加わる学校生活は耐え難くなります。そこで、学校に背を向け、乗り超えられないと思われる障害に直面して襲われる不安を避け、家庭に精神的な温室を求めようとします。

タイプ２の生徒に対する指導では、過保護に偏った養育態度を改めるよう、親に対する助言が必要ですが、同時に、子どもは本来健全に成長し得る力を備えていることの理解を促し、登校拒否からの回復の可否に関する親の不安を除くことも大切です。

タイプ２の生徒は、登校拒否の症状がいわば慢性化しており、睡眠時間帯に昼夜の逆転が見られるなど、生活リズムが崩れ、体調を乱している場合が少なくありません。登校とは特に関係付けず、生活のリズムを取り戻すため、少しずつでも努力を重ねるよう助言しその努力を認めてやれば、日常的な経験の中で、耐えて頑張る力が芽生え、自らの行為に自信を抱く契機となります。学校に直接関連がないことについて自発的に行動するよう促し、ものごとを自分の力で自ら行う態度や意志を育む働きかけも大切です。

慢性的な登校拒否は、問題視、あるいは困惑視され、担任の側に、登校を強制したり指導を諦める傾向が生じやすいものです。粘り強い指導が必要で、良しあしという評価的な接近や焦りは指導上禁物です。生徒の登校できない心の葛藤を理解するように努め、同時に、本人の行動で認められるところはよく認め、好ましくない自己像を改善できる機会を与えましょう。登校の兆しが見えても、過大な期待を押し付けず、学校における受け容れについては、タイプ1の場合と同様な配慮をします。なお、タイプ1、2の登校拒否に関しては、専門機関で心理治療的な指導を受けるよう助言することも大切です。

タイプ3に対する指導

この、学校を嫌悪し、どちらかと言えば怠学的に登校を拒む生徒には、前掲のタイプ2の生徒の場合のような、学校に対する神経症的な恐れは明確に見られません。しかし、学校が、勉強で失敗したり、友人関係で軋轢を味わう場になっています。そして、そのような不快な体験を進んで解決しようとする積極的な努力を試みず、学校を避けています。

教師である担任は、このタイプの生徒が示す登校拒否を、その前駆的な行動に怠学的な傾向が現れているだけに、道徳的な是非の目で捉えやすくなります。それでは、担任に対するマイナスの感情を生徒に生み出してしまいます。生徒が登校を拒否する理由を、行動規範の色眼鏡で眺めず、温かく共感的に理解してやり、生徒との間に心のパイプを作ることが大事です。

さらに、生徒が学校に対し、心理的な抵抗を感じている原因を除く配慮も大切です。例えば、本人の個性が発揮できる機会や、知的能力の水準に応じた学習ができる場を整え、生徒にふさわしい体験ができるようにします。このような、生徒の特性を生かすように配慮がなされていれば、登校を促す働きかけもうまく進みます。

タイプ3の生徒は、学級の中で自己の居場所を見失っている場合が多いと言えます。学級集団内で、うまく果たせる役割が得られ、一定の社会的な地位が獲得できるような受け容れ態勢を用意しておけば、集団に対する所属の要求も刺激され、良い友人関係ができそうだと期待される学級集団を前にし、学校復帰も行われやすく、登校に魅力を感じさせることもできるでしょう。

養育態度など家庭の要因に問題があれば、親にその改善を求めなければなりませんが、怠学的と思われる登校拒否の場合は、家庭においては、叱責して登校させせようとする強制が繰り返されやすいようです。そこで、単にこのような登校拒否に対する関わり方に出ることは、自制するように助言します。子どもが、自信を失い、劣等感に悩んでいる時は、自己の何らかの行為で、親から認められる経験が必要であり、それが、やがて子どもの登校に対する積極的な態度を生むことになるのです。

タイプ４に対する指導

自我が傷付く問題に直面すると、簡単に挫折して登校を拒むが、心の痛手はそれほど深くなく、立ち直りが比較的早いのが、タイプ４の生徒です。文字通り一過性の登校拒否に陥るわけです。このような生徒は、自己の前進を阻む何らかの障害に直面した場合、それを乗り超えようとする気力がいま一つ不足しており、すぐに退却姿勢を取ってしまいますが、他から前進を支える補強をしてやれば、問題を解決していくことができます。

したがって、このタイプの生徒に対する指導では、まず、挫折させた障害を誤りなく捉え、理解をしてやり、その障害を克服する方法を、助言を与えつつ考えさせ、困難を解決していく方向づけを示唆してやることが大切でしょう。

また、挫折により自信を失っていますから、これまでに、困難を乗り超え頑張ってきた体験を具体的に思い起こすよう促し、努力を続ければ困難を必ず克服できる力が自己に備わっていたこと、また、そのように耐える力は自らの努力で強められるものであることを、確信できるよう助言します。生徒は、自信を取り戻す兆しを見せ、当面する困難に積極的に対処する気力が鼓舞されます。

担任が生徒を思いやる心からの励ましは、生徒が前向きに進む大きな力の源となり、障害を乗り超えることができた体験は、自己の脆弱な部分を強化する上で有効です。

また、親の養育態度などに対する助言も大切です。

4　登校を拒む生徒を生まない教師の姿勢

登校を拒む生徒に共通する特徴として、自主性の不足、耐性の弱さを挙げることができます。そのような特徴を子どもにもたらした原因は、子どもを取り巻く環境の今日的な病理性を直接に反映しやすい親の養育態度によるところが少なくありません。

では、学級担任として、日常、生徒の教育指導に当たる教師に、登校を拒む生徒を生まないために、どのような姿勢が必要でしょうか。

前に上げたタイプ5の傾向は、程度の差さえあれ、昨今の生徒の多くに認められると言っても過言でありません。登校拒否の前駆症状ともみなされる特徴を示す子どもは、担任する生徒の中に少なくありません。人に言われなければしない、したいまにする、しなければならないことでも、したくなければしない、そういう生徒が登校拒否を起こすに至っても無理もありません。担任教師がこのような生徒の実態を正しく認識した上で、重視すべきことは、温かい共感的理解に立つ、強健な自我を培う耐性の教育です。

したがって、担任には、次のような指導姿勢が求められるでしょう。すなわち、①思いやりに心掛け、個々の生徒との間に信頼感に根ざした人間関係を作る、②生徒が達成できる目標を自ら設定するよう促し、自主的に頑張る力を培う、③ 生徒の興味を大切にし、教育的に価値ある活動を成し遂げる過程で、個性や能力が発揮できるよう配慮する、④ 自ら努力を粘り強く続ければ、必ず困難を克服できる体験を重ねさせる、⑤ 学校における基本的な指導姿勢について、親に十分な理解を求め、家庭との連携を密にする、などです。つまり、自己に適した在り方を、主体的(自分が)そして自発的(自分から)に決め、積極的に行動していく力を子どもに育むという、生徒指導の基本目標を見失わない姿勢が大切です。

(『中学教育』第29巻 第8号、小学館、1984・9 pp.46〜53)

第13章

生徒指導の充実とカウンセリングマインド

いじめの問題を克服するには、
カウンセリングマインドに基づく生徒指導の実践が大切です。

1 はじめに

小中学生によるいじめの発生についての報道が後を絶たない最近の教育現場における状況は、学校教育にとり大変憂慮すべき現実です。特に、子どもに健全な人格を育成することを本来の使命として志向している学校で、その目標とするところを真っ向から否定するような問題が続発しているすう勢には、心に重くのしかかる危機感を抱かないわけにいきません。

多くの発達の可能性を持ち、成長している子どもが、いじめという無謀な暴力に耐えかねて、自ら生命を絶つという、余りにも悲惨な解決を選ばざるを得ない結末に至るまでにもなっています。このような、本来あり得ない、絶対にあってはならない事実を突きつけられるとき、いじめの問題性をここまで大きく歪ませてきてしまっている、子どもを取り巻く諸条件、特に学校教育における生徒指導の実際、なかんずく、教師の子どもに対する人格的な関わり方にも、改めて問い直さなければならないところが少なくないように思われます。

2 いじめの実態はどうか

子どもの人格を培うはずの学校におけるいじめの実態を、問わなければならないこと自体、既に異常です。ある意味で、教育の不条理を物語っており、問題の重大性を示唆しているものであることを、まずもって明確に認識する必要があります。

いじめは、以前になかったわけではありません。しかし、その動機の複雑化、力動性、手段の陰湿化、集団化、多様性、実行の長期化、頻発化、執拗性が、昨今のいじめの特徴であり、教育的に大きな問題をはらんでいます。

最近行われた文部省の調査によりますと、全国の公立学校の場合、昨年度前半に6割近い学校でいじめが発生している多発振りです。陰湿ないじめが目立ち、4件に1件が解決に手間どっている、ということです。小学校に限ってみますと、5割を超える学校で、一校あたり約7件の発生率で、上の学年になるにつれ、次第に多くなっています。また、小学校の場合、相手に心の苦しみを与える(例えば、言葉による脅し、厭がらせ、仲間外れ、無視、冷かし、からかいなど)傾向が現れてきていると、深刻な状況が報告されています。

O府下で、公立小学校5年生、同中学校2年生約2000名に対して行われた調査では、小学校5年生で7割近くの子どもが「いじめられたことがある」と訴えているのに、報復を恐れ「いじめられても誰にも言わない」子どもが5割前後に達する一方、7割を超える子どもが「いじめたいと思ったことがある」と答え、いじめの加害者となることに対する抵抗意識の希薄化が見いだされています。

T都、F県などで、2000名近い公立中学校の生徒に対して行われた調査結果では、クラスの3割程度の子どもが、「今いじめられている」と言い、「いじめられる側は一人」が6割になっています。3割の子どもが「小学校時代にいじめられた」体験を持っています。「いじめを先生に知らせても役に立たない」と、教師に対する不信感を表明している子どもは半数を超えています。それを裏書きするかのように、4割弱の子どもが「いじめられたことを誰にも話していない」と言い、「話しても担任の先生は何もしてくれなかった」と4割上まわる子どもが、担任教師のいじめに対する指導の不十分さを告発しています。

そして、友だちや担任教師の援助があったと言うものの、多くの子どもが、結局は「自分が我慢した」ことで、いじめの解決を図っているのです。担任教師がしてくれたことと言えば、「いじめっ子に注意する」か「クラスの話し合いにする」など、対症療法的な指導に終わっている場合が多いのです。

無論、これらの調査報告は、最近の学校におけるいじめのすべてを示すものではありません。しかし、先に述べた近年のいじめの特徴の一部を如実に反映していると同時に、いじめという人権の侵害にも関わる問題行動に対する、教師の対応の不適切さ、学校における生徒指導の未熟さ、甘さを垣間見ないわけにはいきません。

互いに助け合い、支え合うことを標榜し、教育が実践努力されてきたはずの学校において、他者を一方的に痛め付け、苦しめるいじめが多発していることが、既に極めて大変な問題であるにもかかわらず、もし、いじめに対する指導に、結果的にしろ不備があるとすれば、教育の仕事に携わる者としての責務の果たし方を問われ、指導の力量を批判されてもやむを得ません。

いじめの原因や背景は単純なものではありません。したがって、いじめの発生を、一方的に教師の責任に帰することは間違いです。しかし、人格の陶治を促すための働きかけを、子どもに対して意図的に行っている学校教育の現場で、他者の人格を手痛く傷付ける行為が生じ、それを教師が不注意にも見逃し、また、それを訴えられても適切な指導的対応ができず、事態の改善にと惑っているとすれば、教師として、大いに自戒、猛省しなければなりません。教師として、己れが目指す目標の実現に、正に文字通り逆行している現実に直面させられている事態であると受け止めることは、当然の認識でしょう。

「子どもたちは、いじめがあったことを先生に知らせても役に立たないと考えており、子ども自身は、担任の先生にどうしてもらえばよいのかと考えあぐねている」という手厳しい指摘に対し、現場の教師としてどう答えたらよいでしょうか。それには、日々の教育活動に、教師としての全人格を傾倒させ、情熱を燃焼させ、子どもとの間に、心からの真の信頼関係を作り上げなければなりません。具体的には、このような教育姿勢を基本とし、個々の子どもとの温かい心の交わりを深めるよう、日常の生徒指導を充実させて行くところに、多くの実りを期待したいものです。

3 いじめはなぜ起こるか

社会の要求に調和させ自己の要求を満たしていくことは、社会生活を送る上で大切ですが、子どものけんかは、そのような心を培う機会の一つとなります。けんかでは、自分とは異なる要求を持つ他者が存在し、自分の要求通りにならないことが分かります。ほぼ同等の力を持つ者どうしの自己主張の衝突であるけんかは、子どもの自我の成長に必要な体験であるとも言えます。相手を考え、我慢し、譲る気持ちが、けんかの中で育まれるからです。

しかし、必ず勝つことを前提に、明らかに弱い者を痛め付け、相手が苦しむのを喜び、執拗にまで攻撃を繰り返すいじめは、子どもの健全な人格の成長を阻む行為であり、大きな問題性があります。人間の尊厳性を侵害する、教育的、道徳的に否定される行為であるだけに、教育現場におけるいじめへの対応は、その行為自体に対する制圧的な指導に傾きやすいようです。

いじめが備えている非人間的な病理性を考えれば、そのような対症療法的な指導は欠かせないかも知れませんが、それに終わる指導では、もぐら叩きになる恐れがあります。なぜいじめが行われるのか、その心理的な力動を正しく理解し、原因を除き去り、いじめの発生を防ぐ働きかけが大切です。

ところで、子どもはさまざまな要求(生理的、心理的なアンバランス)を持っており、満たされていない要求の満足、つまり、情緒的な緊張の解消を求めて行動します。子どもの日常の行動の背後には、必ず何らかの要求が潜在しています。いじめという行為にも、このような行動発生の機制はそのまま当てはまります。いじめも、何らかの要求不満による心の緊張の解消を図ろうとする行動であり、満たされない気持ちがうっ積し、他者を一方的に攻撃することに、そのはけ口を求めている、というわけです。

言い換えますと、その攻撃的な行為の背後には、必ず要求不満があるとみなしてよいのです。しかも、力の上で絶対的な優位に立ち、弱い者に対して加えられるいじめは、必ず成功し、要求不満による心の緊張は歪んだ形にしろ解消されます。したがって、いじめは、要求不満が強いほど、執拗に反復されることになります。

しかし、日常の生活では要求の満足が阻まれる機会はよくあり、子どもが要求不満の状態に晒されることは少なくありません。要求不満に陥っているからと言って、そのような心の不安定な状態になると、どの子どももいじめという行為に出るわけではありません。では、なぜある子どもたちが、いじめのような加虐的な激しい攻撃行動に訴えて、要求不満による心のうっ積を発散しようとするのでしょうか。その理由は、具体的には複雑、多様であるでしょうが、主なものを挙げますと次の通りです。

まず、要求が満たされず心に緊張が生まれても、それに耐える力、つまり、耐性が十分に育っていないことが問題点として指摘されましょう。このような耐性の未熟さや欠如が、いじめへの行動化をもたらす要因の一つであることは確かです。

要求不満による緊張は、うっ積したままの状態に放置して置くわけにはいきません。その発散、解消を求める心理的な力動は、子どもの心に内在しています。そのような心理的な力動がいじめへと展開するのは、要求不満によるうっ積した気持ちを建設的に解消する適切な方法が見つからず、いじめでは、必ず成功するという歪んだ喜びが待っているからなのです。時には、要求不満による無用、有害な緊張が余りにも累積的に加重され、情緒的に混乱し、その処理が合理的にできなくなっている場合もあると考えられます。

一方、要求不満による緊張が強まってきて耐え切れない状態になったとしても、弱い者を攻撃することのみでしか、その解消ができないわけではありません。いじめに向かう攻撃衝動に仮に駆られたとしても、それを抑制する心の働きはあります。そのような心とは、相手の身にになって感じ、考えることのできる気持ちです。他者の心の痛みや苦しみを思いやる気持ちが育ってきていれば、要求不満のいじめへの行為化は抑えられるでしょうし、たとえいじめに出ても、それが何回も反復されることはないはずです。相手を思いやる気持ちの未熟さが、いじめの引き金になっていると考えられます。

いじめでは、その標的とされる者の考えや行動が気にいらないという心理も作用しています。ものの感じ方や考え方を異にする者を認めることができず、受け容れられないという心の固さ、狭さも、いじめを許している要因でしょう。

子どもが、日常の生活の中で、必要以上に要求の満足を妨げられ、その不満による情緒的な緊張が強まる一方、それに耐える力が弱く、他者の気持ちを思いやる心や認め受け容れる心がよく育っていないために、要求不満がもたらすうっ積した気持ちのはけ口を、自分より弱い者を攻撃することに求め、発散させ、それが子どもに満足感を与えるために、そのような非人間的な攻撃が繰り返されるという心理的な機制が、いじめに内在しているのです。

4 いじめをどう克服するか

いじめは、人間の尊厳性を否定する行為です。したがって、いじめが発生したら、そのような行為を二度と絶対に犯さないように、厳しく戒める訓育的な指導は重要です。しかし、それだけの消火的な指導を出ない生徒指導では、いじめを克服することはできません。いじめを発生させる、不健康で陰湿な温床を、子どもの心に生まない、あるいは、その温床の芽を早期に発見し摘み取る、防火的な指導に日々努めてこそ、いじめを根本的に克服する道が開けると言えます。そして、それは本来の生徒指導が実践される中で、自ずと達成されるものであるという認識が大切です。現場における教育実践の現実は、果たしてどうでしょうか。

生徒指導は「学校教育のすべての場面に関わり、個々の子どもの人間性を尊重し、その発達の可能性の発現を促す働きかけを行い、個性の伸長と社会性の育成を図る教育活動」であり、その指導が日常の実践で全うされていれば、いじめが発生することはまずないのではないでしょうか。

このような基本的な姿勢を堅持する生徒指導で、実践をどのように展開していくべきかという課題がありますが、その課題を達成するには、行動(いじめ)の心理的な力動に関する十分な理解が前提となります。そして、学校におけるあらゆる教育活動―教科の教授、学習が行われる教科活動、児童会、学校行事、学級指導を含む特別活動が主な領域である教科外活動―の場で、実践が進められなければなりません。

子どもは、日々の学校生活においても、それぞれ要求を満たす、あるいは、妨げられる体験を重ねています。既に述べましたように、強い要求不満による情緒的な緊張が解消されていないと、いじめへ駆り立てる攻撃的な衝動が生まれやすいと言えます。したがって、個々の子どもが、どのような要求をどう満たしているか、満足を阻まれている要求は何か、何が要求の満足を妨げているか、子どもにとり中核的な要求の満足が阻まれていないか、そのような要求不満による緊張をどのように解消しようとしているか、解消しないままのうっ積した気持ちに悩まされていないか等々、子どもの基本的な要求の内面的な実態をあるがままに捉え、温かく理解する、心の関わりが大切です。そのためには、個々の子どもに対する相談面接的な個別指導を、日常的にきめ細かく、時間を惜しまず、機会―休み時間、放課後など―を活用して行うことです。

子どもが、学校生活で満たそうとしている要求を適切に満たす方法を学ぶ場を、個々の子どもにふさわしく与えるよう配慮することにも心掛けたいものです。学校教育では、個々の子どもが個性を伸ばすために、個人差に応じた指導の必要性が強調されますが、それが日常化し、掛け声のみに終わる傾向はないでしょうか。

個性が発揮できる経験は、子どもに極めて大きな要求満足の実感を与え、それは、他の要求不満による緊張を中和的に解消するほどの作用を持っています。教師に、個々の子どものそれぞれの存在の仕方を大切にする心があってこそ、始めて真の個人差に応じた指導ができます。そして、子どもの個性を温かく尊重する教師の指導的な配慮を体験できる子どもは、他者へのそのような温かい関わり方を、教師から自然と学んでいくでしょう。

近年、子どもの抑制する力、耐える力が弱まっている傾向がしばしば指摘されています。このような、いわゆる自我の力は、人格の健全な発達の基盤となるものですが、経験を通して学ばれます。要求不満により生ずる情緒的な緊張を合理的に解消し、積極的に行動できる子どもを育てるには、この耐性を培うことが大切であり、これは、今日の生徒指導における重要な課題であるのです。

そこで、この耐性を育成するためにどうすればよいかということですが、それは、子どもの年齢にふさわしい(子どもなりに耐えることのできる)適度の要求不満を経験させ、それを克服するための知識や技術や態度を学ぶよう促すことです。努力すれば乗り超えられる壁の向こうに目標を設け、壁が阻むために生ずる情緒的な緊張に耐え、その目標に到達する経験を、個々の子どもの能力や特性に応じて体験するよう指導助言に留意したいものです。

5 何が生徒指導を充実させるか

子どもの人格の健全な成長を援助する教育の営みにおいては、教師の指導の技術よりも態度が重要な意味を持っています。教師と子どもの人格的な出会いに出発し、両者の共育的ともいうべき発展が教育に他ならないからです。それは、小手先の技術ではできません。子どものあるがままを、温かく受け容れ人格的に関わろうとする、いわゆる共感的な理解に努める態度が、まずもって必要とされているからです。

このようなことは、生徒指導の正しい、真の実践にそのまま当てはまります。生徒指導は「子どもの理解に始まり、子どもの理解に終わる」とよく言われますが、その理解とは、この共感的な理解を指していると思います。子どもが、自分について考え、感じていると同じことを、教師が感じ考えていると子どもが知る時に、子どもは教師に本当に理解されていると実感するのです。そのような実感を子どもの全身に生む態度で子どもを理解することが、共感的理解です。

教師が子どもを共感的に理解する時には、自分も、子どもと同じように喜び、悲しみ、悩み、苦しむという自覚に基づき生まれる、同じ人間同士だと思う連帯感があります。教師が、その人格のありのままの内層で、子どもと心のふれ合う人格的な交わりを持とうと努めれば、子どもも自分のありのままを示してきます。生徒指導で、教師の人格的な資質の自己向上が重視される理由もここにあります。

自己のありのままを示す子どもに、教師が心から耳を傾ける、つまり、あるがままの子どもを温かく包み込み受け容れ、信頼し合える人間関係を生み出し、子どもが自ら自分の問題を解決していくよう促す働きかけ、換言しますと、カウンセリングマインドに根を下ろす子どもへの人格的な関わりは、生徒指導を充実させる基本です。

このようなカウンセリングマインドに立つ生徒指導が、学校における日常のあらゆる教育活動の隅々まで滲透していけば、子どもの心には、他者を思いやる気持ち、他者との連帯感を大切にする心情が、しっかりと育まれていくでしょう。それは、子どもが、いじめへの行為化を自ら抑制する愛他心を培うことに通じます。

いじめの克服を目指す実践は、その意味で、正に、生徒指導の基本原理に沿う地道な教育の実践に他ならないのです。いじめの解決には、巧みな技術はいらないのです。その根本的な克服は、本来の生徒指導の実践に日々努めることで可能なのです。

健全な人格には、社会的な感情を尊重して自己の要求を満たし、自己を実現していく力が備わっています。生徒指導では、そのような人格の育成を目指し、実践が行われているはずです。カウンセリングマインドを基礎に据え、生徒指導の充実を図ることは、必然的にいじめの克服へつながっていくのです。

6　おわりに

いじめ克服の視点から、生徒指導の充実につき、その基本となるべきことを述べてきましたが、正に、今日的な教育問題となっている、学校におけるいじめが多発する傾向は、学校教育や家庭教育、さらには、その背景にある社会的風潮の問題性を反映している子どもの姿であるとも言えましょう。子どもの健全な人格の成長を助成する重責を担っている教師としては、このような憂うべき事態に動揺することなく、いじめによって子どもたちが訴えている現在の教育の問題点を冷静に見極め、これまでの教育実践を謙虚に省み、今後の教育の在り方を問い直さなければなりません。

特に、子どもとの間に、温かい心のふれ合いに根ざし、共感的な理解に支えられた信頼関係を生み出すべく、生徒指導の充実に心掛けることは、現在の学校教育にとり極めて大切な課題であると言えましょう。その「基礎、基本」が、教師のカウンセリングマインドであることは言を待ちません。

（『大阪教育新潮』第23巻　第3号、大阪府公立小学校教育研究会
１９８６・３　pp．４～１１）

第14章

不登校の克服と小・中学校の連携

子どもが登校につまずく問題を解決するのに、
小・中学校の協力を高め深めることが大切です。

1 はじめに

今回の「不登校の克服と小・中学校の連携」という特集テーマは、とても重要で時宜を得たものであると思います。それは不登校が教育問題とされてきてから、正に久しいという言葉が使われても、さして不自然に思われないほどの現実に、教師は現在も苦慮しているからです。不登校に陥る子どもの数は、一向に減る傾向を見せていません。むしろ、増加の様子が認められます。それは、心身の成長の途上にある子どもにとって大きな問題ともなり得る事態なのです。

実際、不登校の原因、様態にはさまざまで複雑な側面がありますが、それはともかく、不登校の状況が子どもに長く続く状況が生じますと、本来の機能を果たす学校という集団生活の場を通しての人格形成が進み難くなるのです。しかも、近年、この不登校現象は、不登園まで考えなければならない状態になってきています。不登校が、相対的に見て、中学校で多発する様相を示しているにしても、その原因が幼少期に求められる場合も少なくありません。したがって、不登校問題の解決を目指す指導助言の実践では、「小・中」というよりも「幼・小・中」の連携が不可欠になってきていると言えます。

2 減少する兆しを見せない不登校

不登校という、子どもに強い不安や恐れを伴う登校に対する拒否的な態度や行動が、わが国で問題視され始めたのは、今から四十年前後遡る時期でした。それ以来、増加の一途をたどっているといっても、必ずしも過言でない傾向が見られ、昨今では大きな教育問題となってきています。「不登校問題の克服への取り組みは、教育実践に課せられているすべての問題解決への道に通ずるもの」とみなされているほどの現実です。

現在、不登校にはいわゆる登校拒否によるものの他に、嫌・怠学によるものも含められていますが、本稿では前者に重みをかけて述べることにします。この登校拒否とは、もともと「登校する確率が零か非常に小さい」「登校することを拒む状態に陥っている」場合です。本人に登校しなければならないという気持ちがあり、保護者も本人の登校を期待しているにもかかわらず、本人の心理的な理由から登校を拒んでいるのが登校拒否状態にある不登校です。

登校拒否は、当初、学校恐怖症とも言われていましたように、学校に関わることに恐れを持つ神経症的なものが多かったのですが、最近、登校拒否と言いますと、この種のものや先に述べた嫌・怠学型のものの他に、無気力型などその他の特徴が見られる登校拒否も増してきている傾向にあります。したがって、不登校に、はっきりと学校を嫌い、学習を厭い、学校に対して否定的な反応をする嫌・怠学型、ものごとをやろうとする自負に乏しく、学習に意欲を燃せない無気力型などを含めると、不登校は従前に比べ増える一方にあると言えましょう。

また、不登校傾向が、特に、神経症的な登校拒否とみなせる事例が、小学校でも増えている状況もあり、さらに、登園拒否の事例もしばしば報告されるようになってきています。そのような不登校園の原因として、子どもが生育してきた家庭環境の諸条件を当然考えなければなりませんが、本稿では、特集テーマの趣旨に沿い、学校環境を重点的に取り上げることにします。

このような子どもの登校園に関わる問題状況を、学校園と言う教育実践現場からどのように理解することができるでしょうか。そこには、現在の学校園教育に対する問題提起がなされていないでしょうか。この点に関しては、子どもが不登校に陥る契機を学校生活において探ってみますと、示唆に富む事実の一端が明らかにされるように思われます。

これまで二十年近い期間、O府の教育相談機関でカウンセリングの仕事に携わってきていますが、事例の大半が登校を拒む子どもの問題であり、不登校に悩み苦しむ子どもや保護者に直接関わる機会を重ねるごとに、この問題の克服には、家庭は無論のこと、学校現場の一層の努力が必要であることを痛感しています。

このような体験を通して、不登校の契機を検討してみますと、事例の個別性を重視すれば、その契機は実に多様です。しかし、視点を変え、これらの事例に見いだされる共通性を捉えますと、「完全さを求めるがゆえの失敗」「友達関係の挫折」「教師との関係における歪み」「身体、運動、学力等の問題」などが契機となって、不登校に陥る場合が比較的多いのです。

例えば、子どもは、学校では常に新しい体験に当面するわけで、したがって、失敗は避けられません。つきものです。そこで、失敗に耐えられず、それを恐れる気持ちが異常に強い子どもは登校を拒むようになります。学校生活において、子どもにとり、教師との心の通った人間関係は極めて重要な意味を持っています。

教育と学習とは、教える者と学ぶ者の相互信頼による人格的なふれ合いを基本的な前提として成り立ち、展開することを本質とするものであるからです。子どもは、常に教師との間に良い関係を求めています。したがって、その阻害状況が強ければ、子どもの登校意欲が仮に弱まっても致し方がないのです。

3 不登校に見られる特徴

子どもが不登校に陥る場合、その子どもにとって、学校環境にも何らかの問題性があるものと思われます。しかし、多くの子どもが第三者から見れば、同じ学校環境で集団生活を送りながら、少なくとも顕在的には不登校に悩んでいないのです。したがって、学校環境は、不登校に苦しむ子どもに受け止められているものとしての問題を持っているのです。子どもにとっての教師という人的な環境要因を考えるにしても、それは、むしろ不登校を誘発する要因であり、教師をそのような要因にしやすい条件が、子どもの側にあるかもしれないという見方も無視できません。

一般に、個人の行動の背後には、そのような行動に仕向ける要求が潜んでおり、一定の行動をすることにより、その要求が満たされるのです。不登校という登校を拒む行動も例外でありません。

では、不登校の場合、この要求を満足させる心理機制はどのように作用しているのでしょうか。登校することによって生ずると思われる不安や恐れなどの心理的な緊張が少なくとも一時的に避けられるのです。学校生活で、当該の子どもに主観的なものでしょうが、失敗体験の予想に脅かされ、クラスから疎外される恐れを実感すれば、学校を避けようとする気持ちに襲われることになるでしょう。だれにとっても、心の安定を求める要求は強いものであり、この基本的な要求が満たされない事態が重なることは、だれしも避けたい心理的な危機なのです。

しかし、学校における教師や友だちとの人間関係、またいろいろな学習体験などで、このような要求不満の事態に陥るか否かは、そのような状況をもたらすと考えられる環境の条件のみによって左右されません。それは、同様と思われる学校の環境状況にあっても、その受け止め方は子どもによって異なるという個人差が見られるからです。

日常の生活は、この要求の満足をめぐって行動が生ずる過程です。しかし、この要求は必ずしも直ぐに満たされるとは限りません。そのような場合は少ないのが普通です。例えば、教室でうまく失敗なく学習をやり遂げようと思っても、できないことはあります。そのような要求不満の事態を、子どもが自己の生育史の中で、どのように経験し、どのように解決してきたかも問題となるのです。それは、いわゆる耐性の育ちに関わることです。

この耐性は、要求が満たされない事態に当面しても、その時に生ずる心理的な緊張に押し流されず、一定時間耐え、その事態を克服していく経験、つまり、要求の延滞的、あるいは、代理的充足を年齢相応に重ねていくことにより、着実に培われていくのです。不登校に陥っている子どもの多くの場合、この耐性の育ちにひ弱さが感じられるのです。不登校の原因を、もちろん、この耐性のひ弱さ一つの所為にすることはできませんが、この要因の影響が非常に大きいという実感は、筆者のカウンセリングの体験からも拭い去れないのです。

この耐性は、子どもの生後の生活経験の中で徐々に培われてくるものであり、その育ちのひ弱さの原因の多くは、家庭環境にあるものと考えても大きな間違いはありません。とは言うものの、学校生活における影響が皆無などとは言えません。健康な耐性の育ちを阻害することに加担するような要因が、学校環境に存在していないでしょうか。

教師は、自らの教育観、価値観に基づき、子どもの成長を促すために、自ら立てた教育プランにより、意図的にそして積極的に教育指導を担っています。したがって、教師が子どもの耐性の育ちに及ぼす影響についても、自省する余地があるのではないでしょうか。

4 不登校と学校教育

このようなわけですから、子どもが自ら不登校を克服する努力を支援するために、あるいは、子どもが不登校に陥ることを防ぐために、当然ながら、子どもが生活の大半を過ごす家庭、学校における経験の在り方を検討してみなければなりません。不登校になる可能性を潜在させて生まれてくる子どもはいない、と言ってよいからです。

不登校を生み出す上で、強く作用する要因になると思われます耐性の育ちのひ弱さに焦点を当てますと、まず、現在の日常生活の状況を取り上げなければならないでしょう。便利さ第一、効率優先が重視されがちな、技術文明が高度に発展を遂げてきている現在の社会にあっては、少なくとも、ともすれば、物質的な側面では、要求が何事も容易に満たされやすい状況にあります。

つまり、欲しいものはそれほど労せずして即刻手に入ると言ってよいほどの生活の現実があります。わたくしたちは、そのような生活の中にどっぷり浸っており、知らない間に、苦労を疎んじ、安逸を求める気持ちを芽生えさせてきてはいないでしょうか。ある成果を得るために相応の努力を必要とすることが、軽視されるようになってはいないでしょうか。

そのような風潮の汚染が進めば、それが、家庭や学校における子どもの生活に大人の考えを介して反映してきても不思議でありません。耐性には、努力を重ねて目標を達成する経験により培われる側面があります。今日的な生活状況には耐性の健全な育ちを阻む要因が、作用しやすい状態で存在(むしろ伏在)している事実を忘れてはならないのです。

例えば、コンピュータの利用にしろ、労せずして知識を手に入れ学習しようとする、怠惰な耐性の弱い心を子どもに生み出す危険を潜在させているのです。効率と便利に流されると、いかにも分かりやすい教材を子どもに与えてしまう学習指導に陥る恐れもあります。子どもが自ら努力して教材を自分のものにする機会を、奪ってしまうことになりかねません。耐性の育ちを阻む可能性もあるのです。

ところで、学校にある不登校の引き金となると思われる要因で、重視すべき主なものは何でしょうか。それは、子どもと教師の人間関係の在り方です。既に指摘しましたように、本来の学校教育は、子どもと教師の間に、真に心がふれ合い、相互信頼、相互尊重が生まれ、育まれる人間関係を基盤として、営まれるべきであるからです。教師の子どもに対する共感的理解は、そのような人間関係が成立するために基本的な条件です。そして、教師がその共感的理解を心から目指すならば、子どもがそれぞれの生活史を持つ時間的な存在である以上、少なくとも「小・中」の連携は欠かせないことになります。

個々の子どもは、それぞれ固有な特性を持つ独自な存在です。学校における日常の教育の営みが、そのような子どもの存在性が十分に理解され、尊重されて行われているかどうかについて、教師は絶えず省みる必要があります。子どもが、学校生活において自己に特有な能力や特性を大切にされれば、必ず自己発揮の機会に恵まれます。

この自己発揮に伴う成就感、有能感により、子どもは、相応に自信を実感し、学校生活に対する意欲を強めます。自信が確かなものとなり、意欲が高まれば、新しい学習の課題に失敗を恐れず挑戦できます。この自己発揮の過程で、努力が鼓舞され困難が克服される体験を見逃してはなりません。耐性が培われる大切な機会となるからです。

不登校に陥っている子どもは、ある意味で、それにより学校での自己発揮の場を求める訴えをしているとも言えます。子どもが、学校で自ら選び、決め、自己を発揮するように促され、それを行うことができるなら、新しい経験を自ら成し遂げたい、他者から自分の存在を認められたい、集団の中で確かな位置を占めたい等々の、いわゆる基本的な要求が自らの努力の結果として満たされます。

このような体験が、子どもの意欲を高める上で重要であることを、教師が日常の授業ではっきりと意識し、教育実践に努めているか否かが問題となります。カウンセリングの事例の多くでは、この点について気になるところがあるように思われます。

不登校の主な原因を、子どものこのような基本的な要求の充足史に求めることは、少々単純のように思われますが、学校が不登校の克服を目指すに当たっては、この問題に焦点を絞ることが必要です。それには、子どもがこれまでの学校生活において（無論、家庭生活においても）、これらの基本的な要求をどのように充足し、あるいは、阻止され生活してきているかについて、正しい共感的理解がなされ、改善すべき点について十分配慮されなければなりません。それにも「小・中」の連携は必要なのです。

5 実践的な小・中学校の連携

個人の現在の存在は、過去のそれの結果であり、未来のそれの原因となります。子どもをこのように時間的に捉えることの重要性には、大人の場合と比べ大きなものがあります。子どもは成長の途上にあるからです。それは、子どもが現在までに体験してきている生活上のいろいろな事実を重視し、目の前の現実の子どもを理解することの必要性を意味しているからです。不登校の克服を図るに当たっても、それは重要です。言い換えれば、不登校に対する助言指導において、「小・中」、さらには、「幼保・小・中」の連携は本来的に不可欠な条件なのです。

一般に、子どもを教育する営みでは、家庭、学校、地域の連携の必要性が痛感されていても、この連携は実質的にどの程度に具現化されているでしょうか。ここでは、その現実を問いません。不登校を克服するために、小・中学校の連携を図っていく具体的な方法について、若干考えてみます。

まず、各学校において、子どもの理解をより深めるための一層の努力が傾けられなければなりません。子どもを理解することに上限はありませんし、子どもを大切にする気持ちは、子どもの理解を深めようとする努力を生むものです。不登校の指導助言では、特に、子どもの個別性を正しく、かつ共感的に理解する方途を大事にしたいものです。

そこで、校内で学年単位、または、全校規模の事例研究などを計画的に行うことが必要となります。そのような機会を通して、当該の子どもの理解もより確かなものとなり、指導助言についても、教師間の共通理解が向上します。それは、問題解決に向け努力する教師相互の連携を生み、深めるものとなります。

特に、事例研究会では、当該の子どもの問題の改善が図られると同時に、その研究を通して、教師の資質の向上も期待できます。また、当該の子どもに対して主として指導助言に当たっている教師を支援する機会にもなります。小・中学校の連携が進む場となり得る両校合同の事例研究などは、この校内的な研究会が行われていることを前提として開かれることが望ましいと思われます。それは、自己理解に立ち、他者理解、相互理解を図る実のある連携ができるからです。

このような合同研究会を行うに至る一つのステップとして、小学校の教師が希望すれば中学校の事例研究会に参加できる（この逆の場合もありますが）方法を考えることもできるでしょう。それは少し難しいと言う理由で敬遠されるようでは、小・中学校の連携による不登校克服の努力は積極さを欠くことにもなります。

予想される難しさがあれば、それを解決する対策を工夫し、小・中学校間で事例研究等への参加ができるようにしたいものです。小・中学校相互に、子どもの実態、教育指導の実際などが具体的にかつ実感的に理解できる機会となり、そのような理解は、小・中学校間に実質的な連携を生み、強めていく上で非常に大切なものになります。

校種を交えての小・中学校合同の事例研究会などを、定例的に、あるいは、必要に応じ適宜に開くことも望まれます。事例研究についてそれが可能となれば、例えば、不登校問題の克服にも事例によっては大きな前進が期待されます。小・中学校間の連携が不十分であったため、子どもに必要な指導助言がよくなされなかった事例もあるのです。このような研究会などを推進する役割を担う仕事には、例えば、生徒指導主担者が専門性を生かしてはどうでしょう。

府下のある市では、不登校問題等につき検討する委員会が組織され、各学校園からも一名ずつの代表委員が一年の交代制で出席し、報告事例につき研究が重ねられてきています。そこでは、活発な討議が展開されると共に、問題改善のための熱心な助言も行われ、不登校問題などの克服を目指し、粘り強い努力が続けられています。

それは、文字通り「園・小・中」の実質的で有益な連携が行われ、強められる実践の場となっています。また、それは、学校園が少なくとも不登校を重要な教育問題であると共通に認識し、それぞれが自らを開き、問題解決のために情報を交換し、相互連携を図っていく契機であり、また努力でもあるのです。

もちろん、校種を交えた研究などの場は、連携の実践に限られるわけではありません。教師が開かれた学校園作りを積極的に目指すことにより、必要に応じ、日常的にきめ細やかな連携も進められ、それは、また、不登校を克服するためにも非常に大切なことです。しかし、そのねらうところの基本には、子どもの心身の健全な成長を助成する上で、心から無条件に連携を重視し、生み出し、深めていこうとする、教師の態度が不可欠であることを忘れてはならないと思います。

不登校という大きな教育問題を解決していく上で、小・中学校の連携が果たす貢献を多としても、この問題の根本的な克服には、現実に連携を担う教師の、心から子どもの成長を願う熱い教育愛が強く根付いていなければならないのです。

6 おわりに

かつては、不登校のような教育問題は苦悩する家庭、学校はありませんでした。それゆえに、この問題の原因の重みを、時代や社会に帰する向きも少なくありません。しかし、不登校に共通する特徴は、いわゆる耐性の育ちのひ弱さにあると言えないでしょうか。そういう側面が見られることは確かです。

この耐性は、日常の生活の中で育まれるものです。そのために、子どもが体験すべき生き方は、改めて詳しく述べるまでもないでしょう。要するに満足できなくてもそれに「耐える」生活経験が大切なのです。この意味で、現在の学校教育の在り様を謙虚に省みる必要はないでしょうか。子どもの教育を担う教師の生活姿勢や考え方で改めるべき点はないでしょうか。「子どものつまずきは教育のつまずき」と受け止め、「子どもの姿で自己評価を」すべき側面が教師にないでしょうか。

（『中学の広場』第35巻　第2号、大阪府公立中学校教育研究会、1997・12　pp.4～11）

第15章

現在当面する生徒指導の課題

生徒指導では「かけがえのない」と「すべて」が重視されます。
この視点から生徒指導の大切な課題について考えます。

1 はじめに

生徒指導については、これまで研修講座に助言者として関わる機会を重ねる経験などを通しても、学校現場における実際の指導が、多くのさまざまな問題を抱えていることを実感させられています。そこで、本稿では、標題をめぐって、現実の生徒指導に視点を当て、できるだけ具体的に論じたいと思います。

学校教育では、言うまでもなく、子どもに健全な全人的成長を促す営みが、意図的にそして計画的に進められているわけであり、その目標を達成するために、並々ならない熱意が燃やされ、努力が傾けられている現場の生徒指導には、心から敬意を表したいと思います。しかし、同時に、その熱意や努力がより一層生かされるために、さらに望みたいところもあります。

最初からこのように筆を進めることは、生徒指導に日々尽力されている現場に対し、いささか礼を失する批判的な姿勢と受け止られるかも知れないと思いますが、それにもかかわらず、ある意味で苦言を呈せざるを得ない気持ちを抱くことを許して頂きたいのです。

実際のところ、現在の生徒指導の内実は、大変に難しい問題を含んでいます。もし、生徒指導がより適切に行われていたなら、子どもの人格の順調な成長が阻まれる状況に陥ることがなかったと思われる場合も少なくありません。もちろん、子どもの問題行動が改善され難い事例で、その原因の全てが学校における生徒指導の是非に帰せられるわけではありませんが、「もし、学校の指導が…」という思いに駆られる場合がかなりあるように考えられるのです。

最近の子どもの行動傾向で気になる姿―例えば、要求を制御する力の弱さや他者を思いやる心の薄さ―などに目を止めるとき、正しい生徒指導、特に、適切な人格指導の必要性、重要性を切実に感じます。子どもの成長には環境次第と言ってもよい側面がありますが、その大切な環境を構成している第一の要因として、子どもを育むための大人（親、教師）の働きかけの在り方を上げる必要があります。子どもの気になる行動傾向が、問題行動へと子どもを追いやる可能性は否定できませんが、それも子どもが生活している環境によるところが大きいのです。本稿では、この辺りに焦点を当てて、「現在当面する生徒指導の課題」について論じてみたいと思います。

2 最近の生徒の気になる姿

生徒指導では、その対象である個々の生徒のあるがままの姿をよく理解するよう心掛けなければなりません。それでなければ、生徒の人格形成を正しく助成できないからです。個々の生徒は、それぞれかけがえのない存在であり、それゆえに、生徒指導は生徒の個人差を十分配慮して行われるべきなのです。かけがえのない存在という生徒観が指導の基本に据えられなければなりません。

したがって、「この頃の中学生は…」という見方に立つ生徒への関わり方には、本来の生徒指導を考える時に、必ずしも妥当でないと思われる方向に流れる恐れがあります。しかし、現在生活している中学生の姿をよく見据え、生徒指導のねらうところに照らしてみますと、生徒一般に気にかかる特徴が認められることも確かです。

生きた生徒指導は、現実に息づいている生徒の具体的な実態に即して実践されて初めて可能であり、その意味で、「最近における生徒の気にかかる姿」から、生徒指導の課題を探ることも大切でしょう。

教育の現場で、改善に向けての指導が思うようにはかどらず、それへの対応に大変難しさがあります。例えば、続発する傾向のある問題として、登校しなければならないと思っても登校できない―登校拒否―もの、学校を嫌い、また登校を怠ける―嫌・怠学―もの、社会的な規範を破る行為に走り、他者に迷惑をかけ自分も傷付く―非行―ものなどが挙げられます。

これらの問題は、生徒の発達の可能性の顕現化を阻む恐れが大きいだけに、まずもって指導の対象とされなければなりませんし、その症状が顕著であるので、現場の指導でも取り上げられやすいものです。しかし、問題の奥に垣間見られる、現在の生徒たちの人格形成上気にかかる面の裾野は、かなり大きいものと思われるのです。生徒指導では、この憂うべき現実を見落としてはなりません。

右に述べました登校拒否の問題性には、新しく遭遇する困難に耐え、それを克服していく意志の力が十分に培われていない状態が見られます。新しい経験には必ず成功するという保証はありません。そのような不安がよぎると、それを恐れ、家庭という温床に逃避してしまうのです。

学校における授業は課題意識を伴う活動であるため、この仕事に気が進まないと、楽しみを安易に生み出してくれる活動に顔を向けてしまうのが、嫌・怠学型の問題性です。そこには、取り組む活動から直ちに面白さが味わえなければ、いかにも簡単に快楽な生活に流されていく、自我の脆弱さが目に付きます。

非行型の問題性には、いわば、生の衝動に駆られ気の向くままに行動する、あるいは、要求の満足を制されると攻撃的な態度に出る、社会生活の規則を軽視し、さらには無視する結果を生むことになります。

無論、最近の生徒の気にかかる姿を、このように集約しきれるわけでありませんが、これらの問題性の根底でうごめいている心の仕組みと似た傾向が、現在の生徒たちの多くにはある程度潜在しているように思われるのです。つまり、耐える力の弱さ、頑張る意欲の乏しさ、思いやる気持ちの薄さなどが見え隠れする行動を取る生徒は少なくない実態があります。この今日的な現実を正しく認識し、生徒指導がその目標を目指すなら、現在の生徒指導が当面している大きな課題の一つは、生徒たちの人格の改善的、さらには開発的な形成を促すことにあると言えましょう。今日の生徒指導は、非常に重要な役割を担っているのです。

3 苦悩する現場の生徒指導

教育の現場で、仕事に多忙と困難を極めている生徒指導の実情に接しますと、正に苦悩する生徒指導そのものを目前にする気持ちになります。特に、いわゆる問題行動の指導に関しては、早期発見、早期指導―生徒の発達の可能性の十分な発現を妨げずに促すという点で重要です―の必要性が指摘されますが、その域に達し難いのが現実のようです。消火に人手が足りず、防火まで手が回りかねると言うのが、多くの教育現場の実態という印象が拭いきれません。

いわゆる登校拒否型、嫌・怠学型あるいは非行型などの問題行動は、教師が望むあるべき生徒像からかなり逸脱していく懸念が付きまとうために、生徒指導の対象とされやすいところがあります。さらに、その気にかかる問題性を除くことが優先され、対症療法的な色合いが強い指導が進められがちです。生徒指導の内容は、開発的よりも治療的に傾いているとも言えましょう。

しかし、このような生徒指導の姿勢には、問題行動の予防や改善をし難い弱さがあります。生徒に問題性をもたらし得る、あるいは、問題をもたらしている原因そのものに迫り、それを除くことを目指すことができない、表層的な指導にとどまることになりやすいからです。気にかかる問題性が目の前からなくなることを急ぐ余りに、そのような行動を抑え込もうとする指導に傾くこともしばしばあり、また、行動の問題性が姿を見せなくなれば、それで安心し、つい指導を軽視しやすいからです。その結果に関して多くを言うまでもありません。問題は根本的な解決にならず、生徒指導の苦闘、苦悩は続き、生徒の人格の健全な成長が阻まれる危険性が大きくなります。

大人に対する反発は、生徒たちの年齢的な特徴でもあるのですが、そのため、この時期の生徒の自我の成長に関わる指導では、感情的な摩擦が生じやすく、困難な面があります。特に、攻撃性を帯びた行動の問題性に対する指導に際しては、生徒との間に心理的な衝突が起こりがちです。そこで、頭をもたげてくるのが、勝ち負けの論理による指導です。

教師は、子どもの上に立つ存在であるという考えから、生徒を教え導こうとします。この限りにおいて、生徒の未熟である、あるいは、誤っていると思われる考え方や感じ方に耳を傾けることは難しいものです。まして、生徒からの批判的な言動などは受け付けられません。生徒に負けることなど考えられませんから、文字通り生徒との勝負で勝とうとします。勝たなければなりませんから、生徒に自己の考えを、一方的に言い聞かせ、それに従わせようと努めます。それでは、勝った教師と負けた生徒との間に、不必要な心の緊張が生まれ、生徒指導に欠かすことのできない、温かく心がふれ合う人間関係は生み出され難いのです。

生徒指導で訓育か相談かをめぐって論議されるのは、この辺の事情を反映しています。生徒の行動の是非を問い、叱責して指導に従わせるのか、生徒の行動をありのまま共感的に理解し、相互的な信頼関係を深めつつ、生徒自身が自己指導力を培うよう促すのか、教育の現場では、これらの指導姿勢に関して、教師の間であまり生産的でないいずれが、時には対立が生じてくるのも事実です。教師の間に心の溝があっては、有効に機能する生徒指導の体制は育たないでしょう。

生徒指導に不必要な軋轢を生む指導体制の中では、日常的なきめの細かい生徒指導の浸透を図り、充実させることはできません。それも、最も避けるべき後追い指導をすることとなります。そこには、生徒指導上必須とされる、教師の人格的な資質の問題も絡んでいます。

4　生徒指導の本来のねらい

「生徒指導は、人間の尊厳という考えに基づき…個人の自己実現を助ける過程であり、人間性の最上の発達を目的とする…」と明確に位置づけられている教育の営みですが、その実践となりますとなかなか容易でありません。生の人間である教師の生き方と生徒指導の実践との間に、正しい整合性が求められるからです。したがって、生徒指導の実際の姿も、それが当然の現実だということになるのかもしれません。しかし、苦悩する現場の生徒指導における具体的な実践例が問いかけるものに当面しますと、平静にそう言い終えているだけではいられません。

「言うは易し、行うは難し」は、そのまま現実の生徒指導に当てはまりますが、このいわば理論と実際の間隙は、現在の生徒指導の根本的な問題点を示唆しているように思われます。

その一つは、生徒指導の基本―目標と原理―が、ともすればなおざり視されていると考えざるを得ない場合があるということです。例えば、生徒指導の極めて基本的な原理が見失われていると思われる指導実践にお目にかかる機会が少なくありません。

その二つは、生徒指導を支える人間観―個人の主体性と独自性の尊重―を、教師が己によく育んでいないと思われる場合です。例えば、生徒指導の原理が教師に理解されていても、実際の指導にそれが十分生かされていない向きがあります。それは、個々の生徒をかけがえのない存在として認識する人間観が、生徒指導の原理を実践に生かすことの前提となるからです。

このように論じてきますと、現在の生徒指導について、改めて次のように省みる必要性があるように思います。生徒指導の真の原点、つまり、生徒指導の基本に据えられる目標と原理が、教育の現場で、しっかりと受け止められ、十分にそしゃくされているのだろうか。生徒指導に必須の滋養分としてよく吸収され、実際の具体的な指導で、正しく生かされているのだろうか。これらの点について考えてみることが大切だと思われるのです。

生徒指導では、生徒の健全な人格の成長を助成するために、生徒の健康な適応―生徒が自己の要求と社会の要求を調和させて充足させる―を援助することを目指していることについては、改めて述べるまでもないでしょう。しかし、現場の生徒指導において、この根本的な視点が、指導実践の背景へ押しやられ、希薄化していると思われる事態が、しばしば認められるのです。多少、厳しい指摘となるかもしれませんが、「生徒指導は…生徒が自らの努力により、自己の可能性を発見し発達させるように…援助する過程…」でもあるのです。

生徒指導の究極の目標は、生徒自身が、この自己指導力あるいは自己教育力を培っていくよう促すことにあるわけですが、実際の生徒指導は、この目標を明確に認識し、その達成を目指す点で、果たして十分に満足できる状態にあるのでしょうか。

自己指導力の健全育成を図る営みにおいては、個々の生徒の持ち味が、可能な限り適切に発揮されるよう、個人差を重視した指導が行われなければなりません。生徒が、自ら考え、選び、決め、行う経験が大切にされる必要があります。言い換えますと、生徒の独自性と主体性は言うまでもなく、自律性や自発性が尊重されなければなりません。このような指摘をしますと、それは冗長だと言う謗りを免れないかも知れませんが、現実の生徒指導の実態を考える時に、どうでしょうか、冗長と思われる指摘は、むしろ不必要でないのです。

特に、気にかかる問題行動に対する指導には、生徒指導の本来のねらいから逸脱する危険性が付きまとわっているように思われます。真の生徒指導を営むには、人間の尊厳さについての深い自覚が求められます。生徒の自己を実現する能力に対して全幅の信頼を寄せなければなりません。しかし、時を待てない、高圧的または強制的な指導への偏向には、この自覚や信頼が認められないのです。生徒指導におけるこのような弱い側面が、早急に改善を迫るべき大きな課題の一つであることには間違いないと思われます。

5 生徒指導が抱えている基本的な課題

これまでに述べてきました、生徒指導の本来のねらいに照準を合わせ、現在の生徒指導の実践について問い直してみますと、解決が望まれる基本的な課題が、さらに、いくつか浮び上がってきます。

現在の教育の現場における生徒指導の活動で、前面に出ている主なものは何でしょうか。それは、生徒指導が主担である教師の苦慮、苦闘に見られるように、生徒の問題行動の改善を図る指導だと言えます。生徒の行動で、実際気にかかる問題性が目に付けば、もちろん、それは生徒指導の対象とされなければなりません。生徒の成長の可能性が発現することが阻まれる恐れがあるからです。

しかし、生徒の問題行動が多発し、その問題性の重さのために、生徒指導が問題行動に振り回され、その指導に終始し、それをもって主たる生徒指導とみなされるなら、大きな誤りです。生徒指導では、自己実現と社会的有用性が合致するよう、生徒の人格が全人的に開発されることに、より積極的な目が向けられるべきなのです。それは、必然的に生徒の潜在的な発達可能性の顕現化を阻む問題が発生することを予防し、さらに、精神的な健康の向上をもたらすものです。この点に関しては、日常きめの細かい人格指導が大切となります。

右に述べました生徒指導の課題となる視点に関連して、次の課題が生まれます。生徒指導では、少なくとも、学校現場における「すべて」が見失われてはならないのです。生徒指導は、すべての教師が担当し、すべての生徒を対象とし、学校のすべての活動領域で、生徒の人格全体の成長を援助する営みでなければなりません。そこで、学級担任による、個々の生徒に対する日常的な生徒指導の濃密化が重要となるのです。それは、相互信頼が基礎とされ、人格が温かくふれ合う人間関係の成立を出発点とします。

この、いわばすべての生徒指導が、着実かつ円滑に進められるには、それにふさわしい指導体制がなければなりません。しかし、必ずしも教育観を同じくしない教師成員が構成する学校組織では、そのような指導体制を形成することはなかなか難しいものです。教師の間で一貫した実践ができなければ、生徒指導は挫折します。この問題を除くには、教師相互の共通理解に根ざす指導体制作りが大事になります。しかし、この点に関しては、学校現場の悩みは大きいようです。

そこで、生徒指導に関する定例的な校内事例研究会の実施を提唱します。この事例研究会が本来の機能を十分に発揮するなら、教師相互の啓発、理解、協力が深められ、真の指導体制が必ず成長してきます。それは、制度的な指導組織作りに欠かすことのできない前提でもあるのです。

既に指摘しておきましたように、最近の生徒の人格には、耐える力、頑張る意欲、思いやる気持ちなどの育ちに不十分さが見られます。したがって、これらの心性を生徒に堅実に育むことは、現在の生徒指導にとり、重要な課題となるでしょう。他者の存在を大切にしつつ自己を積極的に発揮する自我は、健全な人格の基礎になります。道徳性や社会性の指導を生徒指導の中で明確に位置づけ、この課題を達成したいものです。

教育の営みでは、生徒と教師の人格的なふれ合いが、極めて重要な意味を持っています。両者の間に信頼関係が形成されていて、初めて真の教育が成り立ちます。当然、このことは生徒指導にそのまま当てはまります。しかし、現在の生徒指導の具体的な実践を考えてみたらどうでしょう。真の信頼関係を基盤として、生徒指導が行われている場合は、意外と少ないのではないでしょうか。率直なところ、そんな想いに襲われるのです。

無論、現場の生徒指導では、この信頼関係の形成が重視され、そのための努力が重ねられていることでしょうが、教師が、生徒との間にこのような関係を作り上げることはなかなか難しいものです。教師は、日頃の指導で生徒に言い聞かせ、教え導くことに慣れており、耳を傾けて生徒の言葉を聴くことが苦手であるからです。生徒の話を専心して聞き、生徒の立場に立って、その考え方や感じ方を理解することに努めて、初めて生徒との間に信頼関係が生まれます。教師が、この心から聞く態度を身に付けることは、生徒指導における非常に大切な課題の一つでしょう。

6 おわりに

以上、教育現場の実態に目を向けながら、現在当面する生徒指導の課題を眺めてきましたが、これですべてを論じ尽くしたと言うわけでもありません。もちろん、より原理的な視点から述べることもできるでしょうが、本稿では実践的な状況に即し、その達成を求められている課題のいくつかを述べるにとどめました。それは、現実の生徒指導に、常々、理論と実践の間隙の大きさを感じていたからです。

生徒指導は、その根本精神をしっかり踏まえて実践されなければなりませんが、最優先されるべきものは、生徒と教師の関係の在り方です。両者には、確かに、指導者と被指導者という縦の関係がありますが、教師がこの関係の域を超えようとしなければ、真の生徒指導は行われません。生徒指導の原点に立とうとするなら、共感的な理解と受容に支えられる人間関係を生徒との間に形成しなければなりません。
生徒も教師も、それぞれ主体性と独自性を備えた同じ人間であるという連帯意識と、生徒の自発的な自己成長力に対する信頼感があって、初めて生徒指導に揺るぎない基盤を与える人間関係が確立されます。生徒指導に携わる教師は、このカウンセリングマインドとも言うべき心を、より高め、深め、教師としての資質の向上に絶えず励むべきだという、極めて基本的で重要な課題を、常に与えられていることを忘れてはならないでしょう。教師も生徒指導を実践する過程で、自己変革を図り、自己成長を遂げたいものです。

（『中学の広場』第27巻　第2号、大阪府公立中学校教育研究会、１９８９・12　pp.４～１５）

第16章

自他を生かす心の教育を

心の教育が強調されていますが、その本質はどこにあるのでしょう。
心の抑制を大切にし、自律性と愛他性を育むことだと思います。

1 今、なぜ心の教育か

物の文明が高度に発展してきた現代社会で、心の生活が重視されるようになってきましたことは、昨今の社会的な風潮です。それは、われわれの日常生活にあって、心の育ちの脆弱性や病理性が垣間見られる社会の不安を反映しているものと言えます。そして、最近に至っては、この不安が顕現化するかのように、いろいろな教育的な問題が次々と生じています。その結果でしょうか、社会が困惑している情勢に直面して、教育関係者をはじめとし、多くの人々の間で「心の教育」の必要性が指摘され、強調されています。

しかし、よく考えてみますと、教育に対するこのような時代的な要請には矛盾する疑問があります。そもそも、教育は何を目指して行われる営みなのでしょうか。教育という営みの本質は何なのでしょうか。それは、言うまでもなく心の健全な成長を助成することです。今、殊更に心の教育の必要性が主張されるのは、この心の教育が目指してきた目標とは相反する結果が現れてきている、とも思われる矛盾が生じているからです。

教育は、正に心の教育をその基本的な本質とするものであるにもかかわらず、心の教育の重要性が今日のようにしばしば強調される現実は、従来の教育の実際をありのまま見直し、今後の教育に正しい展望を持つことが必要であることを示しているとも言えましょう。


これまでの家庭や学校における教育を省みますと、それが、心身の成長する途上にある時期の子どもを対象とするものであるだけに、そこに、現在心の教育が強く主張されるに至っている事態を生み出してきた状況があったのではないかと思われます。

例えば、知育偏重という教育の在り方に警鐘が鳴らされていたにもかかわらず、家庭や学校がその渦中にあって、すう勢に抗しきれなかった部分があったという実態を挙げることができます。それでは、子どもの心の成長に歪みが生じてきたとしてもおかしくありません。むしろ、当然の結果なのです。人の心を、知、情、意の三つの側面から捉えるとしますと、教育は本来、これらのバランスの取れた発達を促すことに努めるべきなのに、それを怠り、誤ってきたとされても致し方のないところがあったのではないでしょうか。

2 教育における抑圧と抑制

戦後の教育の底に流れてきた思潮には、現在、それを改めて直視し、再考し、改善を図るべき課題があるように思われます。戦後以前の特に戦中の教育に対し、過ぎた反省が求められ、とりわけ、人格の形成を助ける上で重視されなければならない視点が等閑視され、時には除外されてきたところがあったのではないかと考えられます。それは、個人の自由を拘束する抑圧からの解放に原点を置いた、戦後の教育の根本姿勢に潜在していたものです。

個性の伸長を促す教育では、教育者が、自己の成長を求める被教育者を、教育の名のもとに一方的に抑圧することは誤りです。たとえ、その対象が子どもの生のままの要求であってもです。しかし、戦後の教育では、それまでの教育で大きく作用していたと思われる抑圧の幻影に脅え、実はこれと区別することなく、抑制という人格の重要な部分を占める心の働きが育つ機会を、被教育者から奪ってきた恐れがあるのです。心の抑圧を非とする余りに、心の成長過程で心の抑制まで外してしまう教育をしてきたのではないでしょうか。

子どもの望ましい人格の発達にあっては、抑圧は有害であっても、抑制は欠かすことのできないものなのです。子どもが自己の要求を思うまま自由に満たし、自己を発揮することを促す営みが、教育の基本だと考えることは問題です。本当の自由とは、他者の自由も大切にするものでなければならないからです。したがって、そこには自己の要求を抑制することが必要となってくるのです。

幼い子どもは生の要求に駆られて行動しようとします。それゆえに、他者の迷惑にならないよう気ままな要求を自ら抑制する心の育ちは、人格の非常に大切な基盤となります。それは、個人が生後の経験により着実に身に付けていかなければならないものです。これまでの教育の問題性に目を向ければ、戦後の教育は、抑圧の側面に気持ちを奪われるまま、抑制をも除いてしまった傾向が感じられるのです。教育が子どもに保障する自由は、堅実な抑制心を備えたものでなければなりません。換言すれば、義務と責任を求める自由なのです。

3 自他を生かす心の教育を

現在の教育において、心の教育が緊急な課題となっていますことは、教育という営みの本質を考えますと、何とも皮肉な現実です。しかし、この従来の教育の問題性が、今日の教育における必要性を訴えているとすれば、心の教育が強調される動向は何を意味しているのでしょうか。それは、少なくともこれまでの心の教育を問い直せということなのです。

では、今、心の教育が目指すべき基本となるものは何でしょうか。それには、現代の心の実態にある問題性が答えています。心の教育では、既に述べましたように、本来、知、情、意のバランスの取れた成長を促すことを目的としているのです。もちろん、個人の独自性の伸長も重要ですが、人格の基礎にあっては、これら三つの心性の調和した発達が大切です。しかし、現在の病める心では、情、意の育ちがひ弱な状態が見受けられるのです。

そこで、このような現在の心の育ちの現実を考えますと、心の教育において「自他を生かす心」を育むことを、特に、重視したいものと思います。最近の教育では、主体性を十分に発揮することが大切にされ、教えられます。しかし、それは他者の犠牲の上に成り立つものであってはならないのです。自己の主体性の発揮を大事にすると同時に、他者のそれが尊重されなければなりません。つまり、主体性の発揮は、自己と他者の間で相互に満たされるように行われる必要があります。

ところで、現実の教育にあっては、ともすれば、自己の主体性を発現させることに強く焦点が当てられる傾向がないでしょうか。自己を生かす心を育むに当たっては、自発性と自律性の育ちを大切にすべきだと思います。

ものごとへの主体的な取り組みは、まず自ら進んで行われます。したがって、自発性は重要です。しかし、その自発性は、他者のそれを考えた適切な自己抑制を備えて発揮されなければ、他者の自発性を妨げることにもなりかねません。そこで、他者の気持ちを適度に受け入れ、自己の要求を抑制する自律性の成長も必要になります。そして、この自らを厳しく律する心性が順調に育てば、それは、自分の要求を阻む困難を適切に克服していくことを可能にする耐性が身に付くことを意味します。

次に他者を生かす心ですが、それは、他者を他者の立場から思いやる共感性や、他者のために行動する愛他性が健全に育つことにより培われていきます。そして、この共感性は、人間は皆同じという連帯感を大切な前提として育まれます。さらに、共感性が着実に育つ過程でその行動化が生じてきますが、それは愛他性の育ちを示しています。このような他者への思いやりは、他者を大事にする気持ちであり、他者を生かす心の基盤となるものです。

現在の子どもたちの問題を考えますと、このような思いやりの心や耐性の育ちの不十分さが痛感されます。これらの心性は、幼少期からの経験により培われていくことは言うまでもありません。現在、喫緊な教育課題として強調されている「心の教育」は、その意味でも、自他を生かす心を育むことを目標の基本に置くべきだと思うのです。

（『心理学者が語る心の教育』行吉哉女・田中敏隆編著、実務教育出版、１９９９・３　pp.１４０〜１４３）

あとがき

この度、『子どもと親と教師が育つ48話』の書名で本を出版することにしました。48話としましたのは、わたくしが本年をもって四十八年にわたる仕事に一つの区切りをつける心積もりでいますことに因んでいます。

わたくしが、心理学を専門の分野として歩んできました道のりは五十年近くを数えることになりますが、今、想い起こしますと、実にさまざまな経験をしながら、ほぼ半生を教育と研究の仕事に勤め、現在に至っていると言えます。

その間、教育関連の専門書や雑誌に寄稿しましたものは、かなりの数になりました。その中から三つの分野「子ども」「親」「教師」について述べましたものから各々16話ずつ選び出し、48話を含む三部構成からなります著書にまとめました。この構成は、かつては、子どもであり、その後は親として、教師、研究者として生きてきている自分を回顧している面に拠っているところも多々あります。

子どもは発達している存在であり、親、教師ともその発達を支える立場にある大人である、と位置づけ、本書を構成したわけです。

本書には、わたくしが、これまで教育や実践的な研究で培ってきました発達観や教育観が色濃く反映することになりました。本書を作成する作業を進める中で、わたくし自身、親、教師としての生きざまを自省し、望ましい生き方を改めて認識することができました。同時に「48話」には、子どもの発達と教育に関わる課題につき、普遍的な見方を大切にしつつ、わたくしの考えるところを述べさせていただいており、これまでに、子どもの教育に携わっておられる方々にも、多少なりともお役に立ってきましたものと思っています。

今から想い起こしますと、高校時代に母の友人で東京精神分析研究所の所員であった櫻井文子先生より、精神分析の話を聞く機会を重ねるうちに、心理学を学びたい気持ちを抱くようになりました。それがきっかけで、東京教育大学（元東京文理科大学、現筑波大学）の教育学部心理学科に入り、引き続き同大学大学院教育学研究科教育心理学専攻の修士、博士両課程で児童心理学を専修し、子どもの発達についての教育と研究に関する専門分野の道をたどることになったわけです。

大学院の課程を修了しました後は、東京成徳短期大学幼児教育学科（1.5年）、大阪教育大学小学校教員養成課程・大学院（32.5年）、さらに、関西福祉科学大学社会福祉学科・臨床心理学科・大学院（10年）で、自己の専攻・専修分野に関わる講義や演習を担当してきました。現在は、勤務五年目を迎えましたが、大阪総合保育大学・大学院で教育と研究の仕事を続けています。その間、大阪教育大学ならびに関西福祉科学大学では名誉教授の称号をいただきましたが、家族や、多くの先輩、同僚、後輩などの関係者に支えられて、教育と研究に専念できましたことの賜物であると、心から感謝している次第です。

わたくしが、故郷である岐阜県の田舎町郡上八幡を後にし、東京を出発の地に選び、人生を教師と研究者の道へと進み、今日に至っていますことには、旧制の師範学校を修了し、郡上郡(現在の郡上市)で至誠と慈愛をモットーとして小学校の教師を勤めていました両親の影響が大きかったものと思います。また、わたくしの身内には教師の仕事に就いている者が少なくありませんでした。人を教え育てるというやり甲斐のある人生を過ごしてきました日々をかえりみますと、わたくしは意識せずとも、教師の道を歩む宿命にあったようにも思えるのです。

発達心理学、教育心理学の視点からは、「真の子育ちは、真の大人育ちがある真の子育てにより、揺らぐことなくしっかり進む」と言えましょう。子どもの人格の健全な成長を促す教育の営みは、親、教師に課せられた、極めて大切な役割です。この役割を全うしますには、親、教師の適切な子育ち支援が必要です。『子どもと親と教師が育つ48話』が、真の子育ちを支える、真の子育てができる、真の大人育ちに役立つ一書となりますならば、著者として望外の喜びです。

本書を作成するに当たりましては、48話の掲載につき、原出版社、教育諸機関から寛大なご配慮を賜りました。ここに心から感謝の意を表します。また、本書が出版に至りますまでには、友野印刷株式会社の友野昌平社長、鈴木隆弘氏、西山尚毅氏やふくろう出版の亀山裕幸氏を始め編集の任にある方々には大変お世話になりました。皆様のご厚情に対しまして深くお礼を申し上げたいと思います。

平成27年1月4日

小林　芳郎

[著者略歴]

小林《こばやし》　芳郎《よしろう》

1935 年、岐阜県郡上郡八幡町（現郡上市八幡町）に生まれる。
1953 年、岐阜県立郡上高等学校普通科を卒業後、東京教育大学（現筑波大学）教育学部心理学科に進み、続いて、同大学大学院教育学研究科教育心理学専攻で児童心理学を専修し、1967 年に博士課程を修了。
大阪教育大学名誉教授、関西福祉科学大学名誉教授。
現在、大阪総合保育大学・同大学院教授。

著書に、『幼児から青年までの心理学〈共著〉』（福村書店）、『臨床発達心理学〈共著〉』（朝倉書店）、『乳幼児のための心理学〈編著〉』『学びと教えで育つ心理学〈編著〉』（保育出版社）、訳書に『子どもの認知機能の発達―知覚と理解〈P. ブライアント著〉』（協同出版）、『児童の発達心理学　上、下〈E. B. ハーロック著・共訳〉』（誠信書房）、『知覚の発達心理学Ⅰ、Ⅱ〈E. J. ギブソン著〉』『子どもの描画からわかること』〈C. A. マルキオディ著〉（田研出版）他著訳書多数。

子どもと親と教師が育つ48話

2015年3月31日　初版発行

著　者　小林　芳郎

発　行　ふくろう出版
〒700-0035　岡山市北区高柳西町1-23
友野印刷ビル
TEL：086-255-2181
FAX：086-255-6324
http://www.296.jp
e-mail：info@296.jp
振替　01310-8-95147

印刷・製本　友野印刷株式会社

ISBN978-4-86186-628-9 C3037